KB053287

자연을 느낄 때
행복이 움튼다

자연을 느낄 때
행복이 움튼다

지 은 이 | 박영종
펴 낸 이 | 김원중

기   획 | 허석기
편   집 | 심성경
디 자 인 | 박선경, 안은희
제   작 | 김영균
관   리 | 차정심
마 케 팅 | 박혜경

초판인쇄 | 2016년 6월 25일
초판발행 | 2016년 7월 1일

출판등록 | 제313-2007-000172(2007.08.29)

펴 낸 곳 | 상상예찬 주식회사
          도서출판 상상나무
주   소 | 경기도 고양시 덕양구 행주산성로 5-10(행주내동)
전   화 | (031)973-5191
팩   스 | (031)973-5020
홈페이지 | http://smbooks.com

ISBN 979-11-86172-30-8 03190

값 15,000원

자연과 인간의 융합, 그 기막힌 보고

자연을 느낄 때 행복이 움튼다

저자 | 박영종

상상나무

자연은 우리에게 행복의 문을 열어준다

자연은 나에게 무한한 가능성과 힘을 준다

사람이 한 번 태어나서 자기가 좋아하고 관심 있는 분야에 열정을 다 하여 작품을 만들고 저승으로 자연스럽게 돌아가는 것은 무척 행복한 삶이라고 한다. 나는 1950년대 중반 남쪽의 땅끝 바닷가 시골 마을에서 태어났다. 어린 초등학교 시절에는 등·하교 거리가 거의 4㎞ 남짓한 거리였고 주변에서 순수한 자연을 접촉할 기회가 많았다. 즉, 주변 산자락 들판에 파랗게 자라고 있는 보리이삭, 오솔길 옆의 빨간 산딸기와 띠 풀 등을 관심 있게 보고, 먹고 자라며 늘 자연과 함께 호흡했다. 또한, 20대 초반 농협 통근길 중에는 어느 농부가 유채를 들판 농로에 솎아서 던져버렸는데, 그 버려진 유채가 뿌리가 뽑힌 채로도 노란 아름다운 꽃을 피워내는 놀라운 자연의 끈질긴 생명력을 보았다. 최근에도 버스나 열차 등 여행 시 차창 주변의 자연에 잠시라도 눈을 떼지 않고 관심과 몰입을 하는 경우가 많다. 이처럼 나의 자연에 대한 관심과 열정은 보다 깊은 사색(思索)으로 연결되고, 이것은 더욱더 커다란 가능성과 꿈, 다르마[1] (Dharma)가 되어 나에게 '모든 자연(自然)의 제(諸) 사실(事實)들을 평범화(平凡化)시켜주고 자신감을 심어 주게 되었다.' 이는 마치 스티브 잡스(Steve Jobs)가 자기가 평상시 늘 좋아한 서체공부가 나중에 우연히 매킨토시(Mac) 디자인과 연결되어 커다란 도움을 준 점에 대해 그가 "시작과 노력의 한 과정이 마치 어느 시점의 한 점을 연결하는 일(connecting the dots)"이라고 말했던 것처럼 말이다.

자연의 힘은 거대하고, 알면 알수록 신비스러운 동경의 대상이다

사실 우리 인간은 태어나서부터 물과 고기, 바늘과 실처럼 한 시라도 자연과 떨어져 살아갈 수 없는 관계로 거대한 자연으로부터 희·노·애·락을 배우고, 느끼고, 서로 의존하면서 살아왔다.

우리는 이른 봄 깊은 산중에 소나무 숲 사이를 걸어갈 때 숲과 숲 사이를 휘황찬란하게 비추는 태양 빛에 의해 황홀함을 느끼게 되고, 바람 한 점 없는 안개 자욱한 봄 날 산 중턱에 서서 새로운 자아를 발견하게 되며, 더운 한 여름철 거대하고 웅장한 굉음의 폭포수 아래 '무엇인가 꼭 해야만 한다'는 강한 용솟음 속의 꿈 틀림을 맛보게 된다. 또한, 구름 한 점 없이 맑고 깨끗한 가을 하늘 아래 햇볕의 따스함에

---

1) 고대 인도의 산스크리트어에서 나온 말로 '생명을 지지하는 것'이라는 내용이다.

못 이겨 그냥 벗겨져 터트리고 마는 밤송이의 자연스러운 운치를 알고, 아무도 걷지 않는 눈 덮인 끝없는 하얀 들판을 묵묵히 걸어가면서 무한한 가능성을 찾게 되고, 눈보라가 몰아치는 긴 백사장 길을 하염없이 고뇌에 가득 차 그냥 발길 가는 대로 걸어가는 서글픈 심정을 되새겨 보고, 높은 산 정상에서 내려다보이는 광야의 광활한 모습에 담긴 통쾌함과 원대함을 발견한다. 또한, 미국 화이트마운틴 브리슬콘(bristlecone) 소나무[2]가 보여준 4,862년의 기나긴 성상은 우리에게 거대한 자연의 위대함과 놀라움, 고마움, 진실성 등 많은 숨겨진 비밀을 보여준다.

인간은 자연과 함께 호흡하고 살아가는 무한한 행복의 보고(寶庫)이다
우리는 아침잠에서 깨어나 다시 잠자리에 들 때까지 한 시도 자연과 떨어져서는 살아갈 수가 없으며, 자연과 더불어 서로 도움을 주고받으면서 살아야만 하고, 또한 그곳에서 무한한 행복을 찾고 느끼며 살아간다. 사실, 자연이 우리에게 주는 행복은 그리 멀리 있는 것이 아니며 바로 내 주변 곳곳 여기저기에서 쉽게 찾을 수 있으며 느낄 수 있다. 온종일 병원에 누워만 있는 중환자도 창밖으로 보이는 맑은 하늘, 찬란한 태양, 하얀 뭉게구름 등을 볼 수 있으며, 아무리 바쁜 수험생도 이른 새벽 시원한 공기와 함께 맑은 하늘의 별을 볼 수가 있고, 바쁜 직장인도 늘 다니는 집 앞 언저리의 사소한 민들레나 질경이들을 볼

---

2) 브리슬콘(bristlecone) 소나무는 미국 화이트마운틴 국립공원에서 4,862년 서식한 나무로 지금까지 생존한 나무 중에서 가장 나이가 많은 나무이다.

수가 있다. 우리가 여기서 염두 할 점은 각자가 보이는 자연에 대하여 어떻게 생각하고, 느끼고, 판단하고, 감동하느냐에 따라 자연이 그들에게 주는 행복의 느낌은 천차만별하게 다르다는 것이다. 중환자에게는 날마다 살짝 비추어주는 태양 빛, 하얀 뭉게구름이 자기의 병이 곧 치유되어 질 수 있다는 강한 희망을 줄 수 있으며, 바쁜 수험생에게는 새벽의 시원한 공기와 맑은 하늘, 저녁의 별들이 엔도르핀(endorphin)을 심어주어 자신감과 함께 아름다운 꿈을 심어줄 수 있고, 바쁜 직장인에게는 하찮은 민들레와 질경이의 모습이 자신의 역경을 극복할 수 있는 용기를 불어넣어 줄 수 있다. 즉, 각자가 주변에 위치한 자연에 대하여 긍정적인 마음으로 늘 감사한다면 자연은 무한한 행복을 만들어 줄 것이지만, 반대로 주변의 자연에 늘 무관심하고 그냥 지나쳐 버린다면 행복은 곧바로 사라져 버릴 것이다. 또한, 우리는 자연이 주는 행복을 소문난 유명한 장소, 특정한 시간에만 찾을 것이 아니라 자기 근처 곳곳, 하찮은 곳을 어느 때라도 찾는다면 쉽게 행복을 얻을 수 있고, 느낄 수 있을 것이다.

자연과 인간 상호 간의 뜨거운 관심 속에 참된 영원한 행복이 존재한다

거대한 자연은 약 6억 년 전경부터 본격적으로 활동했다. 그에 반해 우리 인간은 약 1만 년 전부터 지구에서 본격적으로 활동한 흔적이 있으며, 그의 개별적인 생존 기간은 최근 길어야 100년 안팎이다. 우리 인간은 늘 주변에서 태양과 달, 산과 바다, 강과 들판, 수많은 초목, 곤충과 조류, 동물 등을 접할 수 있고 볼 수가 있다. 이들 자연은 그들 안에 수많은 비밀과 진리 등을 함축하고 있으며 그들의 자연현상은 매우 규칙적이고 반복적이어서 과거를 알아보고 현재와 미래를 내다보는 데 커다란 도움을 주고 있다. 하지만 우리는 실제 생활에서 자연에 대하여 자세히 알지 못하고 있고, 또한 관심 밖에 있다. 그러다가 점점 나이가 들어가거나, 우연한 어떤 계기가 되어 거대한 자연 앞에 자기 스스로가 너무 왜소하고, 외롭고, 초라하다는 것을 느끼게 된다. 사실, 자연은 우리 인간의 마음과 행위 등에 절대적인 영향을 미치는 대상이며, 기쁨과 슬픔, 노여움과 분노 등 감정을 좌우하는 커다란 요인이 되고 있다. 이처럼 우리 인간에게 가장 가깝고 필수불가결한 자연의 존재에 대해 우리가 항상 감사하는 마음으로 자연을 사랑하고 보살펴 준다면, 이에 자연도 우리에게 항상 활력을 심어주고 참된 행복을 제공해 줄 것이다.

최근 지구에는 인문학과 공학, 과학과 철학 등 융합과 통섭이론 등이 많이 거론되고 있다. 또한, 세계는 '제4차 산업혁명'이라는 용어로 정보통신기술(ICT) 융합이 만들어 내는 사물인터넷(IoT), 인공지능로봇, 무인자동차, 나노 및 바이오기술, 양자컴퓨터 공학 등을 응용한 복합적인 기술과 제품이 등장하면서 향후 세계는 산업과 사회, 조직과 문화, 기업과 고객 등 모든 시스템이 융·복합적으로 혼합되고, 조화와 균형을 이루어 가는 사회로 바뀌어 가고 있다. 이는 마치 '자연과 인간이 서로 융합되어 조화와 균형을 이루면서 행복을 창출해 나가는 이치'와 같다고 볼 수 있다.

이 책은 40개의 항목으로 각 항목의 내용은 자연의 실상, 인간과의 관계, 행복의 비결 등 크게 세 가지로 구성되어 있다. 첫째로 자연분야는 태양, 달, 날씨, 산과 강, 초목, 곤충 등 거의 모든 분야의 자연사실에 대한 실상을 그대로 묘사하였다. 둘째는 인간과의 관계로서 자연사실에서 나타난 자연섭리를 바탕으로 인간세상과 연결하였다. 즉, 역사적으로 중요한 사건이나 훌륭한 인물, 뛰어난 전략이나 업적, 아울러 최근 현실세계에서 발생할 수 있는 인간의 행태 등을 최대한 자연과 상호연결하려고 노력하였다. 셋째는 행복의 비결로서 작가가 자연과 인간 사이에 나타난 관계에 대하여 자연의 섭리, 철학, 가치 등을 반영하여 행복에 관한 본인의 의견을 제시한다.

이 책의 특징은 첫째로 모든 자연사실에 나타난 실상에 대하여 자연섭리를 밝혀내어 행복의 궁극적인 가치와 방향을 제시한다.

둘째는 자연실상에서 나타난 진리를 바탕으로 실제의 인간세상과 상호연결·융합하여 진정한 행복이 무엇인가를 제시한다. 셋째는 변함없는 자연섭리를 제시하여 독자들에게 자연에 대한 관심과 흥미를 제고시키고, 더 나아가 자연사실에 대한 분석과 사색을 통하여 정치, 경제, 사회, 문화, 역사적 사례 등 현실 세계에 대한 보다 정확한 진단과 통찰력을 높일 수 있도록 하였으며 향후 미래를 투시할 수 있는 예측 가능성을 높여 줄 수 있도록 구성하였다. 다만, 작가가 자연사실에 관하여 주로 협소한 주변지역의 일부 자연대상만 묘사하고 나열한 점, 인간과의 관계에 대해서는 일부 서적에서 도움을 받은 점은 향후 노력하여 수정하고 보완할 예정이다.

2016년 6월 따스한 햇볕 아래

박 영 종

차 례

自연을 느낄 때
행복이 움튼다

자연을 느낄 때
행복이 움튼다

Part 5 곤충, 조류, 동물

차 례

Part 6 사물의 이치

자연을 느낄 때
행복이 움튼다

Part 1

태양, 달

우리는 매일 "거대한 태양"을
볼 수 있다는 것에
"행복"을 느껴야 한다

태양 빛은 모든 만물에 대하여 반드시 음지(陰地)와 양지(陽地)를 만든다

《사마천의 궁형과 사기》

■ 자연의 실상

태양 빛은 지구의 모든 만물에 햇볕을 골고루 나누어서 비춰 주어야 하지만 그렇지 못하는 경우가 많다.

• 지형이 낮은 산이나 들판의 경우 온종일 햇볕이 따뜻하게 내리쬐나 높은 산의 언저리나 깊은 계곡 등은 빛이 많이 차단되어 온종일 빛을 받지 못하거나, 틈 사이로 약간의 햇볕만 받을 뿐이다.

| 자연을 느낄 때 행복이 움튼다 |

■ 인간과의 관계

사마천, 궁형(宮刑)이란 형벌을 당하면서 역사서의 근간인 《사기》
(史記)를 편찬하다

「사마천(司馬遷)」은 고난과 시련 속에서도 세계 최초의 역사서인
《사기(史記)》를 저술하여 지금까지 그 이름이 잘 알려져 있다.

동양뿐 아니라 세계의 고전으로 손꼽히는 사기(史記)는 사마천(司馬
遷)이 아버지 사마담(司馬談)의 유언에 따라 완성한 역사서로 전설상
의 황제(黃帝) 시대부터 자신이 살았던 한무제(漢武帝) 때까지 2000여
년을 다루었다. 특히 주나라가 붕괴되면서 등장한 제후국 50개 가운
데 최후까지 살아남은 전국칠웅(戰國七雄), 즉 진(秦)을 비롯한 한
(韓)·위(魏)·제(齊)·초(楚)·연(燕)·조(趙) 등의 흥망성쇠 과정을
주축으로 한 인물 중심의 통사다. 춘추전국시대를 정점으로 앞서거니
뒤서거니 내려온 상고(上古) 시대는 역사상 가장 치열한 생존싸움이
서려 있었고, 그 아래에서 펼쳐진 개개인들의 힘겨운 삶은 사기 곳곳
에 각인되어 있다. 역사상 많은 지식인이 이 책에 대하여 인간의 본질
을 가장 날카롭게 파헤친 인간학의 보고(寶庫)라고 보는 이유가 여기
에 있다.

사마천의 출생 시점에 관해서는 설이 분분한데 대체로 한경제(漢景
帝) 중원(中元) 5년인 기원전 145년에 태어났다고 본다. 자는 자장(子
長)이며 용문(龍門, 지금의 섬서성(陝西省) 한성시(韓城市)) 출신으로,

그의 아버지 사마담(司馬談)은 한무제 때 사관인 태사령(太史令)에 임명된 역사가였다. 사마천은 아버지가 받들었던 황로(黃老) 사상의 영향을 받아 성장하면서 천문과 지리, 주역 및 음양의 원리 등을 어깨너머로 배우기도 했다. 그러다 10살 때 아버지를 따라 수도인 장안(長安)에 오면서 새로운 세계에 눈을 뜨게 된다.

사마천은 스무 살 때(한무제 3년)부터 3년 가까이 전국을 유람하여 오늘날의 호남성, 강서성, 절강성, 강소성, 산동성, 하남성 등을 두루 돌아다녔다. 이때의 유람은 훗날 사기의 현장성을 높이는 데 결정적인 역할을 한다. 돌아오고 나서 20대 후반까지 경학대사인 공안국(孔安國)에게 고문을 배워 유학에 대한 식견도 쌓았다. 한무제는 순행(巡幸)과 봉선(封禪) 의식에 사마천을 데리고 다녔을 정도로 사마천은 무제의 총애를 상당히 받은 것으로 보인다.

기원전 110년 사마천의 나이 서른여섯이 되던 해, 한무제는 동쪽 태산에 봉선 의식을 거행하러 순행했는데 그를 수행하던 태사령 사마담이 낙수에서 병으로 쓰러졌다. 위독해진 아버지 사마담은 사마천에게 유언을 남겼으니 그 핵심은 역사서를 집필하라는 것이었다. 아버지가 세상을 떠난 후 사마천(기원전 108년)은 아버지의 대를 이어 태사령이 되니 이때 그의 나이 서른여덟이었다.

하지만 사마천은 역사서를 저술하기 시작한 지 5년째 되는 해에 뜻하지 않은 일을 겪는다. 그 당시 한(漢)나라 무제(武帝)는 흉노족 토벌 결과로 「이릉」 장군의 항복문제 건에 대하여 공·과를 논하는 중신회의를 소집하였는데, 중신 대부분은 이릉 장군의 잘못을 지적하였지만,

| 자연을 느낄 때 행복이 움튼다 |

유일하게 사마천은 이릉 장군을 옹호하였다. 즉, 그는 "이릉 장군이 불과 군사 5천을 가지고 흉노족 3만에 대항한 것은 중과부적으로 사력을 다하여 잘 싸운 것이며 어쩔 수 없는 불가피한 상황"이었다고 변호하였다.

한무제는 이 사건을 계기로 사마천에게 사형이라는 형벌을 과했는데 당시 이 사형을 면하려면 2가지 방법이 있었다. 첫째는 50만 전의 막대한 벌금을 내는 방법, 둘째는 궁형(宮刑)이라는 벌을 받는 것이었다. 그 당시 48세인 사마천은 선친의 유언을 깊이 되새기며 비장한 각오로 궁형을 선택하였다. 그는 2년 동안의 옥고를 거친 후 출옥한 뒤 모든 고난과 창피스러움을 무릅쓰고, 오로지 미완성된 역사서 집필에만 전념하였다. 드디어 그는 탁월한 재능, 사물에 대한 예리한 관찰력, 인생에 대한 가혹한 경험 등을 바탕으로 불후의 작품인 세계 역사상 최초 통사(通史 : 5제부터 한무제(漢武帝)에 이르기까지 3천 년 역사를 종합적으로 기술한 역사서)인 《사기》를 16년 만에 완성했다.

그러나 사마천이 궁형을 당하면서까지 완성한 《사기》는 그의 깊은 비통함과 상처, 애환, 치욕, 피를 토하는 심정 등이 보이지 않게 숨겨져 있다. 그래서 이러한 깊은 비밀을 그의 친구인 「임안(任安)」에게 보내는 편지에서 잘 나타나 있어 참고로 소개하고자 한다.

가령, 내가 억울한 죄로 사형에 처해진다고 해도 천하를 다스리는 황제의 눈에는 기껏해야 아홉 마리 소 가운데 털 오라기 하나 없어지는 것과 마찬가지일 따름입니다(九牛一毛). 그리고 세간 사람들에게는 절의를 위해 죽은 것이 아닌 그저 지혜가 모자라는 것으로 보이는 죄로 사형에 처해진 것으로 보일 것입니다. 그럴 경우 저와 같은 존재가 땅강아지나 개미와 같은 미물과 무엇이 다르겠습니까?

'인간이란 태어나 어차피 한 번은 죽게 마련이다. 그러나 그 죽음가운데는 태산보다 무거운 것이 있는가 하면, 어떤 죽음은 기러기 털보다도 더 가벼울 수 있다.' 어떻게 죽는가가 문제인 것이지요.

고서(古書)에 "형벌은 사대부에까지 이르지 않는다"는 말이 있습니다. 이는 사대부에 체면을 살리기 위한 것입니다. 백수의 왕인 호랑이도 일단 우리 속에 갇히게 되면 꼬리를 흔들며 먹이를 구걸하게 됩니다. 협박당하고 고통을 받은 결과가 그러한 변화를 가져다주는 것입니다.

손발을 묶이고 벌거벗겨져 채찍을 맞고 감옥에 처박히게 되면 옥리만 보더라도 머리를 땅에 박고 옥리 밑에 있는 천민이나 잡역부만 봐도 겁에 질리게 되어 있습니다. 그런 때 오히려 자기가 기개를 세울 수 있다고 자부하는 사람은 실상을 제대로 모르는 것입니다. 용기가 있다거나 비겁하다는 것도 사실 상황의 산물에 지나지 않습니다.

저는 생명을 아까워하는 비겁한 자에 불과하지만, 거취만은 분명하게 하고자 했습니다. 어찌 치욕을 모르고 죄인 노릇만 하고 있겠습니까. 천한 노예와 하녀조차도 자결할 수 있습니다. 저 또한 그렇게 하려고 했다면 언제든지 할 수 있었습니다. 그러나 '그 고통과 굴욕을 참아내며 구차하게 삶을 이어가는 까닭은 가슴 속에 품고 있는 숙원이 있어 비루하게 세상에서 사라질 경우 후세에 문장을 전하지 못함을 안타깝게 여겼기 때문' 입니다.

예로부터 부귀하게 살았지만 그 이름이 흔적조차 없이 사라진 사람이 무수히 많습니다. 오직 어디에도 얽매이지 않으면서 탁월한 인물만이 후세에 그 명성을 드날리는 것입니다.

주나라 문왕은 갇힌 몸이 되어《주역》을 발전시켰고, 공자는 어려운 처지에 있을 때《춘추》를 지었으며, 굴원은 추방된 후에《이소》를 지었습니다. 손빈은 다리가 잘리고 나서《손자병법》을 편찬했고, 여불위는 촉나라에 유배된 뒤에《여씨춘추》를 세상에 남겼으며 한비자는 진나라에 억류되었을 때《세난》과《고분》의 글을 썼습니다.

그렇게 볼 때 인간이란 가슴에 맺힌 한을 토로할 수 없을 때 옛날 일들을 글로 엮고 미래에 희망을 갖기 위해 명저를 남기게 되는 것이 아닌가 합니다. 예를 들어 좌구명이나 손빈은 시력을 잃거나 다리가 잘려서 이미 세상에서 쓸모없는 사람처럼 되었지만 붓에 모든 힘을 기울여 자신들의 맺힌 한을 문장으로 남긴 것이라 하겠습니다.

– 백사선《3분 통찰력》, 김원중《사기본기》,
조관희《이야기 중국사》 중에서 –

■ 행복의 비결

태양은 지금까지 우리 지구를 수억 년에서 수천 년 동안 모든 것에 대하여 변화시켜 왔고, 앞으로도 변화시킬 것이다. 북반구 쪽에는 봄, 여름, 가을, 겨울 등 사계절에 따라 모든 만물이 소생 되었다가 쇠퇴하

고, 적도 부근에는 우기와 건기의 영향에 따라 모든 초목과 생물들의 크고 작람이 조절되고 달라진다.

태양 빛이 지구의 모든 만물에 골고루 그 빛을 비추어 태동하고 약동하여 순리대로 생을 마감하여야 하지만 그렇지 못하고 반드시 음지를 만들어 어둠과 함께 한을 품으면서 고통과 시련 끝에 아름다운 열매를 맺는 경우도 있다. 또한, 한겨울 대기 중의 새까만 먹구름이 세력다툼 끝에 그것이 비를 내리게 할 것인지 아니면 눈을 뿌리게 할 것인지는 차가운 공기와 따뜻한 공기가 상호 간의 힘에 의하여 좌우된다. 아울러 하늘에 컴컴한 구름이 가득하여 금방이라도 큰비를 쏟아부을 것처럼 보이다가도 순간적으로 구름이 걷어지고 맑은 하늘을 보게 되는 경우도 많다. 이처럼 세상의 모든 만물은 멈추지 않고 끊임없이 움직이면서 변화와 더불어 새로운 기회를 제공하고 있다.

자고로 우리 인간은 이러한 예측불가능하고 다양한 자연환경 속에서도 끊임없이 도전하고 극복하여, 자기에게 적합하고 유리한 환경으

| 자연을 느낄 때 행복이 움튼다 |

로 변화시키는 탁월한 능력을 소지하고 있다.

한(漢)나라의 황금시대를 이룩한 한무제(漢武帝)는 정치적으로는 임금의 권위를 높이기 위하여 중앙집권체제를 구축하였으며, 경제적으로는 화폐제도를 통일하고 사상 면에서는 태학을 설치하여 유교사상을 도입하는 등 왕권 강화를 위해 여러 가지 업적 등으로 그 당시 그의 권위와 명성은 마치 태양처럼 빛났다.

이러한 상황에서 사관(史官)에 불과한 사마천이 한무제의 권위에 도전, 임금에게 직언을 한 것이다. 즉, 그 당시 누구도 이릉 장군의 패전을 두둔한 신하가 없었지만, 유달리 사마천은 '흉노와의 싸움은 중과부적으로 어쩔 수 없이 패할 수밖에 없었다'는 식으로 이릉을 두둔한다. 사마천의 의(義)를 향한 올바른 직언은 커다란 의협심과 용기, 정의였다. 하지만 그 당시 한무제의 권위 아래서는 그러한 의로움이 통할 리 없었다. 마침내 그는 죽음보다 더 치욕스러운 궁형(宮刑)이라는 형벌을 받게 되고, 그의 인생에 커다란 고통과 시련의 시기가 시작된다. 하지만 선친의 유언인 《사기》를 완성하기 위한 자신의 강한 사명감(使命感)과 의지로 극형을 받으면서도 태연스럽게 부끄러운 빛조차 띠지 않고 그것을 자기의 운명으로 자연스럽게 받아들였다.

그는 16년이란 기간 동안 비정함과 창피스러움을 견디고 혼신을 다하여 많은 고통과 가혹한 시련을 극복하면서 마침내 인간의 본질, 세상의 인심, 권력의 실체 등 역사에 대한 예리한 성찰과 통찰력 등으로 세상을 움직이는 힘은 과연 무엇인가? 진실인가, 아니면 권력인가 등 '불후의 작품인 사기'를 완성한다.

'태양 빛은 지형이 낮은 산이나 들판의 경우 온종일 햇볕이 따뜻하게 내리쬐나, 높은 산의 언저리나 깊은 계곡 등은 온종일 빛을 받지 못하거나 틈 사이로 약간의 햇볕만 받는 것처럼' 우리 인생의 삶도 모든 사람이 다 같이 평온하고 평범한 생활만 영위하는 것은 아니다. 때로는 캄캄한 어둠과 혼동 속에서 자신의 길을 찾아야만 하고, 힘든 고통과 시련을 반드시 극복해야 할 때가 있다. 예를 들면, 최근 정치, 경제, 사회, 문화 등 제반 분야에서 세계를 이끌어가고 조율해 나가야 하는 세계의 지도자는 매사를 항상 초연한 가운데서 보통 사람들보다도 외롭고, 고달프고, 비정한 생활을 극복하여만 보다 지혜로운 통찰력으로 올바른 판단과 결단을 내릴 수가 있다. 반면에 평범한 보통 사람들은 마치 '엄동설한의 차가운 겨울, 태양 빛이 들판의 양지바른 곳을 따스하게 비추어 주면 얼음이 녹아내리듯이' 현실의 희, 노, 애, 락의 삶에 빠져 우유부단하고 현실에 안주한 삶을 살아가는 경우가 많다.

우리는 어머니 품 안에서 똑같이 태어나 자라고 성숙하는 동안 주변 환경에 따라 각자의 천차만별한 성격이 형성되고, 개성과 특기를 보유하면서 살아간다. 어떤 사람은 일찍이 부모로부터 많은 재산과 유산을 얻어서 빨리 생활터전을 잡아 쉽게 성공하는 사람도 있을 것이며, 반면에 비록 부모로부터 유산은 많이 물려받지 못하였지만 꾸준하게 노력하여 자수성가로 성공하는 사람도 있을 것이다. 또한, 어떤 이는 애당초 매사를 비관하고, 부정적으로 살아가다가 이렇다 할 만 한 것을 이루지 못한 채 살아가는 사람도 있을 것이다.

우리가 여기서 보다 가슴 깊이 새겨야 할 것은 '사마천의 삶' 처럼 자기의 삶을 적극적으로 살아가는 마음 자세와 강한 의지가 무엇보다도 중요하다는 것이다. 즉, '자기가 좋아하고 하고 싶은 일, 꼭 이루고 싶은 일, 꼭 해야만 할 일을 쉬지 않고 끊임없이 관철하려고 하는 끈기, 노력과 집중력이 무척 필요' 하다고 본다. 비록 현실에서는 돈이나 권력, 명예가 큰 영향을 미치지만, 이것이 우리 인생의 마지막 요람까지 만사를 해결해 주는 것은 아니다. 돈과 권력, 명예 주변에는 또 다른 보이지 않는 무수히 많은 자연 등 우주 만물의 세상이 있고 그 이면에는 우리 인간이 보다 더 강하게 추구해야 할 순수하고 무한한 가치와 이데아가 있는 것이다.

조물주는 우리에게 똑같이 기회를 주고 있다. 다만, 자기 자신이 이러한 기회를 어떠한 마음 상태나 느낌으로 받아들이며 그 기회가 정말 자기에게 제대로 온 것인지 등 기회를 포착할 수 있는 통찰력으로 때를 잘 알아야 할 것이다. 또한, 자기 스스로가 자신의 목표를 향하여 얼마나 강한 의지를 갖고서 노력하고, 실천하는가에 따라 각자의 삶은 천차만별로 달라질 것이다. 스스로 목표를 향하여 노력하고 매진하다 보면 하늘도 이에 감동하여 현명한 길을 열어주어 반드시 그 뜻을 성취하게 만들어 줄 것이다. '오늘 이 자리, 이 시각에 찬란하게 비춘 태양 빛이 내일 또다시 똑같은 시간에 찬란하게 비추어 줄 수 없는 것'처럼 비록 지금 현실이 때로는 괴롭고, 힘들고, 고달프더라도 나에게 찾아온 지금의 기회를 확실하게 붙잡아서 그것을 잘 활용, 꼭 자기의 것으로 만들어야만 한다.

거대한 태양은 모든 만물을 소생(蘇生), 성장(成長), 변화(變化), 쇠퇴(衰退)시킨다

《진시황과 덩샤오핑》

■ 자연의 실상

거대(巨大)하고, 장대(張大)한 태양은 모든 만물을 소생(蘇生)하고, 변화 (變化)시키고, 쇠퇴(衰退)시킨다.

• 태양은 비록 낮은 산봉우리에서 떠올라 그 빛을 비추더라도 순식간에 맞은편의 큰 산봉우리를 비추어 주며, 이 빛은 뜨거운 양기와 함께 모든 만물을 소생, 변화, 쇠퇴시킨다. 또한, 대부분의 초목은 햇볕을 향하여 자라고 그 생명을 같이 한다.

　　　　| 자연을 느낄 때 행복이 움튼다 |

■ 인간과의 관계

① 진시황(秦始皇), 노상(路上) 마차에서 비참한 죽음을 맞이하다

진시황은 13세에 왕의 자리에 올라 39세에 춘추전국시대(春秋戰國時代)를 마무리하고 천하를 통일한 중국 최초의 시황제가 되었다.

처음에는 자신의 출생 비밀, 여불위와 모친과의 관계 등 여러 가지의 의혹으로 인하여 비판도 많이 하였지만, 이 모든 것이 시황 자신만이 겪을 수 있고, 슬기롭게 극복할 수 있는 시련의 과정이라고 보고 더욱 강력하게 천하통일을 위하여 국력을 하나로 결집, 나라를 통치하는 데 모든 정력을 쏟아부었다.

대내적으로는 이사(李斯), 왕전(王剪), 몽염 등 신하와 장수의 군신 관계를 엄격히 하고 누구나 다 예외 없이 규정을 준수하는 철저한 법가정치를 구현하여 중앙집권체제를 확립하였으며 더 나아가 문자와 도량형을 통일하였고, 대외적으로는 기원전 230년 한(韓)나라 정복을 시작으로 마지막 제(齊)나라 등 6개국을 정복함으로써 마침내 기원전 221년 천하를 통일하는 대업을 이룩한다.

한편, 진시황은 천하통일 이후 어느 정도 민심이 안정되자 전국 순례를 시작하였는데 종전 한나라 땅 '박랑사'에서 불행하게도 창해군으로 불리는 장사 여홍(黎洪)이 진시황을 시해하려는 사건이 발생한다.

이후부터 진시황은 '여(呂)씨'와의 관계에서 멀어질 수 없고 '삼황

오제(三皇五帝)'와는 거리가 멀며, 황제로서 위엄이나 권위도 염증이 나서 모든 정치를 이사나 조고에게 맡기고 오로지 자신은 영원히 늙지 않고 죽지도 않는 '진인(眞人)'이 되기 위해 고군분투한다. 진시황은 '진인'이 되기 위해 동해안 등에서 불로초 구입 등 정성을 다하였지만 이마저 수포로 돌아가자 매사를 다 귀찮게 생각하고, 간신 '조고'에 모든 정사를 대리청정 하도록 하였다. 이에 따라 진시황 주변에는 간신 조고의 농간과 협박 등으로 진정한 충신들은 하나 둘씩 떠나거나 제거되었다.

드디어 진시황은 간신 조고의 거짓과 유혹의 덫에 빠져 제3차 순행을 하게 된다. 이 순행코스는 조고에 의해 철저하게 짜여 진 각본으로 소주와 항주코스로 정하여 지고 이곳에서 진시황이 젊은 궁녀, 여성들과 정신없이 주색에 빠져들게 만들었다. 이는 당초의 일정보다 3개월 이상의 기간을 경과하면서까지 진시황은 쾌락과 유흥에 몸을 망쳐버리게 된다. 끝내 "자기의 후계자를 첫째 아들 부소로 지정하라는 마지막 유언도 제대로 전달하지 못한 채" 더운 여름 길거리 마차에서 비참하게 50세의 나이로 횡사하고 만다.

- 오하일 《사기인간학 진시황》 중에서 -

② 「덩샤오핑」, 중국 근대화(近代化)의 초석(礎石)과 등불이 되다

덩샤오핑은 20세기가 시작되던 1904년 8월 22일 중국 쓰촨성 광안현 셰시항 파이방촌에서 출생했다. 그는 격동의 20세기를 온전히 살

아내고 1997년 2월 19일 21세기를 목전에 두고 베이징에서 93세의 나이로 서거했다. 그는 실제 대개 평범했고 어쩌다 비범했다. 프랑스, 러시아에서 6년간 유학하면서도 현지 언어를 배우지 못했고, 러시아 측과 마르크스-레닌에 관해 설전을 벌이면서도 정작 이론은 몰랐으며 76년 마오쩌둥(모택동)사망 후 경제재건의 총책임자였으면서도 경제이론은 거의 아는 게 없었다. 그 대신 1920년대 중일전쟁 때 '먹을 것을 가진 자가 결국 모든 것을 가진다' 라는 사실을 직감적으로 알아차렸을 정도로 비범했으며, 그는 '빈곤은 사회주의가 아니며 생산력의 발전은 사회주의 최대 과제' 라면서 민생문제 해결에 매진하였고 공허한 이념논쟁을 배격, 잘 살기 위한 실사구시(實事求是)의 정책을 철저히 추구하였다.

그의 주요한 업적을 보면 첫째, 15년간 중국의 경제와 개혁개방을 줄기차게 밀고 나가면서 사회주의 시장경제를 실현하고, 경제 강국으로 진입시켰다는 점이다. 문화혁명이 끝나고, 정치에 복귀한 그는 1978년 5월경 주요 인재들을 서유럽 5개국으로 시찰 보냈다. 시장경제를 도입하기 전에 자본주의 경제 연구를 철저히 하고 중국에 어떻게 적용할 것인가를 준비한 것이다. 매우 치밀하게 사전 준비를 한 이유는 100년, 200년에 걸쳐 서구의 자본주의 시장경제가 발전했기 때문으로 단기간에 중국이 시장경제에 성공하기 위해서는 시간도 인력도 낭비할 수 없기 때문이다. 덩샤오핑은 중국이 '다시 그릇된 길을 걸어서는 안 된다' 는 신념으로 노구를 이끌고 경제 강대국이자 자본주의의 꽃이 활짝 핀 미국, 일본 등을 방문했다. 정치적으로는 적국이지만, 시장경제를 알기 위해서 그 나라의 경제 발전상을 눈으로 직접 보고 몸으로 직접 느끼는 것이 중요했다.

그는 사회주의 시장경제를 실현하기 위해 '삼보주(三步走)'를 목표로 세웠다. 경제 강국으로 가는 목표를 향한 세 발걸음이다. 우선 제일보인 '원바오'는 '인민이 먹고 입는 문제를 해결하는 초보적인 단계'이고, 제 이보인 '샤오캉'은 생활 수준을 중류 이상으로 끌어 올리는 것이며, 제 삼보인 '대동사회의 실현'은 중국의 현대화를 실현하는 일이다. 덩샤오핑의 계획대로 중국은 지금 제 삼보의 길을 걷고 있다. 그는 자신의 사후 100년을 내다보고 정책을 실현할 때 절대 흔들리지 말라고 후계자들에게 당부했다.

두 번째는 '결속과거(結束過去) 개벽미래(開闢未來)'로 '과거를 닫고 미래를 열자' 노선이었다. 그 당시 국경분쟁으로 러시아와 줄곧 앙숙이었으나 고르바초프가 찾아왔을 때 꺼낸 첫마디가 바로 위의 여덟 글자였다. 또한, 중국을 가난과 피폐에 빠뜨린 문화혁명을 비판하는 '혁명에 대한 혁명'을 전개해 자본주의 노선을 접목하면서도 마오 자체를 부인하지 않음으로써 인민을 통합했다.

세 번째는 정치가 경제의 발목을 잡지 못하게 확실히 방풍막이 돼준 화합의 정신이다. 정치적 파탄에서 경제적 재건으로 나라를 움직여간 그는 정치적 통합이야말로 경제성장을 위해서나 경제 전쟁에서 중국을 방어할 방패이자 적을 공격할 창이라고 했다.

당시 권력의 승자 마오쩌둥은 문화대혁명을 통하여 덩샤오핑을 주자파라 해서 65세의 당 총서기를 시골 트랙터 공장 선반공으로 쫓아

| 자연을 느낄 때 행복이 움튼다 |

냈고, 집안은 풍비박산 냈으며 장남은 홍위병의 폭행으로 반신불수가되었다. 마오쩌둥이 죽고 나서야 덩샤오핑과 동지들이 다시 권력을 잡았다. 마오쩌둥에 대한 원한이야 오죽했겠는가? 그러나 그들은 천안문의 마오쩌둥의 초상화에 손대지 않았다. 건국의 공로자이며 당 주석이었던 마오쩌둥의 권위를 훼손하면 현 권력의 권위도 떨어진다는 것을 잘 알았던 것이다. 당의 정식 결의를 통해 비록 "모수석이 만년에과오를 범했지만 전 생애를 통해 볼 때 중국혁명에 대한 공로가 과오보다 훨씬 많으므로 공적이 먼저고 과오는 그 다음이다"라고 했다.

또한, 그는 국가주석에 오르고 고향에 30㎞ 가까이 갔다가 지역감정이 싹틀까 봐 평생 한 번도 들르지 않았다.

네 번째는 해외관계에서의 줄타기 솜씨이다. 그는 중국의 거대한 시장과 노동력을 커다랗고 기름진 고깃덩어리에 비유했다. 아무튼, 그는 훌륭한 고양이었다. 색깔이 흑이든 백이든 얼룩이든, 그것은 중요하지않았고 쥐(경제적 빈곤)도 잡고 괴물(문화혁명 유산이나 강경좌파 노선)도 몇 마리 잡은 훌륭한 고양이였다.

■ 행복의 비결

'거대하고 힘 있는 태양은 그 빛이 아침이나 한낮, 오후 등 시시각각 다르며, 그 빛이 어느 곳에서 비추든지 간에 초목 등 모든 만물에미치는 영향력은 지대하게 크고 절대적' 이다.

이른 봄 따스한 햇볕이 산과 들녘에 살며시 내리쬐면 겨울동안 꽁꽁 얼어붙었던 이름도 모를 무수한 회색의 초목들이 기지개를 켜고 하나씩 하나씩 싹을 트이면서 자기의 모습을 들추어내기 시작한다. 낮은 산에는 아직 한겨울의 기운이 여전하지만, 겨울동안 억눌리고 움츠렸던 기를 하루라도 먼저 발산시키기 위해 노란 꽃망울을 터뜨리는 산수유와 생강나무, 뒤따라 여기저기 빨간 모습으로 온 산을 수놓은 진달래, 소리 없이 은은하게 조용히 꽃을 피우는 개암나무 등이 겨울의 회색 숲을 환하게 밝혀 준다. 이제 본격적으로 봄기운이 완연해지니 참

나무, 떡갈나무, 도토리나무, 오리나무, 산 벚나무, 고로쇠나무 등이 연한 자주색, 은색, 연두색, 연보라색의 다양한 색깔로 떡잎과 싹을 내면서 산 전체를 물들이기 시작한다. 동시에 넓은 들판에는 경쟁에 뒤질세라 소리 없이 성큼 자란 잔디, 시계 풀, 제비꽃, 패랭이꽃, 양지꽃, 민들레꽃, 씀바귀 등 조그마한 초목들이 낮은 들판에서 봄이 성큼 왔음을 알

| 자연을 느낄 때 행복이 움튼다 |

리고 있다. 이제 따스한 봄바람과 함께 어느새 노랗게 꽃을 피운 개나리, 온 천지를 하얗게 물들여서 세월이 지나감을 아쉽게 만드는 벚꽃, 목련꽃, 라일락꽃, 매화나무 꽃, 사과나무 꽃, 배꽃, 조팝나무 꽃, 수양버들, 느티나무, 계수나무, 은행나무 등이 온 들판을 다양한 색깔로 물들이고 있다. 이처럼 산과 들에서는 따스한 햇볕을 받은 무수한 초목들이 순리대로 연두색, 연한 자주색, 연한 노란색, 분홍색으로 싹과 꽃을 피우면서 자기들만의 아름다운 모습을 확실히 보여주고 있다.

반면에 햇볕을 제대로 받지 못한 초목은 항상 차가운 음지에서 비실비실 힘없이 자라다가 고사하거나, 열매를 맺지 못하고 죽는 경우가 많다.

우리 사회의 경우도 권력이나 재력 등 강한 힘을 소지하고 있는 사람일수록 이 사회를 변화시키고, 쇠퇴시킬 수 있고 그 영향력은 갈수록 더욱 커지고 있다. 앞의 사례 중 '덩샤오핑'과 '진시황'의 경우는 아주 대조적인 사례이다. 즉, 「덩샤오핑」은 중국 국민의 궁핍과 가난을 눈으로 보고 현실을 직시하여 막강한 권력으로 '검은 고양이든 흰 고양이든 중요하지 않고 오로지 쥐만 잘 잡으면 된다'는 실사구시 철학을 구현하였다. 또한, 거대한 중국이 하나로 단합되기 위해서는 과거보다는 오로지 내일을 위한 용서와 화합이 필요하다는 통합과 포용의 정치를 강조하였다.

반면 「진시황(秦始皇)」은 통일 이후, 어느 정도 민심이 안정되자 자신의 업적을 빛내는 '송덕비'를 세우면서 전국 순례를 시작하였다. 하지만 한(韓)나라를 방문 시 자신을 시해하려는 '박랑사 사건'이 터지

자 이는 곧 자신을 존경하지 않는 민심의 이반임을 통감하고 커다란 실망감과 함께 자신의 출생과 관련된 여(呂) 씨와의 피할 수 없는 관계를 느낀다. 그 이후 그는 향후, 수천 년 동안 죽지 않고 영원히 살기 위한 '진인(眞人)'을 꿈꾸며 현실과 거리가 먼 이상주의적 망상에 사로잡혀 정사를 멀리하고 민생을 외면한 채, 말년에는 조고 등 간신의 간계로 길거리에서 비참하게 생을 마감한다.

이처럼 막강한 권력을 소지한 덩샤오핑과 진시황의 사례에서 우리는 그 힘을 어느 곳에 집중하고 배분하였느냐에 따라 세상이 달라졌고 역사도 바뀌었음을 알 수 있다. 지금 후손들은 무소불위의 두 권력자가 남긴 역사의 발자취를 토대로 어느 것이 우리에게 진정으로 도움이 되고 광명을 주는 것인지에 대해 진정한 가치를 평가하고 있을 것이다.

| 자연을 느낄 때 행복이 움튼다 |

Part **2**

날씨

우리는 하얀 눈이 올 때,
비바람이 몰아칠 때,
햇볕이 찬란히 비출 때
완전히 다른 마음을 갖게 된다

한겨울 매서운 동장군(冬將軍)의 추위는 거의 맑은 하늘에서 나타난다

《사면초가와 항우》

■ 자연의 실상

겨울철 차갑고, 매서운 동장군(冬將軍)의 추위는 거의 맑은 하늘, 화창한 날씨 가운데 주로 나타나고, 겨울철 서리가 많이 오는 경우는 날씨가 곧 변할 수 있다는 징후(徵候)를 보여 주는 경우가 많다.

• 겨울철 가장 추운 온도는 거의 날씨가 맑고 화창한 경우가 대부분이다. 일반적으로 겨울철에 구름이 낀 날씨나 눈이 오는 경우는 그렇게 춥지 않으며 포근하다. 또한, 겨울철에 서리가 많이 오는 경우는 향후 대체로 날씨가 풀리거나 이상기온이 되어 눈이 오거나 비가 오는 경우가 많다.

| 자연을 느낄 때 행복이 움튼다 |

■ 인간과의 관계

고향의 향수를 달래는 "애달픈 퉁소 소리(四面楚歌)", 명장 〈항우 項羽〉를 굴복시키다

한나라 「유방(劉邦)」은 「한신(韓信)」 대장군을 비롯하여 100만 대군으로 초나라를 포위하고, 공격하여 구리산 해하(垓下)전투에서 거의 승리를 거둔 것처럼 보였다. 하지만 초나라 항우 진영의 50만 대군 중 마지막 남은 결사대인 8천여 명은 뛰어난 용맹으로 끝까지 저항하여 많은 시간을 지체하고 있었으므로 한신 대장군은 이에 대한 전략을 마련하는 데 심혈을 기울이고 고민하였지만 특별한 묘안이 떠오르지 않았다. 그런데 이때 한나라 군사 「장량」이 초나라 군사들은 예로부터 자기의 고향에 대한 향수심이 유달리 강하다는 것을 알고 초나라 병사들을 자극할 수 있는 가냘픈 고향 노래인 '퉁소 소리'로 간장을 애타게 하는 계교를 사용하는 묘안을 내놓았다.

때는 바야흐로 구름 한 점 없이 맑은 늦가을 밤, 낙엽이 다 진 앙상한 가지 사이로 휘영청 밝은 보름달이 떠오르고 오갈 데 없이 쓸쓸하고 적막하고 썰렁한 이때, 어디선가 퉁소 소리가 바람결을 타고 흘러 고향의 부모와 형제가 생각나게 하였다.

머뭇머뭇 거리고 오지 않는 님
누가 물가 섬에서 그를 붙드시나

곱게 꾸며 아름답게 단장하고

나는 계수나무 배에 올라 노를 젓노라

원수(元水)와 상수(相水)에 파도 없게 하고

장강(長江)의 물, 잔잔하게 흐르게 하소서

저 님은 기다려도 오지 않지만

피리 불며 누구를 생각할고

비룡을 타고 북쪽으로 가

나는 동정호로 돌아가노라

그녀의 애틋한 맘에 서러워 한숨짓고

눈물만 흘리는 도다

그 눈물 임 그려 가슴 아픈 슬픔이니

정 깊지 않으면 끊어지기 쉬워라

《굴원(屈原)의 구가 일초사(九歌 一楚辭)에서》

몇 곡의 초사가 이어지면서 자신들이 즐겨 부르는 구슬픈 노래가 계속 들려왔다. 초병들은 주르르 눈물을 흘렸다. 이어 항복을 권하는 소리가 전해졌다. 이 구석 저 구석에서 초병들이 일어나며 동요를 일으켰다.

"죽기보다는 항복하지! 죽고 나면 고향산천을 어이 가며 기다리는 부모, 처자 누가 있어 보살필까?"

병사들은 제가끔 보따리를 둘러메고 진영을 탈출했다. 사졸들이 떼를 지어 탈출하니 계포, 종리매, 항백 등 초나라 장수들마저도 같은 심

| 자연을 느낄 때 행복이 움튼다 |

정이 되어 그들을 차마 가로막지 못하고 탈출에 같이 합류하고 말았다.

초가는 계속해서 들려오고, 탈출을 아무도 막는 사람이 없는지라 한 시각도 못 되어 육칠천 명이 이미 도망을 쳐 버리고 진영은 썰렁하게 비어버렸다. 드디어 초의 진영에 마지막 남은 장수는 주란과 환초 등 팔백여 명뿐이었다. 이러한 비통한 사실을 한참 늦게서야 알아차린 항우는 두 눈에 눈물이 고이기 시작했고 정신이 나간 사람처럼 넋을 잃고 말았다.

"이것은 모두 초나라의 노래가 아닌가, 저들은 벌써 초나라를 다 가져갔단 말인가."

사면이 초가였으니 초패왕은 자리에서 일어나 비탄한 어조로 한 수의 시를 지어 읊조렸다.

"힘은 산을 뽑을 듯하였고

천하를 제압하던 기백도

이제는 부질없는 일

오추는 살아 움직인다 한들

어찌할 도리가 없구나

아-, 우희여 우희여

어찌할거나, 너를 어찌할거나"

항우로부터 늘 사랑받고, 아낌을 받아 전쟁터에서도 같이 생사고락을 함께하여 온 우후 「우미인」 부인마저 항우에게 부담 주는 것이 싫어 스스로 자결하고 만다.

우미인 부인마저 눈앞에서 자결한 것을 본 항우는 닥치는 대로 적을 베어가며 포위망을 벗어 나갔지만, 이제 남은 군사는 하나도 없고 오로지 자기 혼자 단신으로 오강 앞에 이르렀다. 진의 타도를 부르짖으며 십만을 데리고 건너던 오강에 이제 홀로 와 섰으니 그의 비통함에 하늘이 무너져 내리고 있었다.

"하늘이 나를 버렸다! 강동의 자제 팔천 명을 잃고 나 홀로 강동으로 돌아간다 한들 그들의 부모가 나를 얼마나 원망하랴!"

항우 나이 겨우 삼십일 세, 그는 스스로 자결했다.

                    - 오하일 《사기인간학 항우.유방》 중에서 -

■ 행복의 비결

겨울철 차갑고 매서운 동장군(冬將軍)의 추위는 거의 맑은 하늘, 화창한 날씨 가운데 주로 나타나고, 겨울철 서리가 많이 오는 것은 날씨가 곧 변할 수 있다는 징후(徵候)를 보여 주는 경우가 많다. 즉 매서운 추위는 바람이 없고 조용한 맑은 하늘 아래서 주로 나타난다는 것이다.

상기의 유방과 항우의 "사면초가" 사례에서처럼 항우의 군사 50만 대군 중 마지막 결사대인 8천 명은 "죽기 아니면 까무러치기"식으로 용맹이 뛰어나고 사기가 강한 군사였다. 하지만 그들은 차가운 늦가을 보름달이 휘영청 떠오르는 밤에 고향을 상징하는 초나라의 초가(楚歌)가 처량하게 퉁소 소리로 울려 퍼지자 고향에 두고 온 부모, 처자식을 생각하는 감정에 복받쳐 눈물을 흘리며 전의를 상실한 채, 싸워 보지도 못하고 전선을 탈출하거나 적에게 항복하여 초나라가 멸망하는 결정적인 계기가 되었다. 여기서 주목해야 할 점은 한나라 군사 「장량」은 전혀 예상 밖의 전략, 즉 싸우지 않고 조용한 가운데 고향의 향수를 달래는 "초가"라는 계략으로 용맹한 초나라 8천 명의 정예부대를 물리쳤다는 것이다. 이것은 곧 "겨울철 가장 매서운 동장군 추위가 조용하고 맑은 날씨에 나타나는 것"과 비슷한 이치라고 볼 수 있다.

새벽 3~5시, 여명(黎明) 무렵은 하루의 새로운 시작을 알리며 동이 트기 직전으로 가장 어둡고 캄캄하지만, 반면에 조용하고 모든 만물의 에너지가 최고조로 도달하는 시간이다. 아직 음식물이 위에 들어가기 전이기 때문에 집중력이 커지고 원기를 강화시켜주는 호르몬의 분비가 왕성한 시간대이며 영혼과 마음이 가장 맑은 상태이다. 즉 인시(寅時: 3시~5시)에는 만물을 생성하는 원기인 정기(精氣)가 발생하는 때라고 인식되어 왔으며, 여명은 만물을 생성하는 에너지인 양기(陽氣)가 발생하는 때라고 했다. 그 때문에 동틀 무렵 자연 속에서 태양을 향해 마음을 비우고 기를 얻어 몸을 단련하여 약동하는 기운을 받는다면, 매사에 긍정적이고 보이지 않는 새로운 힘을 얻을 수 있을 것이다. 예로부터 세상에 영향을 끼친 위대한 위인들의 삶을 되돌아보면 하나같이 혼자 조용하게 보내는 시간이 아주 많았음을 알 수 있다.

악어는 늪지를 오가는 동물들의 눈에 보이지 않는다. 물속에 숨어서

두 눈만 밖으로 내놓고 있다. 그러다가 기회가 오면 번개같이 달려들어 사냥감을 잡아 물속 깊이 들어간다. 사냥감은 그냥 질식하여 죽고만다. 악어는 또 다음 기회가 올 때까지 두 눈만 내놓은 채 자신을 숨긴다. 사냥에 노련한 사자도 먹잇감을 사냥하기 위하여 멀리서 숨을 죽이고 응시하며 지켜보다가 먹잇감이 나타나면 신속하게 공격하여 취한다.

새벽녘 동이 트기 직전 여명의 시기는 가장 어둡고 캄캄하여 예측할 수 없지만, 하루의 시작을 알리면서 가장 기(氣)가 왕성한 때이다.

「노자」의 가르침 중에 "그릇이 가득 차면 더 이상 그릇 노릇을 하지 못한다"는 말처럼 우리는 매사 자기 자신에 대하여 부족한 듯이 늘 마음을 비워야 한다. 그것이 오히려 주변의 사물을 정확하고 제대로 볼 수 있는 눈과 혜안이 생길 수 있도록 도와줄 것이며, 이로 인하여 자기의 그릇도 더욱 커져 주변 사물을 복합적으로 판단하고, 사물의 징후를 예측, 예단할 수 있도록 통찰력도 길러 줄 것이다.

혹한(酷寒)의 추위에도 버들강아지 끝자락에는 푸르스름한 양기가 있다

《롱거버거의 경영과 진(秦)나라 수상 범수》

■ 자연의 실상

초목은 엄동설한(嚴冬雪寒)에도 불구하고 보이지 않는 땅속에서 따뜻한 봄을 향하여 새싹을 트일 준비를 하고 있으며 버들강아지 끝자락에는 푸르스름한 양기가 있다.

• 한겨울, 마른 수풀 속이나 조그마한 돌 밑에는 이름도 모르는 많은 새싹이 연약한 모습으로 봄을 향하여 하얗게 싹을 트고 있고, 혹한기에도 버들강아지 줄기 끝자락에서는 봄을 알리는 푸르스름한 양기가 나타나 싹을 움틀 준비를 하고 있다.

■ 인간과의 관계

① 「롱거버거」 '진심으로 통하는 경영'으로 7만 명을 거느리는 회장이 되다

손으로 만든 바구니로 연 1조 원의 매출액을 기록할 수 있을까? 힘들 거라고 생각하는 사람이 많을 것이다. 하지만 미국에 있는 "롱거버거"라는 회사가 바로 그러한 힘든 일은 해내고 있다.

이 회사는 70년대에 「데이브 롱거버거」란 사람에 의해 창립된 회사로 오하이오 주 드레스덴이란 벽촌에 있는 회사다. 손으로 만든 바구니를 팔아 연 7억 달러 매출액을 기록하고 있으며 8,700여 명의 직원과 7만여 명의 판매원을 거느린 당당한 기업이다.

회사의 설립자인 데이브 롱거버거는 고등학교를 졸업하는 데만 7년이 걸렸으며, 학교에서는 완벽한 지진아(遲進兒)였다. 난독증, 말더듬이 증세, 간질까지 앓아 성공과는 거리가 먼 사람으로 보였다. 그렇지만 그는 이러한 여러 가지 어려운 장애를 극복하고 대기업의 회장이 되었다.

그는 어렸을 때 비록 공부는 못했지만, 시장과 경제, 사람을 보는 안목이 뛰어났고 여러 가지 일을 하면서 풍부한 경험을 쌓았다. 성장기 때는 식료품 가게에서 일하고, 눈을 치우고, 잔디를 깎고, 신문을 돌리는 등 어려운 환경 속에서 자연스럽게 사람과 시장, 경제에 대하여 이해와 견문, 지혜를 터득하였다.

　　　　| 자연을 느낄 때 행복이 움튼다 |

또한, 그는 형제가 12명이나 되는 가정에서 자랐는데 그것도 그의 성공에 큰 도움을 주었다. 여러 형제와 지내면서 자연스럽게 대인관계에 대한 깨달음이 생겼고, 대가족 속에 살아가면서 해야 할 일과 해서는 안 될 일, 당장 할 일과 나중에 할 일 등을 자연스럽게 정리하고 판단할 수 있었다.

산업이 발전되고 다양해짐에 따라 우리 주위에는 사라지는 것이 많다. 예를 들면 강화도 화문석, 놋그릇, 자수품 등… 손으로 만든 바구니도 그중 하나다. 그는 사람들의 소득이 늘어나면 이와 같은 수 · 공예품에 대한 수요가 다시 늘 것이라 예상하고, 1974년 손으로 바구니를 만드는 사업을 시작했다. 그리고 예상대로 큰 성공을 거두었다. 물론 예전에 이 일에 종사했던 부모님의 역할이 큰 도움이 되었다.

무엇보다도 그를 이처럼 성공하게 만든 바탕은 인간적인 '겸손과 끊임없는 학습'이라고 해야 할 것이다. 그는 스스로 내세울 게 아무것도 없는 사람이라고 생각하고 항상 겸손했고, 부지런했으며 모든 사람으로부터 배우려는 자세로 임했다. 나중에 「셜리」라는 여자를 만나 판매, 마케팅 분야에서 큰 도움을 얻어 회사를 체계적으로 성장하게 되었다.

– 한근태《잠들기 전 10분이 나의 내일을 결정한다》중에서 –

② '기사회생'에서 살아난 수상 「범수」, 진나라를 최강국으로 만들다

범수(范睡)는 중국 전국시대 위(魏)나라 출신이다. 진(秦)나라 소왕의 객경(客卿: 다른 나라에서 와서 경이 된 사람)이 되었다가 수상이

되어 부국강병책과 원교근공책(遠交近攻策)으로 이웃 나라를 잠식, 병탄하여 진나라를 최강국으로 이끌어 놓은 사람이다.

범수가 위나라를 떠나 진나라로 탈출하여 객경이 되기까지는 많은 시련을 겪어야 했다. 범수는 본래 위나라 중대부 수가의 문객이었다. 수가가 제(齊)나라에 사절로 갈 때 범수는 보좌역으로 따라갔다. 제나라 양왕은 범수가 비범한 인물임을 알고 황금 열 근을 내려줬으나 사양하며 받지 않았다. 그러나 위나라로 돌아온 범수에게는 질곡이 기다리고 있었다. 제나라에 기밀을 누설했다는 혐의였다. 범수는 재상 위제에게 태형을 받아 갈빗대와 이가 부러지는 등 중상을 입고 졸도했다. 위제는 범수를 거적에 둘둘 말아 변소에 처넣어 뭇사람의 오물세례를 받게 했다. 큰 인물에 대한 위제의 질투심이 범수에게 잔혹행위를 하게 했던 것이다.

의식을 회복한 범수는 간수를 붙들고 억울한 사정을 말하며 뒷날 틀림없이 보상하겠으니 살려달라고 호소했다. 간수는 범수를 죽은 것으로 보고하고 도망치도록 해주었다. 범수는 친구 정안평의 집에 숨어 지내면서 이름을 장록으로 바꾸고 치료를 받고 있었다.

이때 위나라에 진나라 외교사절인 왕계란 사람이 왔다. 범수는 정안평의 도움으로 왕계를 만날 수 있었다. 밤새 이야기하는 사이, 왕계는 장록의 웅변과 원대한 포부에 매료되었다. 왕계는 은근히 진나라로 같이 갈 것을 종용했다. 범수는 자신의 신분을 밝히고 그간의 사정을 털어놓으며 통행이 자유롭지 못함을 이야기했다. 왕계는 크게 기뻐하며 말했다.

"선생을 제가 모시고 가겠으니 걱정하지 마십시오. 다만 교외까지만 비밀리에 나와 주십시오."

범수는 이렇게 해서 출생지 위나라를 벗어나 무사히 진나라로 갈 수 있었다. 왕계는 진나라 소왕에게 위나라와의 외교 사무를 보고하고, 장록 선생은 드문 인물이며 위나라에서 박해를 받고 있었으므로 모시고 왔다고 전했다.

"그가 진나라의 장래를 점치기를 '진나라는 국내·외적으로 달걀을 쌓은 것처럼 위험을 안고 있으니 국정에 참여할 기회가 주어진다면 진나라를 반석 위에 올려놓을 수 있다. 그 방책을 글로 써서 대왕께 아뢸 수 없는 것이 안타깝다'고 하기에 데려왔습니다. 한번 시험해보십시오."

소왕은 왕계의 말을 믿지 않았고 범수에게도 관심을 두지 않다가 1년여 만에 범수를 만나보고 객경에 임명했다. 드디어 기회를 잡은 범수는 '원교근공(遠交近攻)'이란 전략, 즉 멀리 있는 제(齊)나라와 동맹을 맺고 가까이 있는 한(韓)나라와 위(魏)나라를 공격해야 한다는 전략을 내세웠다. 왜냐하면, 멀리 있는 제나라와 싸우면 많은 전비와 전력이 소모되고 설사 전쟁에서 이긴다고 하더라도 영토를 유지하기 쉽지 않지만, 가까운 위나라와 한나라는 전쟁에서 승리하면 관리하기도 쉽고, 전비 등도 적게 들어간다는 이유에서였다. 이러한 탁월한 전략은 적중하여 향후 진나라가 통일할 수 있는 기반을 만들어 주었다. 범수의 능력을 인정한 소왕은 수상으로 임명했고, 진나라는 범수의 노력으로 천하 최강국으로 발돋움할 수 있었다.

- 김진태 역 《한 손에 잡히는 동양지혜》 중에서 -

■ 행복의 비결

첫 번째 사례의 주인공인 미국의 「데이브 롱거버거」는 고등학교를 졸업하는 데만 7년이 걸릴 정도로 신체적으로 난독증, 말더듬이, 간질 등 여러 가지 어렵고 부족한 점이 많았다. 하지만 이 모든 것을 긍정적으로 받아들이면서 어려운 일들을 마다치 않고 풍부한 경험을 쌓았다. 예를 들면 눈을 치우고, 잔디를 깎고, 신문을 돌리고, 식료품 가게에서 일하는 등 세속에서 사람과 시장, 경제에 대하여 이해와 견문, 지혜를 터득하였다. 무엇보다도 그를 이처럼 성공하게 만든 바탕은 '인간적인 겸손과 끊임없는 노력' 이라고 보아야 할 것이다. 그는 스스로 내세울 만한 게 아무것도 없는 사람이라고 생각하고 항상 자기 자신을 낮추고, 부지런했으며 모든 사람으로부터 배우려는 자세를 갖고 있었다.

그는 마침내 손으로 만든 바구니를 팔아서 상상할 수 없는 연 7억 달러의 매출액을 기록하였고 종업원이 8,700여 명, 판매원이 7만여 명인 당당한 기업의 회장이 되었다.

두 번째 사례인 진나라 수상 「범수」의 경우, 같은 위나라 재상 「위제」가 범수를 범상치 않게 여기고 질투하여 그를 무참히 죽이고자 하였지만, 주변 지인들이 그의 인품이 훌륭하고 출중함을 알아차리고 기사회생으로 목숨을 구해주게 되어 그는 나중에 주변의 강대국인 진나라 소왕에게 추천되었다. 마침내 그는 진나라의 객경으로 임명되고 나중에 수상까지 되어 부국강병책과 원교근공책(遠交近攻策)으로 진나라를 최강국으로 이끌어 놓은 인물이 된다.

미국의 롱거버거 회장과 진나라의 수상 범수는 다 같이 초창기에 수많은 시련과 고통, 죽을 고비를 잘 견디어 내어 나중에 마침내 성공한 인물들이다.

'겨울철 혹한기에도 버들강아지 줄기 끝자락에는 봄을 알리는 푸르스름한 양기가 나타나 싹을 움틀 준비를 하고 있으며, 한겨울 마른 수풀 속이나 조그마한 돌 밑에는 이름도 모르는 많은 새싹이 연약한 모습으로 봄을 향하여 하얗게 모습을 보이는 것' 처럼 우리는 과거 역사 속에서 어려운 역경과 고통을 극복하고 이겨내어 성공한 분들을 많이 접해왔다. 그분들의 훌륭한 정신력과 인내력, 통찰력, 삶 등은 우리가 어려운 환경에 처했을 때 나침판과 등불이 되어주고 희망을 제시하여 주고 있다. '하늘이 무너져도 솟아날 구멍이 있고', '쥐구멍에도 볕 들 날이 있듯이' 우리 인생도 어둠 뒤에 밝음이 있고, 고통 후에는 기쁜 때가 있다. 비록 현실이 고달프고, 일이 마음대로 잘 추진되지 않고, 매사가 뒤엉켜서 앞길이 망망하고 답답하더라도 비관만 하고 우물쭈물하면 안 된다. 현재 자신이 처한 상황과 주변 상황을 심도 있게 면밀히 분석하여 어려운 문제가 해결될 수 있도록 늘 기도하고 마음의 준비를 철저히 한다면 '지성이면 감천' 이라는 말처럼 주변에서 어느 누군가의 도움을 받아 반드시 어려움을 탈출하여 자기가 원하는 뜻을 실현할 수 있는 값진 기쁨을 만날 수 있을 것이다.

차가운 겨울이 되어서야 소나무와 잣나무
그 파릇함의 진가(眞價)를 알 수 있다

《한(漢)나라 한신 대장군》

■ 자연의 실상

푸르고 싱싱한 소나무와 잣나무는 모든 초목이 다 옷을 벗은 차가운 한
겨울이 되어서야 그 진가(眞價)를 발휘한다.

• 엄동설한의 찬 겨울, 싱싱하고 반듯하게 잘 자란 소나무와 잣나무는 주
변의 모든 초목에 따뜻한 정기를 불어주고, 다가오는 봄을 알려주면서
더욱더 푸른 생기를 더한다.

| 자연을 느낄 때 행복이 움튼다 |

■ 인간과의 관계

면산과하(勉山袴下)의 벌을 받은 한신, 무뢰(無賴)에서 대변신(大變身)하여 천하의 대장군이 되다

한신(韓信) 대장군은 유방(劉邦)이 한나라를 창업하는데 일등공신이었다. 하지만 그는 초년시절에 왕후장상이라는 체면 때문에 표모가 얻어 준 식은 밥으로 끼니를 때우면서 기껏 하는 것이라고는 고기도 잡아오지 않은 채 낚시질만 다니는 등 주로 무위도식(無爲徒食)을 하면서 생활하였다. 그러던 어느 날 이런 모습을 안타깝게 여긴 표모는 한신에게서 양반의 공자 모습을 보이게 하려고 그동안 미리 준비해 놓았던 새 의복과 칼 한 자루를 차게 하였다.

그런 후에 한신은 한참 동안 가지 못했던 성중으로 가서 동네를 구경하기로 했다. 그곳 동네 사람들은 한신이 오랜만에 성내에 나타난 것만으로도 이미 조롱거리였는데 '근사한 의복과 칼까지 차고 양반행세' 로 나타났으니 소문은 금세 성내로 번졌다. 마침 한신이 주막집 앞을 지나갈 때였다.

주막에서 술을 마시고 있던 건달패들이 한신의 그 모습을 보고 술을 마시다 말고 우르르 뛰쳐나와 한신을 에워쌌다.

"와! 이놈 봐라. 비렁뱅이 주제에 칼까지…."

십여 명이 넘는 불량배들은 일제히 웃으며 한 녀석은 그의 옷과 칼을 만져 보기도 하고 또 다른 녀석은 얼굴을 바짝 가져다 대며 냄새를

맡는 시늉을 하며 놀려댔다.

"굶다 못해 비렁뱅이 노파의 쉰밥을 빌어먹는 이 비렁뱅이 새끼를 무어라고 부르지?"

"······"

"그따위 주제에 사내새끼 흉내를 내고 있으니 도저히 용납할 수 없는 일이다! 상거지인 주제에 주둥아리로는 '표모의 은혜를 갚겠다'고 허풍을 떨고, 허리에는 칼을 차고 사내 흉내를 내고 있다니 말이나 되는가!"

한신은 입을 다물고 묵묵히 그들을 주시하고 있었다.

"좋다! 너도 사내라고 '이러한 치욕을 차마 넘길 수는 없다' 이거지! 네가 찬 칼이 장난감이 아니라면 어서 뽑아라!"

한신은 얼굴을 붉힐 뿐 칼에는 손을 대지 않았다.

"어서 뽑아라!"

한신의 붉어진 얼굴은 잔뜩 겁을 먹고 급기야 새파래졌다.

"저렇게 비루한 사내 녀석은 없애버려야 한다. 모두 조용히 해라!"

모두가 숨을 죽이며 그를 주시했다. 빼 든 칼은 높이 치켜들어지고 양손의 칼자루가 한신의 목을 향해 바람을 일으켰다.

한신의 파리해진 입술은 검붉게 보였다. 후들후들 떨고 있던 한신은 중심을 잃고 그대로 꼬꾸라지듯 주저앉아버렸다. 그리고 양 무릎 사이로 고개를 들이 처박았다.

"좋다! 이런 비렁뱅이 새끼를 치기에는 칼이 아깝다. 네가 사내자식이 아니라는 것을 스스로 보여준다면 목숨만은 살려 주겠다. 어떻게 할 테냐!"

"……"

"방법은 어려울 것이 없다. 네가 우리들의 가랑이 밑으로 기어나가다가 뒤도 돌아보지 않고 달아난다면 살려주겠다. 어떠냐!"

한신은 고개를 끄덕거렸다.

건달패들은 일렬로 가랑이를 벌리고 늘어섰다.

"어서 기어라!"

한신은 무릎을 꿇고 앉더니 '개가 기어가듯 재빠르게 그들의 가랑이를 기어나갔다(袴下之辱)'. 그리고는 뒤도 돌아보지 않고 '걸음아 날 살려다오' 라는 듯 줄행랑을 쳤다.

이러한 소문은 온 성내로 파다하게 퍼져 나갔고 한신의 행동은 그 당시 웃음거리가 되어 양반이 해서는 안 되는 '과하지욕' 으로 커다란 체벌인 '면산과하' (勉山袴下)*의 벌을 관청으로부터 받게 된다.

그 이후 그는 낚시터에서 알게 된 어느 노인과 인연이 되어 깊은 산골인 '덕양산' 으로 입산을 하게 된다. 그곳에서 그는 노인에게 '사람이 살아가는 방법과 도리' 에 대하여 배우고자 하지만, 노인은 '모든 것은 자기 스스로 배우고, 익히는 것' 이라고 하며 스스로 도를 깨달아야만 한다고 하였다.

그때부터 한신은 덕양산 깊은 산 속에서 주변에 있는 산, 계곡, 물,

---

* 비록 율령 상으로는 죄가 아니라고는 하나 왕손의 체통을 저버리고 천민의 가랑이를 기어가는 못난 행동에 대하여 사회적인 정서상 묵과할 수 없는 벌을 내린 것.

나무, 하늘, 별, 어둠과 같이한 채 자연의 실체와 진실을 배웠고 또한, 호랑이 등 맹수를 상대하면서 용맹과 힘을 키웠으며, 아울러 봄, 여름, 가을, 겨울 등 사계절이 바뀌는 동안 자연의 변화와 이치를 터득하게 되었다. 이러한 가운데 2년이란 세월이 흘렀다.

드디어 한신은 덕양산에서 하산하여 그동안 자기를 돌봐 준 남촌정장의 추천으로 '전생' 선생의 문하로 들어가 '글과 병법'을 배우고 익히게 된다.

탁월한 실력으로 문(文)과 무(武)를 겸비한 한신은 처음에는 '집극낭관(형벌관장 직책)'이란 초라한 직책에서부터 시작하게 된다. 나중에 다시 유방의 슬하로 들어가 연오관(창고 총괄직책), 치속도위(전국 창고총괄직책) 등을 거쳐 한나라 대장군 직위에 오르게 되고, 마침내 그는 유방이 한나라를 세우는데 일등공신 역할을 하게 된다.

– 오하일 《사기인간학 한신》 중에서 –

■ 행복의 비결

한신은 초년시절 체모, 체통, 체면도 모르고 무위도식하면서 표모가 준 식은 밥으로 연명하여 오다가 표모의 간청으로 자기도 모르게 순간적으로 "왕후장상이라는 가문의 씨"라는 것을 느끼고 공자의 행세를 하다 건달들의 가랑이 밑을 기어가는 치욕적인 모욕을 당하고 그 당시 사회 정서상 '면산과하'란 엄한 체형을 받는다. 그 뒤 그는 「덕양산」

에 입산하여 사람의 도리와 자연의 이치를 깨닫고, 늦게 서야 글과 병법을 배워 본연의 자기의 길을 걷기 시작, 드디어 「유방」의 슬하에서 '한나라의 대장군 직책'을 수행하면서 나중에 유방이 천하를 통일하는데 일등공신이 된다.

푸르고 싱싱한 '소나무와 잣나무'는 엄동설한의 찬 겨울, 다른 모든 초목은 숨을 죽이고 활동을 멈추는 가운데 혼자서 파랗게 산을 지키면서 다가오는 봄을 알려주고 희망을 제시하고 있다. 이 소나무가 엄동설한의 찬 겨울을 이렇게 잘 이겨내는 데는 늦가을부터 사전에 결빙에 대비한 '담금질(hardening)'을 시작하여 기온이 떨어지면 이들 나무의 세포에는 프롤린(proline)이나 베타인(betaine)같은 아미노산은 물론이고 수크로오스(sucrose)같은 당분이 늘어나면서 결빙되는 것을 방지하고 동해(凍害)로부터 철저하게 보호를 받는 것에 있다.

달고 먹기 쉬운 것에는 많은 사람이 모여 서로 그것을 가지려고 노력하고 치열한 경쟁을 하지만, 쓰고 고달픈 것에는 그것을 기피하고 혐오하여 별로 관심을 보이지 않는다.

하지만 우리의 인생살이가 매사에 '달면 삼키고 쓰면 내뱉는 식'으로만 이루어지는 것은 아니다. 비록 어렵고 괴로운 일이라도 그것을 잘 참고 견디어 내면 반드시 역으로 자기에게 좋은 기회가 돌아올 것이다. 그리고 이왕이면 그 수많은 인생길 중에서 선택과 결정은 자기가 좋아하고 하고 싶은 것을 택하여 집중해야 할 것이다. 또한, 그것이 옳다고 하면 주변의 눈치를 살피면서 좌고우고하거나 방황하지 말아야 한다. 이처럼 개성과 색깔이 있는 길의 선택으로 인하여 때로는 외롭고, 피곤하고, 괴로울 수도 있지만 이러한 고뇌와 집중력은 반드시 나중에 값지고 아름다운 삶으로 보상될 것이다.

그리스 신화에 등장하는 「프로메테우스(Prometheus)」는 인류에게 문명을 전하는 일을 자신의 사명으로 여겼기에 다양한 기술을 전수했다. 또한, 그는 신들의 세계로부터 불씨를 훔쳐 인간 세상에 전달하는 목숨을 건 모험을 하였다. 결국, 그는 이러한 죄의 대가로 '절벽에 묶인 채 독수리들에게 내장을 뜯기는 형벌'을 받게 되었다. 프로메테우스는 아무런 대가 없이 인류를 돕기 위해 사력을 다 쏟았으며 형벌의 고통 속에서도 자신이 옳다고 생각하는 사명을 끝까지 지키리라 마음먹었다.

생명이 다 되어 간 '대나무와 전나무'들은 미리 죽을 것을 예감하고 이듬해에 생전 보이지 않던 화려한 꽃을 피우면서 생명을 마감한다고 한다. 하물며 만물의 영장인 우리 인간은 대나무와 전나무보다 더욱 진하고, 아름답고 값진 꽃을 피우고 저승에 가야 하지 않겠는가?

'소나무와 잣나무가 찬 겨울이 되면 그 푸름과 싱싱함이 더욱더 돋보이게 되어' 다른 모든 초목에 다가오는 봄의 그리움과 향수를 기다리게 만드는 것처럼 '한신도 초년의 산전수전 겪은 고통과 시련이 밑바탕이 되어 나중에 천하를 호령하는 대장군이 되는 성공의 길잡이'가 되었다.

자연의 힘은 알면 알수록 신비스럽고 경이롭다

《유방, 위기를 기회로 활용하다》

■ 자연의 실상

겨울철 비가 오다가 순식간에 눈으로 바뀌는 현상, 많은 비구름이 끼어서 곧 비가 내릴 듯한 날씨가 갑자기 어느 순간 구름이 걷히고 언제 그랬냐는 듯 맑은 하늘을 보이는 경우가 있다.

- 가끔 겨울철에 비가 오다가 어느 순간 눈으로 바뀌는 경우가 있다. 이는 순간적으로 차가운 공기가 따뜻한 공기를 압도하여 물방울을 얼게 하여 눈으로 바뀌는 현상이다. 또한, 구름도 곧바로 비구름을 만들어 비를 내리게 하는 구름이 있고 곧 비가 올 것처럼 많은 구름이 떠 있지만, 순식간에 기가 변화되어 구름이 없어지고 맑아 버리는 경우가 있다.

강하고 질긴 소나무 줄기의 껍질이 자기 스스로 벗겨지는 모습, 단단하고 두꺼운 밤송이가 가을 따스한 햇볕 아래 스스로 알맹이를 드러내는 모습은 자연만의 신비스럽고 경이로운 모습이다.

- 보통 숲 속의 소나무는 그 줄기의 껍질이 두껍게 몇 중으로 단단하게 붙어있어서 이는 도끼로 찍어도 쉽게 벗겨지지 않는 껍질이지만, 어느 때가 되면 자연스럽게 스스로 껍질을 벗어낸다. 또한, 단단한 밤송이 껍질은 사람이 만지기 어려운 가시로 가득하지만, 따스한 가을 햇볕을 받으면 스스로 자연스럽게 껍질이 벌어지면서 알맹이를 떨어뜨린다.

■ 인간과의 관계

「유방」절체절명(絕體絕命)의 위기(危機)를 오히려 기회(機會)로
활용, 한(漢)나라 황제가 되다

유방(劉邦)은 중국 강소성 패현 서쪽의 풍읍이라는 촌락에서 태어났
다. 삼십 세까지 건달로 잔뼈가 굵어오면서 자랑할 만한 것을 내놓으라
면 고작 자신이 잘났다고 생각하는 '얼굴' 하나밖에 없었다. 그랬으니
그 얼굴에 맞는 관이란 보통사람이 생각하는 모자와는 전혀 달랐다.

궁핍한 생활 속에서도 없는 돈을 짜내, 대나무 껍질로 만든 모자 하
나를 샀다. 그리고 그것을 자신의 머리카락처럼 소중하게 다루고, 항
상 쓰고 다니는 것을 잊지 않았다. 그래서 그를 주변에서는 '유씨갓'
이라고 불렀다. 또한, 건달에 있어 빼놓을 수 없는 기호품은 역시 '술
과 여자'다. 유방의 술 이야기는 외상술로 유명하다. 계산은 외상이
지만 술집주인은 은근히 그가 와서 먹어 주었으면 했는지도 모른다. 청개
구리란 놈은 갯가로 나오면 비를 몰고 오듯, 그가 와서 죽치는 날이면
온종일 술꾼들이 법석거려 매상이 눈에 띄게 부쩍 올랐기 때문이다.

바야흐로 그의 나이 삼십구 세 여름, 진시황이 죽고 이세인 「호해」
가 등극했다. 호해는 자신의 보위에 오른 정통성을 드러내기 위해 시
황이 그동안 봉분으로 닦아 놓았던 거대한 여산(驪山)의 묘를 더욱 큰
규모로 늘려 확장공사를 하는 한편, 아방궁을 비롯한 도로정비의 토목
공사를 대대적으로 폈다. 그리고 형벌과 조세를 강화했다. 이 등쌀에

백성들은 가렴주구(苛斂誅求)로 시달렸고, 죄인이 아닌 사람이 없을 정도로 백성들은 피폐해져만 갔다. 여기에 늘어난 토목공사만큼이나 강제노역도 늘어 갔다. 이 여파로 드디어 사상 땅의 정장인 유방의 발등에도 불이 떨어졌다.

'유방은 죄수 아닌 수인들을 이끌고 함양의 여산까지 노역부를 호송하는 책임'을 맡았다. 여산은 진시황의 묘역으로 사수에서 한 달 이상 걸어야 도착할 수 있는 거리였다. 처음에는 이백 명의 노역부들이 참가했지만 매일 매일 도망자들이 늘어 10여 일이 지나자 겨우 삼십여 명 밖에 남지 않았다.

유방은 남은 노역부를 불러 모았다.

"너희들은 왜 도망을 가지 않느냐? 노역장에 도착하고 나면 다시는 살아 고향에 돌아오지 못할 것을 알면서도 나를 따르는 이유가 무엇이냐? 어서들 도망가라. 도망가는 길 외에는 살아날 방책이 없다."

유방은 소리를 쳤다. 노역부들은 오히려 놀라는 눈치였다.

"저희야 도망을 가면 된다지만 정장님은 무슨 재주로 형벌을 피할 수 있겠습니까? 벌은 요참의 사형이 아닙니까?"

이들이 이같이 말하자 유방은 소리를 내어 웃었다.

"듣거라. 인솔하던 셋째 날 십여 명이 도망을 가지 않았는가. 그때 내 목은 이미 달아나 버렸네. 그런데 도망을 가지 않고 나를 따르는 자네들과 같은 사람들이 있었기 때문에 나는 자네들의 안전을 위해 이곳까지 호송해 왔을 뿐이네. 그러나 자네들이 마지막까지 남아 있어 오히려 그것이 답답하다는 것일세. 만일 자네들이 중간에 모두 도망을 쳤다면 나 혼자 무엇 때문에 함양까지 갈 일이 있겠는가. 자네들이 남아 있어 나도 도망을 못 치고 있는 것일 뿐이야."

그는 단호하게 말하였다.

그 이후로 며칠이 지나자 먼저 도망친 노역부들이 갑자기 다시 돌아왔는데, 그 이유는 패현 주변 「망탕산」에 커다란 구렁이가 길을 막고 있어서 그곳을 지나가지 못하고 다시 돌아왔다는 것이다. 유방은 곧장 그곳으로 가서 그 커다란 구렁이를 단칼에 베 버리고 몸통을 토막토막 절단을 내어버렸다. 이 소문은 삽시간에 패현 땅에 퍼져 그가 작금의 어려운 시대에 새로운 영웅, 해결사로 떠올랐다. 그동안 산속에서 생활하던 자들까지 합세하여 유방을 대장으로 모시고자 천여 명의 사람들이 구름처럼 모여들게 되었다.

한편, 그 무렵에는 천노 진승과 오광이라는 사람이 '타도 진(秦)'을 부르짖고 반란을 일으키고 있었다. 그들의 봉기는 백성들의 호응을 얻으며 순식간에 번져갔다. 마치 기름이 번지듯 사방으로 퍼져 나가자 진의 관리들은 전전긍긍하고 있었다. 각 관아의 백성들은 현령을 죽이고 진승을 맞이했다. 이에 진승의 병력은 수만 명으로 늘어났고, 드디어 국호를 「장초(張楚)」라고 하고 스스로 왕이라고 칭하였다.

또한, 유방 측에도 인재와 친구들이 모이기 시작했다. 친구 「하우영」, 「번쾌」, 패현 이방인 「소하」와 「조참」 등이었다. 그들은 성 백성들이 스스로 봉기하여 기존의 현령을 쫓아내고 패현을 접수, 유방이 사또의 자리에 오르도록 모양새를 갖추도록 했다. 드디어 백성들은 관아를 습격하여 현령을 죽이게 되니, 오로지 유방은 사또의 자리에 오르기만 하면 되었다. 하지만 유방은 자기의 재주가 비천하고 덕망이 없다는 구실로 다른 현인을 선발하도록 하고 자기는 극구 사양했다. 끝내 그 지역 유지와 노인들이 나서서 유방이 꼭 사또가 되어야 한다고 계속 주청을 하여, 하는 수 없이 유방은 사또가 되었다. 이때 유방의 나이는 삼십 구세였다.

그 이후로 그는 매사 낮은 자세와 겸손, 소탈한 자세로 임하였고 주변 한(韓)나라 출신인 장량을 얻어 훌륭한 군사로 활용하였다. 한때 비렁뱅이, 무례하기로 소문난 한신을 대장군으로 중용, 반드시 싸움에서 이기고 마는 명 장군이 되어 그의 은혜에 보답하였다. 또한, 그는 관중을 항우보다 먼저 취하였지만 '약법삼장'을 발표하여 백성들을 까다로운 법의 고통으로부터 해방하고, 안정시키면서 스스로 자세를 낮추어 백성들의 아픔을 알아차리며 민심을 수습했다. 마침내 그는 마지막 서초패왕 항우와 해하의 대전투에서 '사면초가(四面楚歌)'의 전략으로 적장 항우가 제대로 한번 싸워보지도 못한 채 대승을 거두고, 항우 스스로 비참하게 자결하게 하였다. 그리하여 그는 천하의 한(漢)나라 제1대 황제로 등극하게 된다.

– 오하일 《사기인간학 한신》 중에서 –

■ 행복의 비결

중국을 최초로 통일한 진시황은 그 당시 영원히 죽지 않는 진인(眞

人)이 되기 위하여 온갖 수단을 동원하였지만, 그것이 수포로 돌아가자 불만에 가득 차 그것을 해소하기 위한 방법으로 소주, 항주 등의 순행 길에 나선다. 그렇지만 간신 조고의 간계와 음모로 무더운 여름, 길가의 마차에서 비참하게 횡사 당하고 만다. 진시황이 마지막 죽기 전애초 유서에는 큰아들 「부소」가 그의 후계자로 지명되어 있었다. 하지만 간신 「조고」와 우유부단한 승상 「이사」의 유서변조로 인하여 다루기 쉽고, 무능하기 짝이 없는 둘째 아들인 「호해」가 진시황의 후계자로 바뀌어 버렸다.

이로 인하여 진나라의 통치권은 무너지고 가혹한 세금과 징벌, 노역 등으로 백성은 살기가 어려워져 지방마다 반란이 일어났다. 그 대표적인 것이 바로 진승과 오광의 반란이었다. 또한, 이세인 호해는 자기의 정통성을 확실히 하기 위한 방편으로 선친인 진시황이 만든 아방궁보다 더 묘를 호화스럽고 웅장하게 꾸미기 위하여 백성의 노동력을 무자비하게 착취하였다.

이때 유방은 현의 명령으로 이백여 명의 죄인들을 이끌고 진시황의 묘소인 함양의 여산까지 호송하는 책임을 맡았다. 하지만 10여 일이 지나자 막상 남은 죄인은 30여 명 밖에 되지 않았다. 여기서 유방은 절체절명의 위기에 처하게 된다. 그 당시의 진나라의 엄격한 법으로 보아 150여 명 이상의 죄인들이 도망을 치게 방조했다는 것은 무조건 사형을 면할 수 없다. 그런데도 그는 평소처럼 좋아하는 술을 마시며, 그 날 저녁 죄인들과 함께 밤을 보내면서 어려운 결단을 내린다. 모든 것을 포기하고 죄인들과 함께 자유로운 몸이 되어 새로운 시작을 하겠다고 결심한 것이다. 이러한 결단의 배경에는 그가 평상시에 늘 좋아한 술과 여자, 호방함과 의리, 유씨갓과 같은 소탈함, 따뜻하고 포근한 마음이 결정적으로 작용했을 것이다.

한편, 유방의 이러한 결정이 있고 난 뒤로 주변 상황의 많은 변화가 있게 된다. 우선 주변에 많은 동조자가 따른다. 즉, 유방이 망탕산의 구렁이를 베어 죽인 후(훗날 이 구렁이를 백제의 아들이라 함) 이 소문이 패현에 퍼져 그를 우두머리로 모시고자 산채 등 그동안 음지에 숨어있던 많은 사람이 그를 따르게 되며 또한, 친구 하우영, 처남 번쾌, 패현 이방 출신 소하, 조참 등이 같이 합류하여 그를 사또가 되게 하는데 많은 도움을 주고, 결정적인 역할을 한다.

또 다른 지역에서는 진승과 오광이라는 반란군이 타도 진을 외치며 거국적으로 백성들의 호응을 받으면서 봉기하게 된다. 이들은 처음에 백성들로부터 많은 지지를 얻어 수만 명의 군사를 얻고 여러 개의 현을 점령하여 「장초」로 국호를 정하였지만, 진승이 스스로 왕이라고 지칭하는 등 오만과 추태를 보였고 아울러 나라를 세우기 위한 철저한 준비도 부족하여 이들 반란군은 얼마 되지 않아 백성들의 지지를 계속 받지 못하고 진압되고 만다. 반면, 유방군은 유방 본인의 겸손과 인덕 등으로 수많은 병사가 구름처럼 몰려들었고, 많은 장수와 지략가로서 유명한 군사 장량, 한신 대장군 등 훌륭한 인물들이 영입되었다. 드디어 유방은 거대한 날개를 달고 순풍에 돛 단 듯이 뜻하는 대로 순항하였다. 즉 대세는 유방 쪽으로 기울기 시작한 것이다.

우리는 자연 속에서도 보이지 않는 '힘의 흐름과 대세'를 알아볼 수 있다. 예를 들면 '보통 숲 속의 소나무는 그 줄기의 껍질이 두껍게 몇 중으로 단단하게 붙어있어서 이는 도끼로 찍어도 쉽게 벗겨지지 않지만, 어느 때가 되면 소나무 스스로 자연스럽게 껍질을 벗어내는 것'을 본다. 또한 '단단한 밤송이 껍질은 사람이 만지기 어려운 가시로 가득하지만, 따스한 가을 햇볕 아래서는 신비스럽게도 스스로 자연스레 껍질이 벌어지면서 알맹이를 떨어뜨리는 것'이 그러한 현상이다.

아울러, '겨울철 비가 오다가 순식간에 눈으로 바뀌는 현상, 많은 비구름이 끼어서 곧 비가 내릴 듯한 날씨가 갑자기 어느 순간 구름이 걷히고 언제 그랬냐는 듯 맑은 하늘을 보이는 경우'가 있다.

우리는 유방이 진나라로부터 이백여 명의 죄인을 이끌고 함양성 아방궁 공사장까지 오라는 명령을 받았을 때, 만일 유방이 법을 엄격하게 집행하여 죄인들을 한 명도 빠짐없이 그대로 공사장에 도착시켜 제대로 명령을 이행했더라면 유방이라는 사람이 지금과 같은 천하를 통일한 한나라 황제가 되었을지 생각해 보아야 한다.

이는 평상시 유방이라는 사람의 인품, 유씨갓 같은 소탈함과 검소함, 따뜻하고 포근한 마음, 호방함과 의리, 의협심 등이 보이지 않게 복합적으로 작용하여 그가 진나라 조정의 명령을 감히 불복종하는 운명적인 계기를 만들었던 것이다. 이 보이지 않는 힘의 기류가 '죽기 아니면 까무러치기'의 결단을 만들어 준 것이다.

우리도 세상을 살아가다 보면 주변에서 친구, 선·후배, 친척, 조직, 학연이나 지연, 이해관계인, 종교, 아니면 제3자 등 보이지 않는 많은 사람과 접하게 되고 또한 만나야만 한다. 우리는 평상시 이러한 사람들과 특별히 우호적인 관계를 유지할 수도 있지만, 때로는 악연이 될 수 있다. 중요한 것은 평상시에는 이러한 관계가 꾸준히 이루어지고 있으며 이것이 힘의 균형을 유지하거나 급격하게 한쪽으로 치우칠 수도 있다는 것이다. 바로 소나무 껍질의 벗겨짐이나, 밤나무 껍질이 자연스럽게 벗겨져 알맹이를 떨어뜨린 것이나, 대기 중에 찬 구름과 따뜻한 구름이 서로 세력의 균형을 이루다가 갑자기 눈과 비로 바뀌는 현상과 비슷하다고 볼 수 있다. 우리는 성공하기 위해서는 반드시 주변에 보이지 않는 기를 자신의 것으로 만들어서 이를 잘 활용하여야 한다. 이러한 기는 하루아침에 생기지 않으며, 자기 자신의 의지와 많은 노력이 필요하다.

한고조 유방은 평상시 주변에서 많은 사람을 끌어들일 수 있는 포용력, 따뜻한 인간성, 겸손함을 두루 갖추는 인물이었다. 그래서 초창기에는 힘이 약했지만, 많은 사람과 인물들이 그를 도와서 마침내 서민 출신 처음으로 황제의 자리에 등극했다.

지금 세상은 우리 인간의 심성이 갈수록 예민하여지고 독해지고 있으며 이기적으로 변하고 있다. 하지만 이럴 때일수록 우리는 보다 자연을 가까이 하여 그 이치를 터득하고 배워서 자연의 거대함과 장엄함, 보이지 않는 깊은 진리를 터득해야 할 것이다. 이렇게 자연 속에서 흔들리지 않는 깊은 심성과 철학, 포용력 등을 갖춘다면 향후 보다 많은 사람, 어떤 누구와 접촉하여도 흔들리지 않고, 세상을 일관성 있고 올바르게 살아갈 수 있는 혜안과 리더십이 생길 것이다.

Part 3

산, 들판, 강, 바다

거대한 강물은 주변을 돌아볼
겨를도 없이 유유히 쉬지 않고
망망대해로 흘러간다

하얀 눈 덮인 고요한 소나무 숲과 들판은
무한한 가능성과 희망을 보여 준다

《명량대첩지인 울돌목》

■ 자연의 실상

하얀 눈이 덮인 고요한 소나무 숲과 들판은 무한한 가능성과 희망을 제시하여 준다.

• 아무도 다니지 않는 고요한 들판의 눈밭을 걸어 보거나, 눈이 소복하게 쌓인 조용한 소나무 숲 속의 눈밭을 거닐어 보면 이 세상에서 미처 느끼지 못했던 자신의 존재에 대한 귀중함을 알게 되고, 이 세상에 자기 자신이 가장 훌륭한 주인공임을 느끼게 되며, 아울러 보이지 않는 힘과 의욕으로 무엇이든지 할 수 있다는 강한 의욕과 자기의 존재가치를 느낄 수 있다.

| 자연을 느낄 때 행복이 움튼다 |

■ 인간과의 관계

명량대첩지인 '울돌목'(鳴粱)을 자주 찾는 이유

이순신 장군이 임진왜란(정유재란) 때 배 13척으로 일본 외적선 133척을 물리친 역사적 전승지로 유명한 해남군 문내면(우수영)과 진도군 군내면(녹진)의 경계지인 '울돌목(명량)'을 자주 찾는다. 그곳은 이순신 장군이 유비무환의 자세로 향후 어려울 때를 대비, 평소에 자연을 깊이 관찰하고 통찰하면서 전략과 전술을 사전에 준비하여 놓았던 장소이다.

1597년 7월 당시, 삼도수군통제사였던 원균(元均)이 칠천량(漆川粱) 전투에서 대패하여 수군은 완전 궤멸 상태로 전황이 급속하게 악화되어 불가피하게 백의종군하고 있던 이순신 장군은 그해 9월에 삼도수군통제사로 복귀 작전을 지휘하게 되었다. 하지만 그 당시 아군 측의 병력은 수군 120여 명과 전함은 13척에 불과, 여러 가지로 최악의 전투 상황이었다. 이러한 열악한 소수의 병력으로 일본군 133척을 격파하기 위해서는 고도의 전투전략과 전술, 강한 필승의 신념이 필요했다. 이를 위해서는 첫째, 지리적 여건이 좁은 해협을 택하여 적이 마음대로 기동할 수 없도록 하고 둘째, 좁은 해협 내에서도 수십 개의 크고 작은 암초와 급경사로 인한 빠른 조류의 불규칙성으로 적의 혼란을 유도하고 셋째, 전투 진영 '일자 진(一字陣)' 전법을 사용, 좁고 빠른 해협에서 빠른 물결에 떠밀려오는 많은 적을 적시에 그때그때 순간적으로 공격하여 모두 섬멸할 수 있도록 한다는 것이다. 이순신 장군은 이러한 전략을 십분 제대로 발휘하기 위해서 넓은 진도의 '벽파진' 지역보다는 폭이 좁은 해로인 '울돌목'이 천혜의 지리적인 여건을 다 갖춘 최적지라고 간파하고 적을 유인, 이곳에서 적을 철저하게 궤멸시켜 작전을 대성공으로 이끌었다.

지금 현재 이곳 '울돌목'은 해남과 진도 간의 연륙교가 1984년 10월에 준공되어 옛날처럼 성난 파도의 물결은 조금 약해졌지만, 아직도 그 바닷물의 물결은 커다란 홍수가 난 것처럼 거세고 우렁차게 흐르고 있어 커다란 장관을 보여주고 있다.

그래서 모교인 고향의 해남 중·고를 졸업하고 지금까지도 고달픈 일, 어려운 일, 중요한 사항 등을 결정하고자 할 때는 수시로 '울돌목'을 방문하여 그 우렁차고 힘 있게 용솟음치는 소리를 듣고, 보고 느끼곤 한다. 그럴 때면 가슴이 벅차오르고, 감동하게 되어 복잡하게 흐트러진 마음이 한 곳으로 정리되면서 무엇인가를 해야 한다는 강한 욕구와 함께 자신감을 얻게 된다. 이순신 장군이 평상시 향후 어려울 때를 대비하여 자연과 지형지물을 깊이 있게 통찰(洞察)하고, 초연한 모습으로 외롭게 전략을 구상, 일본군을 패퇴시켜 서해안의 해상권을 완전히 장악하여 커다란 위기에 처해 있는 이 나라를 구한 천혜의 요새 지역이라는 점으로 인하여 강한 욕구와 자신감이 생기는 것이다.

지금 이 시각에도 '울돌목' 바닷물 우는 소리는 그 당시 이순신 장군의 강한 정신력을 잘 나타내주고 상기시켜 준다. '살고자 하고 싸우면 죽을 것이고, 죽기를 각오하고 싸우면 살아남을 것이다(生則死, 死

則生)' 그분이 여전히 이곳에서 영원히 잠들지 않고 우리를 지켜주고
있다는 느낌이 든다.

■ 행복의 비결

   우리는 직장생활이나 사업 등 의식주 해결을 위해 바쁜 일상생활에
쫓겨 자기만의 심신단련, 조용하게 성찰할 시간을 거의 갖지 못하는
경우가 많다. 하지만 우리는 때때로 큰마음을 먹고 특별한 시간을 할
애, 평소에 자기가 좋아하는 장소나 꼭 가보고 싶은 별천지 등을 찾아
가 자기를 한번 되돌아볼 필요가 있다고 본다. 예를 들면 '겨울철 하
얀 눈이 소복이 쌓인 아무도
다니지 않는 소나무 숲길이
나 들판 길'을 걸어보면 아무
도 보이지 않는 광활한 태초
의 깨끗하고 순수한 대자연
의 웅장함과 고요함 속에 자
기 자신도 모르게 주변 환경
에 동화되어 자기 자신이 지
금 어디로 가고 어디에 서 있
는지, 자기가 무엇을 하는 사
람인지 등 만사를 잊어버리

고 숨을 죽인 채 자연과 호흡하며 몰입하게 된다. 이러한 혹한 추위 속에서도 따뜻하게 살아있는 자기의 가슴에 손을 얹고 자신의 과거를 한번 되돌아보고 반성하며 과연 '자기 자신이 무슨 일을 하고 있는지', '내가 나의 길을 제대로 잘 가고 있는지', 제대로 가고 있다면 '자신의 위치가 어느 정도에 와 있는지' 등을 확인해 보고 아울러 자신의 가족, 친척, 지인, 직장인 등의 얼굴을 떠올리면서 명상을 한 뒤 자기만의 기도를 해보는 것도 좋을 듯싶다. 이러한 분위기가 무르익었을 때, 자신도 모르게 뭉클한 자아를 발견하고 자신의 존재에 대한 귀중함과 고귀함을 되찾아 값진 삶을 느끼게 될 것이며 또한, 이로 인하여 강한 자신감을 얻어서 이 세상이 자기 자신을 꼭 필요로 하고 누구보다도 자기 자신이 중요한 주인공이라는 것을 확실하게 느끼게 될 것이다.

훌륭한 철학자이자 정치가인 「루시우스 세네카」의 주요 관심사는 어떻게 하면 '행복한 삶을 영위할 것인가'로 이를 위해서는 무엇보다도 '강한 의지'가 필요하다고 말했다. 그는 대부분의 사람은 "자신의 삶을 스스로 조종하여 사는 것이 아니라 강물에서 수영하는 것처럼 목적 없이 그냥 강물에 자신을 떠맡기고 사는 것"이라고 했다. 그렇다면 강한 의지는 어떻게 얻어지는가? 그는 우선, '자기가 스스로 원하는 것을 아는 것'이라고 했고, 반면에 '자기 스스로가 원하지 않는 것을 아는 것'이라고 했다. 사실 우리가 일상생활에서 자기가 원하는 것과 원하지 않는 것을 구별하기는 쉽지 않다. 그래서 우리는 일상생활에서 잠시 휴식을 취하는 색다른 장소가 필요하다. 내가 진정으로 좋아하고 하고 싶은 것인지, 평생 열정을 바쳐 할 수 있는 것인지, 자기 자신을 정확하게 진단하여 볼 필요가 있다. 물론 평상시에 자기 자신의 모습을 알고 있을 수도 있지만, 그것은 쉽게 자신을 타성에 빠뜨려 진정한 자아를 발견할 기회를 놓쳐버리게 할 수 있다. 모든 일과를 멈추고 자기만의 별천지에서 휴식을 갖고 무아의 경지에 몰입하다 보면 무언가 새로운 것, 생각도 못 한 중요한 아이디어가 창출될 수 있다.

세계에서 가장 오랫동안 살아온 미국의 화이트마운틴에 사는 전설적인 「브리슬콘(bristlecone)」소나무는 약 4,800년 동안 살아왔다고 전해지는데, 이 나무의 특징은 비록 키는 그렇게 크지 않지만, 고산지대의 찬바람과 눈보라, 천둥 · 번개, 건조한 날씨의 악조건 속에서 성장의 속도를 줄여 휴식을 취하고, 스스로 내공을 쌓고, 항상 주변 환경에 스스로 순응하여, 모든 자연의 조건을 순리대로 잘 받아들인다. 또한, 수천 년 동안 척박한 땅속에서 보이지 않게 잘 지탱하여 준 뿌리, 엉키고 엉키면서 최대한의 에너지 소비를 줄이기 위해 수십 겹으로 얽힌 줄기, 서로를 감싸 안은 가지와 잎이 서로 혼연일체가 된 채 커다란 꿈을 갖고 어언 5천 년 동안의 수명을 유지하고 있다. 이는 마치 대나무가 마디 하나를 맺고서 휴식을 취하고 다시 다음 매듭을 맺어서 더 높이 자라 보통 80년 이상의 수명을 취하는 것처럼 말이다. 또한, 겨울철에 꿩들이 바람을 막아주는 낮은 산 눈 녹은 양지바른 묘지를 찾아가 잠깐 휴식을 취하고 곧바로 자기들이 필요한 먹잇감을 구하여 그들의 보금자리인 숲 속으로 돌아가듯이, 사시사철 두루미 떼들이 아담한 산 남쪽 기슭의 비자나무와 소나무 숲에 둥지를 터서 새끼를 낳고 기르면서 대대손손 행복한 보금자리를 가꾸듯이 말이다.

우리도 짧다고 보면 짧고, 길다고 보면 긴 인생을 살아가면서 자기 나름대로 좋아하는 장소, 별천지 등이 있을 것이다. 자신이 일상생활에 지쳐 조금 쉬고 싶을 때나, 고민이 있거나, 보다 중요한 결정을 해야 할 때 수시로 마음의 고향, 보금자리인 그곳을 찾아가서 자기 자신을 되돌아보고, 깊은 감동과 자신감을 되찾아 자기가 이 세상에서 꼭 필요한 하나밖에 없는 인생의 주인공이며 주연이라는 것을 명심했으면 한다.

사시사철 늘 푸른 소나무, 한때 유달리 하얀 꽃을 만발하는 억새의 모습은 그 의미가 상이하다

《테레사 수녀와 빌리 브란트 수상》

■ 자연의 실상

사시사철 산중에 언제나 변함없이 늘 푸른 모습을 보이는 소나무와 가을 한 철 유달리 하얗게 아름다운 꽃을 피우는 억새의 모습은 너무나 대조적이다.

• 가까운 주변의 산에서 흔하게 볼 수 있는 소나무는 봄, 여름, 가을, 겨울 등 사시사철 그렇게 화려하지는 않지만, 변함없이 늘 푸른 모습으로 우리에게 신선함과 희망을 주며 항상 산을 지키고 있다. 반면, 억새는 가을철 한때 유달리 하얀 모습으로 들판을 수놓으면서 우리 인간에게 무한한 가능성과 더불어 성취감을 느끼게 하지만, 한편으로는 지나가는 세월에 대한 아쉬움, 결실을 이루지 못한 자들에 대한 서글픈 미련을 느끼게 한다.

■ 인간과의 관계

① '평생을 겸허한 자세, 사랑과 봉사'로 생을 마감한 「테레사 수녀」

「마더 테레사(Mother Teresa)」 수녀를 가리켜 흔히 '현대의 살아 있는 성녀(聖女)'라고 지칭한다. 그녀는 1910년 8월 26일 유고슬라비아의 스코프에서 3남매 중 막내로 평범한 농가에서 태어났다. 태어날 때의 이름은 「아그네스 곤자 보야지우로(Agnes Gonxha Bejaxhiu)」였다. 그녀의 가계는 알바니아에서 유고슬라비아로 이주해 온 농민 집안이었는데 생활은 여유가 있는 편이었다. 국립국민학교에 재학하는 동안 그녀의 가슴속에는 신앙심이 무럭무럭 움텄다. 열두 살엔 어떤 「신심회」에 가입했는데 학교는 비 가톨릭계였지만 이 모임을 지도하는 신부가 있어서 많은 감화를 받았던 것으로 보인다. 이 신심회의 모임을 통하여 인도 등 외국과의 선교에 관한 글을 읽고 관심을 갖게 되어 향후 종교적인 사회사업에 적극적으로 매진하는 계기가 되었고 더 큰 꿈을 꾸게 된다.

그녀는 성장해 가며 '어떻게 인도로 건너가 볼 수 없을까' 하고 수소문하던 차에 마침 본부를 아일랜드의 더블린에 두고, 벵골에서 선교 활동을 벌이고 있던 「로레토수녀회」로부터 입회 권유가 들어 왔다. 그녀는 이것을 첫 번째 하느님의 부르심으로 여기고 이에 순응하여 수녀회에 가입, 영어를 익힌 다음 수녀가 되는 수련을 밟고자 인도로 건너갔다.

1929년 1월 그녀의 나이 19세가 된 이후, 히말라야 산록에 있는 다르엘링의 수도원이 첫 수련장이어서 거기에 체류하게 되었다. 이로부터 만 2년의 수련 기간을 거친 끝에 수녀가 되었고 지금의 테레사로 이름을 바꾸었다. 로레토수녀회에서 운영하던 콜카타 동부지역 엔탈리에 위치한 성매리여고로 부임하고 그곳에서 6년 후 1937년에 '종신허원(終身許願)'을 함으로써 신앙적으로 하느님과 영원히 결혼한 몸이 되었다.

그 이후로 그녀는 대도시 콜카타의 가톨릭계 학교에서 수녀생활, 학교장, 수녀회 수련장 등을 17년 정도 맡으면서 콜카타 대도시 주변의 빈민촌을 자주 가보았다. 잠잘 곳 없고, 먹을 것도 없는 노인이나, 병약자들이 밤사이에 층계나 남의 집 처마 밑에서 시체로 발견되는 경우나, 상처 입은 여인들의 환부에 구더기가 득실거리는 채 숨을 헐떡이며 노변에 누워있는 경우 등 차마 눈으로 볼 수 없는 참상을 많이 목격하게 된다. 드디어 1943년 9월, 36세에 그녀는 하느님의 강한 계시를 받고 재속수녀(在俗修女)로 새로운 길인 '사랑과 봉사의 길'을 선택하게 된다.

그녀는 빈민과 기아, 나환자들을 위해 봉사하는 「사랑의 선교수도회」 창설을 목적으로 홀로 거리를 향해 뛰쳐나왔고 우선 버림받은 아이들을 불러 모아 그들을 씻기고 먹여준 후 글을 가르칠 목적으로 교구에다 학교설립 인가를 받아냈다. 1950년 이 선교수도회가 교황청의 인가를 받은 후 본격적으로 박애사업에 착수했다. 초기 20년 동안만 해도 이 회의 수녀들이 거리에 팽개쳐진 2만3천여 명 병자를 찾아내 데려왔고, 그중 절반이 「영생의 집」에서 죽어 나갔다. 이 집의 가치는 병자들이 버림받았다는 생각에서 벗어나 죽어갈 수 있도록, 그리스도의 사랑 안에서 죽을 수 있게 하는 데 있다.

처음에 「테레사」수녀가 사업을 위해 국가기관 또는 교구나 자선단체에 직접 도움을 요청한 것은 아니었다. 수녀들이 거리에 나가 행인에게 구걸하고, 약국을 찾아다니며 협조를 구하고, 더 큰 것이 필요할 땐 후원자가 스스로 나타나길 기다렸다. 수녀회의 목적과 어려움이 소문으로 또는 신문기사로 알려지자 곳곳에서 손길이 뻗치기 시작했다.

그녀는 이런 사업을 수행하기 위해서 일찍부터 하루 3~4시간 이상 수면을 취하지 않았고 낮에는 방문지도, 환자와의 만남, 묵상, 그리고 밤에는 몇 군데에 꼭 편지를 써 왔다. 새벽에 일어나면 기도와 미사참례로 하루의 일과가 시작된다.

그리스도는 "오른손이 하는 선행을 왼손이 모르게 하라"고 가르쳤다. 테레사 수녀 역시 이 가르침에 충실했으나 그녀의 선행은 차츰 세상에 알려졌고 덕분에 사업이 번창할 수 있었다. 그녀의 사랑에 대한 사회적 보답, 그녀에게 바친 최대의 감사와 경의의 표시는 1979년에 노벨 평화상이 수여된 일이다. 인종과 정치를 초월하여 진정 인류의 평화와 복리증진에 이바지한 공로로 한 수도자가 이 상을 받게 된 것은 파격적인 결정으로 받아들여진다. 이후 과로 등으로 현기증이나 넘어지고 심장질환이 재발하여 총장직을 사임, 1997년 향년 87세 나이로 영면하시어 사랑의 선교회 본부 마더 하우스에 영원히 묻히셨다.

그녀의 투박한 손, 이마의 굵은 주름살, 피곤을 담고는 있지만, 여전히 반짝이는 맑은 눈, 이 모든 것들이 그녀의 진실 된 삶을 그대로 보여주고 있다. 혼돈과 암흑이 지배하는 이 세계에서 사랑과 봉사, 자신을 낮추는 겸허한 자세 등은 이 세상 모든 사람이 '자신 스스로가 사랑받고 있다는 것을 깨닫고 알게 하는' 테레사 수녀의 이상과 일치하는 것 같다.

② 「빌리 브란트」 수상, '무릎 꿇음으로 유대인 희생을 상징' 하다

1970년 12월 7일, 빌리 브란트(Willy Brandt) 서독 수상이 폴란드를 방문할 때, 사회적 수단 매체를 중요시하는 독일 국민의 철학이 구체적으로 나타났다. 수상이 폴란드에서 제2차 세계대전 때 독일 나치스 정권에 희생당한 유대인들의 추모비 앞에서 화환을 바치며 '무릎을 꿇은 것' 이다. 한 나라의 국가 원수가 남의 나라에 가서 스스로 '무릎을 꿇었다는 것' 은 세계사적 사건이다. 이 사건은 서독 내에서도 즉시 찬반양론을 불러일으켰다. 서독의 유력 언론지인 '슈피겔' 이 당시 실시한 여론조사에서 서독 국민의 48%는 브란트 수상이 무릎 꿇은 일을 '너무했다' 고 지적했으며, 41%는 '적절했다', 그리고 나머지 11%는 '모르겠다' 고 답했다. 그러나 2년의 세월이 흐르면서 국민 대다수가 브란트 수상의 생각에 동조하게 되었고 1972년 선거에서 브란트 수상은 압도적 대승을 거뒀다.

'무릎 꿇음(Kniefall)' 으로 상징되는 브란트 수상의 외교 정책은 국제사회로부터 신뢰와 지지를 얻는 데 성공했다. 신뢰와 지지, 이는 브란트 수상의 외교 정책을 수월하게 해줄 수 있는 수단 매체였을 것이다. 이 매체를 형성하기 위해서는 과거 독일의 나치스 정권이 저지른 과오에 대해 진지한 회개가 필요했고 이 회개를 전 세계에 보여주기 위해 브란트 수상은 무릎을 꿇었을 것이다. 미국에서 발간되는 국제 주간지 「타임」은 브란트 수상을 1970년의 표지 인물로 선정했고, 스웨덴 노벨상 심사위원회는 유럽의 동·서 문제 해빙에 기여한 공로로 브란트 수상에게 '1971년 노벨 평화상'을 수여했다. 국제사회에서 살아가기 위한 수단 매체를 창조하기 위해 '무릎 꿇음'을 선택한 브란트 수상의 용기와 지혜를 세계 여론이 칭송한 것이다. 폴란드는 이 사건을 후대에 전하기 위해 기념비를 만들어 현장에 세웠다.

– 윤석철《삶의 정도》중에서 –

■ 행복의 비결

보통 산에서 흔하게 볼 수 있는 소나무는 봄, 여름, 가을, 겨울 사시 사철 그렇게 화려한 모습은 아니지만, 늘 변함없는 푸른 모습으로 우리 인간에게 아늑한 휴식처가 되어 주고 신선함을 주며 새로운 희망으로 항상 산을 지키고 있다.

상기의 「마더 테레사」 수녀의 삶도 늘 변함없는 소나무의 푸른 모습처럼 조용하고 평범한 가운데 평생을 '사랑과 봉사'로서 생을 마감했다. 그녀는 19세의 꽃다운 청춘 시절에 인도 대도시 콜카타 주변의 빈민촌에서 잠잘 곳 없고, 먹을 것도 없는 노인과 병약자들이 남의 집 처

| 자연을 느낄 때 행복이 움튼다 |

마 밑에서 시체로 발견되는 것을 목격하고 '평범한 수녀 생활보다는 보다 어렵고, 병들고, 갈 곳 없는 자들을 위하여 봉사하는 길'이 자신의 사명(다르마)이라고 생각하여 더 크고 어려운 길을 선택, 60여 년 동안 살아있는 성녀로서 따뜻한 봉사를 하였다.

특히 그녀는 「영생의 집」을 운영하여 길거리의 팽개쳐진 병자들이 자기가 버림받았다는 생각에서 벗어나 따뜻한 그리스도의 사랑 안에서 죽어갈 수 있도록 하는 등 커다란 역할을 하였다.

그녀의 투박한 손, 이마의 꾸밈없는 굵은 주름살, 피곤을 담고는 있지만, 여전히 반짝이는 맑고 순수한 눈, 이 모든 것들이 그녀의 진실된 삶을 그대로 나타내 주고 있다. 어둠과 암흑 속에서 그녀의 '따뜻한 사랑과 봉사와 보다 낮은 곳을 향한 겸손한 마음'은 지금도 이 지구에 울려 퍼지고, 세상의 등불이 되어주고 있다.

반면, 가을 한때 유달리 하얗게 꽃을 피워 아름다운 절경을 보여 준 억새는 우리 인간에게 무한한 가능성과 성취감을 보여주기도 하지만, 한편으로는 각자의 삶마다 지나간 세월에 대한 되돌릴 수 없는 아쉬움, 못다 이룬 결실에 대한 미련을 느끼게 한다.

상기의 사례인 '무릎 꿇음으로 유대인 희생을 상징'한 「빌리 브란트」 수상은 폴란드에서 제2차 세계대전 때 독일 나치스 정권에 희생당한 유대인들의 추모비 앞에서 화환을 바치며 무릎을 꿇었다. 한 나라의 국가 원수가 남의 나라에 가서 스스로 '무릎을 꿇었다는 것'은 세계사적 사건이다. '무릎 꿇음(Kniefall)'으로 상징되는 브란트 수상의 외교 정책은 국제 사회로부터 신뢰와 지지를 얻는 데 성공했다. 신뢰와 지지, 이는 브란트 수상의 외교 정책을 수월하게 해줄 수 있는 수단 매체였을 것이다. 이 매체를 형성하기 위해서는 과거 독일의 나치스 정권이 저지른 과오에 대해 진지한 회개가 필요했고, 이 회개를 전 세계에 보여주기 위해서 브란트 수상은 무릎을 꿇었을 것이다. 이러한 브란트 수상의 '무릎 꿇음 행위'는 단순히 정치적이고, 이벤트 성격이 강하다. 그러한 행위는 산속이나 들판에 한때 활짝 핀 하얀 억새처럼 과거 하나의 추억 속으로만 남을 가능성이 크다고 볼 수 있다.

우리 인간의 경우도 늘 가까이 있는 사람은 자주 보니까 소홀하게 대하거나, 별로 관심이 없거나, 상대편의 귀하고 훌륭한 점을 미처 발견하지 못하는 경우가 많다. 반대로 멀리서 모처럼 나타난 사람은 늘 새롭고, 관심이 많아 귀하게 보이기도 하고 존경스러울 때가 많다. 하지만 우리는 차츰 시간이 지나고 세월이 가면 '가장 훌륭하고 귀한 사람은 바로 자기 옆에서 좋은 일에 같이 기뻐해 주고, 어렵고 슬픈 일에는 격려와 슬픔을 같이 하여 주면서 늘 자기를 지켜 주고, 사소하고 평범한 일도 같이 나누는 사람'이라는 것을 알게 될 것이다. 또한, 진실한 채근담은 '그 당시에는 그냥 맛도 없고 무미건조한 것 같지만, 시간이 지나고 나면 늘 우리의 곁에 은은한 맛과 함께 마음속과 뼛속에 스며들어 살과 피가 된다는 것'을 알아야 한다. 즉, 우리 삶의 모습도 주위의 현실에 반짝하고 그냥 좌지우지되지 않고, 자기가 뜻한 목표와 삶을 위하여 초연하고 의젓하게 변함없이 최선을 다하는 것이 가장 아름다운 모습이 될 것이다.

높은 산 정상에서 보는 여러 개의 산봉우리는 그냥 가깝게 느껴질 뿐이다

《사제와 창녀, 대교약졸(大巧若拙)》

■ 자연의 실상

산 정상에서 보여 지고 있는 여러 개의 산봉우리는 그냥 가깝게 보여 지고, 그렇게 느껴 질 뿐이다.

• 산 정상에서 보이는 여러 개의 봉우리들은 실제로는 먼 거리에 위치하고 있지만, 단지 비슷한 위치의 능선 상에 자리 잡고 있어 그냥 가깝게 보이는 것처럼 느껴 질 뿐이다.

■ 인간과의 관계

① 「사제와 창녀」 외견상으로 보이는 것과 실제의 모습은 다르다'

힌두교의 한 사제가 어느 창녀의 집 길 건너편에 살았다. 그는 매일 기도와 묵상을 드릴 때마다 창녀의 집에 드나드는 남자들을 보곤 했다. 그녀가 주로 남자들을 맞이하거나 전송하는 모습이었다. 매일 사제는 창녀의 집안에서 벌어지는 수치스러운 일들을 상상하며 그녀를 부도덕한 여자로 여기고 짙은 혐오감을 느꼈다.

한 편 창녀는 사제가 기도하고 명상하는 모습을 매일 보았다. 그녀는 사제의 모습이 너무 아름답고 순수하다고 여겼다.

"그러나 나는 이렇게……"

그녀는 한숨을 내쉬었다.

"나는 때 묻고, 더러운 여자일 수밖에 없어. 우리 엄마도 창녀였고 내 딸도 그렇게 될 거야. 세상일이란 그런 거지."

그러다 사제와 창녀는 같은 날 죽어서 저승의 법정에 나란히 서게 되었다. 그런데 놀랍게도 사제는 죄인으로 선고받았다. 사제는 이상하게 여겼다.

"하지만 저는 순수한 삶을 살았고, 매일 기도와 명상으로 하루를 보냈습니다."

"그건 사실이다."

재판관이 말했다.

"하지만 네 몸이 성스러운 행동을 하는 동안 네 마음은 악의에 차 있었고, 네 영혼은 성적인 망상에 사로잡혀 있었다."

한편 창녀는 깨끗하다고 선고받았다. 의외의 선고를 받은 창녀는 의아했다.

"이유를 모르겠습니다. 저는 평생 몸을 팔며 살았습니다."

"네 삶은 창녀의 집에 머무를 수밖에 없었다. 거기서 태어났고 네 힘으로는 그곳을 벗어날 수 없었다. 그러나 네 몸이 부정한 일을 하는 동안, 네 마음은 항상 성스러운 기도와 명상을 쫓았고 늘 순수함을 유지했기 때문이니라."

— 추친닝 《승자의 심리학》 중에서 —

② '큰 솜씨는 마치 서툰 것처럼 보인다' 대교약졸(大巧若拙)

흔히 서양의 미는 인위적 기교미가 강해 화려하거나 웅장한 반면, 동양의 미는 무위자연의 졸박미(拙樸美)가 강해 은은하거나 깊이가 있다고 평가한다. 이 같은 동양적 미의 철학은 노자의 도덕경중 '대교약졸(大巧若拙)'이라는 한 구절에 함축적으로 나타나 있다.

"크게 완성된 것은 마치 결손이 있는 듯하지만, 그 쓸모가 닳아서 떨어지지 않는다. 크게 가득 찬 것은 마치 비어 있는 듯하지만, 그 쓰임이 끝이 없다. 크게 바른 것은 마치 굽은 듯하고 크게 솜씨가 좋은 것은 마치 서툰 듯하며 크게 말 잘하는 것은 마치 어눌한 듯하다. 고요함은 떠들썩함을 이기고 차분함은 열기를 이긴다. 맑고 깨끗한 것은 천하의 바른길이 된다(노자《도덕경》45장 전문)."

대교약졸을 그대로 풀이하면 '큰 솜씨는 마치 서툰 것처럼 보인다.' 는 뜻이다. 이를 미(美)의식과 연결하여 해석해 보면 뛰어 난 예술이나 미는 얼핏 흠도 있고 서툰 것처럼 보이나 실은 최고의 경지에 도달했다는 것이다.

한국과 중국의 건축을 비교해 보자. 중국 베이징의 자금성은 산이 하나도 없는 광활한 평지에 지어졌다. 모든 건물은 주 궁전인 「태화전」을 중심으로 대칭과 조화를 이루는 기계적 통일미를 보여준다. 반면 서울의 「경복궁」은 주변의 산을 끼고 산세와 지형을 고려해 지어졌다. 한 마디로 자연 친화적이다. 근정전이 중심 건물이지만 기계적 통일미보다는 훨씬 더 유기적이고 분산적인 통일미를 보여주고 있다. 또한, 궁전 처마의 선이 보여주는 곡선의 아름다움도 중국과는 비교가 안 될 정도로 자연스러운 멋과 섬세한 기교가 조화를 이루고 있다.

이로써 한국의 건축물이 훨씬 더 자연스럽고 분산된 통일미를 보여주며 자연 친화적이라는 사실을 알 수 있다. 서양 궁전과 중국 궁전을 비교할 때는 중국에서 '대교약졸' 의 미를 발견할 수 있듯이 중국과 한국의 궁전을 비교하면 한국에서 '대교약졸' 의 미를 발견할 수 있다.

또한, 일본의 도자기는 인위적이고 너무 완벽하여 오히려 생기를 잃는 반면, 한국의 도자기는 불규칙 속에 규칙, 미완성 속에 완성이 흐르고 있어서 아름답다.

많은 한국 미술평론가들도 한국인의 미의식은 기술적인 완벽성은 결여됐지만 눈에 보이지 않는 정신적 아름다움을 추구하는 '대교약졸’의 미를 지녔다고 평한다.

예를 들면 절벽마다 새겨진 웃는 부처님의 얼굴의 ‘마애불’ 같은 것이 대표적이다. 《한국 미술의 미의식》의 저자인 「김리나 교수」는 “비록 기교 없이 소박하고 세부표현이나 기술적인 완벽성이 어느 정도 결여되어 있지만, 이는 더 큰 의미의 전체적인 통일감과 생동감을 위해 희생된 것”이라고 평가했다.

대교약졸의 개념에서 보면 얼핏 빈약하고 초라하고 소박해 보이는 한국문화는 실은 최고의 경지에 도달해 있다. 실제로 최근 한국문화는 이차원 직선의 반듯함에 목을 맨 ‘죽은’ 근대를 넘어 다차원 곡면의 울퉁불퉁함에 몸을 던지는 즉, ‘살아 숨 쉬는’ 탈근대 시대를 맞이하여 세계인의 시선을 한몸에 받고 있다. 난타 같은 마구잡이 에너지를 머금은 정체불명의 덩어리, 한류가 지구촌 곳곳에서 거센 물살을 일으키는 것처럼 말이다.

한류에는 한국인의 ‘대교약졸’의 예술성이 깊게 배어 있다. 즉, 질서 정연함보다 변화를, 통일보다 다양성을, 인위성보다 자연스러움을, 화려함보다 소박함을, 정교함보다 투박함을, 기교보다 무기교를 추구하는 것 등이 한국의 정서인 것이다.

– 함영준 《나의 심장은 코리아로 벅차오른다》 중에서 –

■ 행복의 비결

「사제」는 외형상 겉으로는 매일 기도하고 묵상을 함으로써 너무 아름답고, 순수하고 완벽하게 보였지만, 실제로 그의 마음은 창녀에 대한 증오와 혐오감에 가득 차 있었다. 반면 「창녀」는 겉으로는 항상 좋지 않은 일로 인하여 한숨을 쉬고 죄를 많이 지었지만, 내면적으로는 자기 생활에 대한 죄책감으로 스스로가 더럽고, 때 묻은 여자라고 생각하여 겸손하고 반성하는 생활을 하였다. 이처럼 '사제와 창녀'는 외견상 보이는 행동과 내면이 서로 완전히 상이하다.

일반적으로 서양의 미는 인위적으로 꾸미는 미가 강하여 화려하거나 웅장하게 보이지만, 동양의 미는 순수하여 자연적인 미가 강하여 보면 볼수록 은은하거나 깊이가 있다. 또한, 일본의 도자기는 인위적이고 너무 완벽해 생기가 부족하여 오히려 그 매력이 떨어지는 반면, 한국의 도자기는 약간 부족함과 불규칙한 가운데서도 여운과 운치가 있어 아름다움이 더하다.

우리의 인생도 '사제와 창녀'가 보여 준 것처럼 외형의 형식보다도 내면의 진실한 모습이 필요하며 '대교약졸'에서처럼 외형에서는 조금 서툰 것처럼 느껴지지만, 자세히 보면 볼수록 진실하고 순순하여 그것이 더욱 아름답다고 할 수 있다.

우리는 꽤 높은 산 정상을 등반해 본 경험이 한두 번쯤은 있을 것이다. 정상까지 올라가기 위해서는 몇 번의 어려운 고비를 맞이하고 그때마다 중도에 포기하고 그냥 내려 가버릴까 하는 마음이 간절하게 떠오

| 자연을 느낄 때 행복이 움튼다 |

를 때가 있다. 하지만 그때마다 마음을 달래면서 한 걸음 한 걸음 숨을 헐떡거리며 어렵게 겨우 올라가 산 정상에 도달하게 된다. 그리고 산 정상에 도달했을 때의 그 기쁨은 이루 말할 수 없는 것으로 거대한 자연에 대한 상호 간의 이해와 동질감, 어려움을 극복했다는 성취감과 자신감으로 연결된다.

그리고 잠시 숨을 고르면서 휴식을 취하고 나면 주변 가까이에서 여러 개의 산봉우리 능선을 보게 되는데 그때 보이는 '여러 개의 봉우리는 같은 능선에 위치하여 가깝게 보이지만, 실제의 거리는 산꼭대기와 골짜기를 몇 번 거쳐야 하는 등 아주 먼 거리에 위치해서 그냥 가깝게 보이고 느껴지는 것'이다. 예를 들어 내가 현재 위치하고 있는 정상에서 보이는 이른 봄 산들의 모습을 살펴보면 산 정상의 모습이나, 산 중턱의 모습이나, 산 아랫자락의 모습이나 모두 다 외견상으로는 녹색 또는 연보라색, 옅은 회색 등으로 거의 비슷하게 보일 것이다. 하지만 그곳으로 가서 실제로 자세히 들여다보면 '산 정상 부근에는 일부분 소나무를 제외하고는 아직도 한겨울의 여운이 가시지 않아 작년의 나뭇잎이 떨어지지 않고 그대로 남아있고, 산 중턱에는 다양한 초목들이 연보라색을 띠고 있으며, 산 아랫자락에는 활엽수, 소나무 등이 완연한 녹색으로 자리를 잡고 있음을 알 수가 있다. 이것은 결과적으로 산 정상과 산 중턱, 산 아랫부분이 실제와는 각각 서로 다른 모습을 갖고 있다는 것을 보여주는 것이다.

다음은 우리 인간사회의 조직사례를 보면, '기업이나 단체, 관료조직 등 대규모 조직사회에서 다양한 부서가 가까이 위치하고 있어 비록 외형상으로는 단순하고 친근감이 있어 보이지만, 자세히 내막을 들여다보면 실제로 그 참모습은 복잡하고, 이해하기 힘들고, 예상했던 것과 상당히 차이가 나는 경우'가 많다. 우리는 이러한 조직의 피상적인 모습과 실제의 모습이 조직의 운영상 하나의 기계적이고 의례적인 것이라고 단순하게 여기고 지나칠 것이 아니라 본연의 조직 발전을 위해서 그 이면에 나타난 이들 부서의 구조와 근본적인 생리를 철저하게 파악해야 한다. 그들 조직이 추구하는 실제 참모습과 정체성, 정서와 문화 등이 무엇인지를 정확하게 파악하여 이를 바탕으로 자기 조직이 이를 어떻게 활용하고 유연하게 대응해 나갈 수 있을 것인지에 대한 훌륭하고 현명한 대안을 마련해야 할 필요가 있다.

높은 산의 정상은 항상 초연함과 외로움 가운데 산 전체를 거느리고 있다

《프랑스 구국의 여인, 잔 다르크》

■ 자연의 실상

높은 산의 정상은 항상 외로움과 초연함 가운데 산 전체를 조율하고 거느리고 있다.

• 높은 산 정상은 비좁은 공간, 기암괴석 등이 우뚝 자리를 잡고 있는 경우가 많으며 항상 외로움과 초연함, 변함없는 무상한 모습으로 산 전체의 능선을 조율하고 거느리고 있다. 반면 산 아래 낮은 언저리는 다양한 종류의 초목들이 왕성하게 번성하면서 자기들 영역별로 색다른 군락을 이루고 있다.

■ 인간과의 관계

프랑스 구국의 여인, 오를레앙 처녀 「잔 다르크」

잔 다르크는 1412년 프랑스의 극동 지역 「동레미」에서 보잘것없는 농부의 딸로 태어났으며 「동레미」는 프랑스 북동부지역의 작은 마을로 신성로마제국과 프랑스의 접경지역이었다. 그 당시 프랑스와 영국은 전쟁 중에 있었고 1415년 아쟁쿠르 전투에서 영국은 대승을 거두어 프랑스는 영국 왕에 지배를 받게 되었다. 샤를 6세의 후계자인 샤를 7세는 왕위에 오르기까지 영국과의 힘겨운 투쟁을 해야만 했다.

잔 다르크가 12살이 되었을 때 기독교 신앙과 관련된 목소리를 듣고, 환영(幻影)을 보기 시작한다. 특히 그녀는 대천사 미카엘, 성 카테리나, 성 마르가리타로부터 프랑스에 침범한 영국군을 몰아내고 프랑스를 구하라는 '음성'을 들었다고 했다.

한편, 그녀는 자신이 받은 계시를 실천하기 위해 마을을 떠나 왕세자에게 충성하고 있는 보쿨뢰르 사령관을 찾아가서 샤를 왕세자를 알현하게 해줄 것을 요청하였으며 동시에 그녀는 조만간 프랑스의 중심도시인 「오를레앙」 근처에서 영국과의 교전이 일어날 것을 예언하기도 하였다. 드디어 잔 다르크는 샤를 왕세자를 알현하게 되는데 그 자리에서 그녀는 왕세자 앞에 무릎을 꿇고 자신이 천사의 계시를 받아 영국 세력을 축출하고 샤를 왕세자를 왕으로 즉위할 수 있도록 돕기 위해 왔다고 엄숙하게 읍소를 하고, 자신은 프랑스를 위해 기꺼이 목숨을 바치겠다고 약속했다. 그 당시 프랑스 국민은 전쟁으로 인하여 몹시 지쳐있었고 영국군의 횡포 때문에 하루빨리 전쟁이 종식되기를 바라고 있었다. 이러한 와중에 천사의 계시를 받고 왔다는 '어린 소녀의 눈물겨운 애국심'은 모든 국민에게 감동을 줬으며 프랑스 군인들에게 커다란 사기를 부여하였다. 즉, 그녀는 프랑스 병사들에게 승리의 여신, 행운의 여신, 전투의 마스코트가 된 것이다. 또한, 「잔 다르크」는 항상 남장을 한 채 흰 갑옷을 입고 병사들 앞에서 손수 전투를 지휘하였으며 때로는 화살을 맞은 후에도 직접 그것을 뽑아내고 싸우기도 하였다. 이처럼 '잔 다르크의 투철한 사명감과 애국심은 비록 열악한 전투조건이었지만 병사들의 사기를 하늘 높이 치솟게 만들었고, 이는 마침내 영국군을 크게 무찌르기 시작, 「오를레앙」 전투에서 기적 같은 승리'를 거두었다. 이 전쟁의 승리 결과로 샤를 왕세자는 '프랑스 샤를 7세 왕'으로 즉위하게 되었다.

하지만 샤를 7세는 즉위 후 안이해졌다. 잔 다르크가 파리 탈환을 통해 영국군의 완전 축출을 주장하였지만, 그는 그녀의 말을 무시한 채 1년을 보내다 다시 전열을 가다듬은 영국군의 재공격을 받게 된다. 샤를 7세는 그녀의 덕에 프랑스 왕으로 즉위했지만, 오히려 그녀의 치솟는 인기를 질투하였다. 또한, 샤를 7세를 지지하던 귀족들도 갑자기 부상한 잔 다르크를 시기하였다. 그들은 영국군의 재공격에 소극적으로 나섰고 잔 다르크는 다시 전투에 나섰지만, 주변의 도움을 받지 못한 채 마침내 영국군의 포로가 되었다. 그녀는 마녀, 이교도, 우상숭배의 죄를 뒤집어쓴 채, 19세의 젊은 나이에 억울하게 처형되었다. 또한,

마녀라는 날조된 혐의를 받고 화형대에서 처형 될 때도 자신에게 내린 신의 계시를 끝내 부정하지 않는 침착함과 커다란 용기를 보여주었다.

              – 마크 로버트 풀릴 《역사를 바꾼 50인의 위대한 리더십》 중에서 –

■ 행복의 비결

「맹자」는 "하늘이 어떤 사람에게 중대한 사명을 내리려 할 때는 반드시 그 사람의 마음을 고뇌로 가득 차게 하고, 그 사람의 몸을 수고롭게 한다."고 했다. 즉, 사람은 너무 편안한 환경에 처하면 나태해지기 때문에 자기 생활에 대하여 어느 정도의 긴장감을 항상 갖고 분발해야 한다는 것이다.

예를 들면, 1809년 미국 켄터키주에서 가난한 농민의 아들로 태어나 제16대 대통령이 된 「에이브러햄 링컨(Abraham Lincoln)」은 22세까지 아버지의 슬하에서 가축과 같은 비참하고 어려운 생활을 하였다. 그래서 그는 이러한 생활은 결코 자신에게 도움이 되지 못하고 향후 커다란 비전이 없다고 판단, 과감하게 아버지와 결별을 하며 이후로 다시는 아버지와 만나지 않는 삶을 살아가게 된다. 그 이후로 그는 뱃사공, 가게 점원, 장사꾼, 측량기사, 우체국장 등을 거치면서 늘 책을 소지하고 다녔으며, 나중에 기필코 성공하겠다는 강한 의지와 희망을 버리지 않고 생활하였다. 드디어 그는 인생의 산전수전, 풍찬노숙 등 혹독한 고통과 경험을 거치면서 미국의 대통령이 되었고, 대통령이 된 후 그는 인류 역사상 최초로 '인간은 존중되어야 하며 평등해야 한다는 빛나는 노예해방선언(Emancipation Proclamation)'을 하였다. 또한, "모든 권력은 국민으로부터 나온다."는 평범하고 당연한 민주주의 이론을 선언, 오늘날 민주주의 발전에 커다란 시금석이 되었으며 이에 크게 공헌을 하였다.

'높은 산의 정상은 비좁은 공간, 기암괴석 등 어려운 여건 아래서도 항상 외로움과 초연함을 극복하면서 산 전체를 조율하고, 거느리고 있다.'

「잔 다르크」는 1412년 프랑스의 극동지역 「동레미」에서 보잘것없는 농부의 딸로 태어났다. 그 당시 프랑스와 영국은 '백년전쟁(1337년 ~1453년)' 중에 있었고 프랑스는 영국군에게 매번 패하여 영국 왕의 지배를 받는 상황이었다. 12살밖에 안 된 어린 그녀는 자신이 기독교 신앙과 관련된 목소리를 듣고, 환영을 보았으며 프랑스에 침범한 영국군을 몰아내고 프랑스를 구하라는 '음성'을 들었다고 했다. 곧장 그녀는 모든 수단과 방법을 동원하여 샤를 왕세자를 접견하였고 그 자리에서 왕세자 앞에 무릎을 꿇고 '자신이 천사의 계시를 받아 영국 세력을 축출하고, 샤를 왕세자를 왕으로 즉위할 수 있도록 하겠다'고 충성을 맹세하였다. 그런 이후로 그녀는 자신이 전쟁이 일어날 것이라고 예언한 「오를레앙」 전투에 참가, 어린 소녀의 눈물겨운 구국애로 국민의 애국심을 촉발시켰고 그녀의 투철한 사명감과 따뜻한 전우애, 희생정신으로 비록 열악한 전투조건이었지만 병사들의 사기를 하늘 높이 치솟게 만들었다. 마침내 프랑스는 오를레앙 전투에서 승리하였고 그녀

는 프랑스 '백년전쟁의 영웅 「오를레앙」의 처녀 「잔 다르크」로 그녀
의 사명감과 다르마(Dharma)를 다한 채 역사적으로 영원히 남게 되
었다.

하지만 그 뒤로 프랑스는 샤를 7세의 배신 등 여러 가지 정치적인
상황이 바뀌면서 잔 다르크에게 아주 불리한 상황이 전개되었다. 그녀
는 19세의 나이로 영국군의 포로가 된 채 마녀, 이교도, 우상숭배라는
죄를 뒤집어쓰고 억울하게 처형되었다. 그녀는 마지막 화형대에서 처
형 될 때도 자신에게 내린 신의 계시, 사명, 다르마에 대하여 조금도
흔들림이 없이 부정하지 않았고 침착하게 생을 마감하였다.

지금 현재 이 시간에도 「에베레스트 산」 정상, 「로키산맥」의 정상에
는 외롭고 초연한 모습의 봉우리가 사시사철 변함없이 주변 여러 개의
능선을 조율하고 거느리면서 내일의 밝은 희망을 예고하고 있다.

「공자(孔子)」는 춘추전국시대 송, 정, 진, 채, 위, 제, 조, 초 등 여러
나라를 14년간 철환하면서 전쟁 방지를 위하여 온몸을 다 바쳐 세계평
화를 주장하였지만, 그 당시 군주와 대부분의 사람들은 공자를 '상갓
집에 개' 라며 멸시, 철저하게 무시하였다. 하지만 지금 그의 평화애호
사상은 영원히 후손들에게 전달되어 그를 빛내 주고 있다.

우리 인생의 경우도 세상을 살아가면서 상류층, 최상위층으로 가면
갈수록 생각할 것도 많고 경쟁도 심하여 어려운 결단을 내려야만 하는
경우가 발생하며 때로는 정이 메마르고 '비정상이 정상' 이 되는 예외
적인 경우를 많이 목격하게 된다.

하지만 높은 산의 정상이 '수많은 성상 속에 차가운 눈보라와 강한

| 자연을 느낄 때 행복이 움튼다 |

폭풍우를 묵묵히 견디어 내고 주변의 모든 장애물을 하나씩 하나씩 걸러내어 곧 내일이면 늘 변함없이 그 아름다운 장관과 깨끗한 시계를 우리에게 보여 주듯이' 우리도 우리 앞에 큰 난관이 다가오더라도 흔들리지 말고, 자기가 좋아하고 하고 싶은 것을 꼭 찾아서 열심히 노력하고, 다듬고 가꾸어 나간다면 반드시 나중에 훌륭한 열매가 맺어져 커다란 행복을 얻을 수 있을 것이다.

서해안 바닷가의 언덕 단면은
바위의 실제 모습을 그대로 잘 보여주고 있다
《노장사상에 담겨있는 심오한 철학》

■ 자연의 실상

서해안은 조수(潮水) 간만의 차로 물이 빠지는 경우, 바닷가 해안선 언덕 단면에 보이는 바위들의 실제 절묘한 모습을 그대로 잘 볼 수가 있다.

- 서해안은 주로 바닷물 등 파도의 영향으로 산이 계속 침식되어 가면서 바닷가 산언덕의 모습이 나타나기 시작, 기암괴석 등 바위가 보인다. 보통 산은 표면상으로 나타난 바위의 윗부분만 볼 수가 있지만, 바닷가에는 조수(潮水)간만의 차로 물이 빠지는 경우 침식된 산의 능선, 허리 등이 모두 드러나 숨어있는 바위의 여러 가지 다양하고 절묘한 모습을 확인할 수 있다.

| 자연을 느낄 때 행복이 움튼다 |

■ 인간과의 관계

노장(老莊)사상에 담겨있는 심오한 인생철학을 배우다

노장(老莊)사상에는 아무리 깨지고 터지고 밟혀도 죽지 않고 살아나가는 길을 보여주는 비정한 인생철학이 담겨있다.

노장 또는 노장사상이라고 하면 은둔 생활이나 고담(枯淡)한 경지를 연상하는 사람이 많을 것이다. 별생각 없이 '노(老)'라는 글자 때문에 그런 인상을 받는 것일까? 그런 일면도 없지는 않을 것이다. 그러나 단지 '노'(老)라는 글자만으로 노장사상을 그렇게 이해한다면 오해도 엄청난 오해다. 노장은 사실 능글능글하고 간사하기 짝이 없는 반면, 한편으로는 냉엄한 처세의 도를 밝힌 인생철학이자 정치철학이다.

중국 사회에는 예로부터 유교와 도교 두 원리가 표리(表裏)의 관계를 이루면서 사람들의 마음과 인식을 지배하고 행동에 영향을 미쳐왔다. 유교가 표면적인 원리 즉, 원칙을 제시하는 도덕이라면, 도교는 내면적인 원리 즉, 본심이 담겨 있는 도덕인 셈이다. 또 유교가 사회를 책임지는 엘리트의 사상이라면 도교는 사회 저변에서 생활하는 민중의 정서와 사상이다.

표면적인 가치관밖에 없는 일원적 사회는 너무도 답답하고 단순하다. 예를 들어 경제적 가치를 추구한다든가 사회적 지위를 향상시키는 것에만 눈이 뒤집힌 사회에서는 그것을 이루지 못한 자에게 사회적 낙오자라는 낙인을 남겨 희망이라는 것을 느낄 수 없게 한다. 이러한 모습은 사회 전체에 스트레스가 누적되어 메마르기 짝이 없는 분위기를 이룬다. 그러나 겉과 속의 두 가지 가치관을 인정하는 사회에서는 설혹 표면적으로 실패했더라도 내면적 가치를 성취하면 얼마든지 정신적으로 구원받을 수 있다. 엘리트 생활에 실패하더라도 그보다 나은 자기만의 확실한 다른 삶이 있다면 안달할 필요도 없고 자포자기를 할 필요도 없기 때문이다.

유교와 도교도 이처럼 겉과 속의 양면 관계를 유지하면서 중국 사회에서 계속 그 명맥을 유지해 오고 있다. 이것은 현대 중국에서도 기본적으로 변하지 않는 가치관이다.

이처럼 도교의 원류를 이루고 있는 것이 노장사상이다. 노장사상은 「노자」와 「장자」에 대하여 설명된 것으로 옛날에는 '황로지학(黃老之學)' 이라고 불렀다.

노장사상을 처세술의 면에서 보면 '무위자연(無爲自然)' 과 '유약겸하(柔弱謙下)' 두 가지로 특징을 내세울 수 있다.

'무위자연' 이란 적극적인 움직임이 없는 정(靜)의 경지, 고요히 관조하여 바라보는 고담한 경지를 연상케 하지만 이것은 어디까지나 일면에 지나지 않는다. 일면 '정' 인듯하지만 그 고요함 속에 '동(動)' 을 뜻하는 더없이 강력한 권모술수를 감추고 있다. 그러나 겉으로 드러날 때는 어디까지나 무위이다. 이것이 노장에서 말하는 '무위자연' 이다.

'유약겸하' 에 관해서도 같은 말을 할 수 있다. 한 발짝 두 발짝 물러서 약자의 입장에 맞춰 몸을 낮추면서 사실은 그 속에 엄청난 재능을 감추고 있는 것, 그리고 유능하나 그것을 드러내지 않고 무능한 약자로 가장하는 것, 이것이 바로 '유약겸하'이다.

즉, 노장사상이란 고담한 경지를 지향하기는커녕 오히려 아무리 깨지고 터지고 밟혀도 죽지 않고 살아나가는 길을 보여주는 비정한 인생 철학이다.

■ 행복의 비결

우리는 보통 노장사상이라 하면 얼핏 은둔 생활이나 고상한 경지, 자연적인 경지에 빠져서 현실과는 거리가 멀 것이라는 느낌을 받는다. 하지만 자세히 들여다보면 이 사상의 근저에는 오랫동안 피정복민족으로서의 비애와 굴욕으로 인하여 그들의 사상은 타인을 지배하는 것보다 스스로 보신(保身)을 제일로 하는 소위 약자의 처세술, 학대받은 자의 '생활의 지혜'를 바탕으로 현실을 현명하고 실속 있게 대처하여 스스로가 값지고 알찬 행복을 찾아보자는 데 있다.

예를 들면 '무위자연'이란 적극적인 움직임이 없는 정(靜)의 경지, 고요히 관조하여 바라보는 고담한 경지를 연상케 하지만 이것은 어디까지나 일면에 지나지 않는다. 일면 '정'인듯하지만 그 고요함 속에 '동(動)'을 뜻하는 더없이 강력한 권모술수를 감추고 있다. 그러나 겉으로 드러날 때는 어디까지나 무위이다. 이것이 노장에서 말하는 '무위자연'이다. 또한, 처세술 면에서 '유약겸하'는 한 발짝 두 발짝 물러서 약자의 입장에 몸을 두면서 사실은 그 속에 엄청난 재능을 감추고 있는 것, 그리고 유능하지만 그것을 드러내지 않고 무능한 약자로 가장하는 것, 이것이 바로 '유약겸하'이다.

노장사상을 대표적으로 잘 표현해주고 있는 것이 바로 "물"의 철학이다. 물은 매우 부드럽고 유연해서 자기의 본래 모습이 없는 것처럼 보이며 초연한 자세로 항상 낮은 곳을 향하여 흐르지만, 때로는 무서운 힘을 지니고 순식간에 모든 사물을 제압하고 조정한다. 이처럼 노장사상은 깊이 보면 볼수록 뜻이 숨어있다.

서해안 바닷가 산언덕 기암괴석은 바닷물이 빠지지 않은 경우 그 모습이 잘 드러나지 않지만, 바닷물이 어느 정도 빠지면 침식된 바닷가 산언덕의 능선 사이에서 모진 비바람과 눈보라를 맞으며 파도에 찢기고, 다라져서 여러 가지 색깔로 수놓고 있는 부분을 볼 수 있다. 또한, 그 바위들의 절묘한 비경은 격앙된 파도에 자기 몸체를 맡기고 체념하면서 묵묵히 바다를 관조하는 모습이지만, 보다 자세히 들여다보면 자기 나름의 아름다움과 신비함, 고상한 여운과 미련을 담고 있다.

보통 산 바위들의 경우 그 바위의 겉모습만 보이고 속내면의 모습은 보이지 않지만, 바닷가 산언덕의 바위는 속내면의 모습을 그대로 보여주고 있다. 우리 인간의 경우도 각자의 외모와 생각, 의지, 행동이 상이하며 그러한 차별성은 사회생활이나 조직생활에서 다양한 모습으로 나타난다. 우리는 주변에서 가끔 평상시에는 그렇게 조용하고, 멋있고, 아름답고, 고귀하게 품위를 지키던 분이 외부에서 어떤 돌발 상황이나 충격을 받았을 때 갑자기 이성을 잃고 흥분하여 아주 딴사람이 되어 옆에서 보기 민망스러울 때가 있다. 이런 경우 서로가 무척 당황스럽지만 우리는 이런 예외적인 상황에 대하여 기꺼이 이해하고 관대하게 수용하는 자세가 필요하다. 우리는 언제, 어느 때든지 한두 번쯤은 외부의 충격을 받아서 이성을 잃은 경우가 있을 것이다. 현대 우리 사회는 어쩔 수 없이 다양한 사람을 만나 접촉하고, 활동하고, 소통해야만 한다.

지금 이 시각에도 서해안 바닷가 능선의 바위 모습은 보면 볼수록 아름다움을 느끼게 하며 신비스럽고 나름의 독특한 개성을 안고 고상함을 더하여 주고 있다. 우리도 일상생활에서 늘 같이 보고 함께 지내는 사람의 좋은 점과 아름다운 점을 칭찬하여 주고, 더 나아가 보이지 않는 분야에서도 그들의 잠재력을 발굴하여 끼를 인정하여 다듬고 가꾸어서 돋보이게 만들어 주어야 한다. 그것이 나중에는 자기에게 되돌아와서 서로 간의 확실한 신뢰감을 쌓게 하여 주고, 소통이 되어 서로 가슴이 통하는 멋진 관계로 만들어 줄 수 있을 것이다.

봄의 따스한 햇볕을 받아 푸르스름해진 산봉우리의 모습, 새로운 생명체 태동을 알리다

《뿌리 깊은 나무는 흔들리지 않는다》

■ 자연의 실상

엄동설한을 이겨내고, 따스한 봄의 기운과 함께 여러 가지의 다양한 색을 띤 산봉우리의 아름다운 모습은 많은 생명체의 신비스러운 태동(胎動)을 보여주고 있다.

• 찬 겨울이 지나고 이른 봄이 되면 산봉우리의 능선에는 여러 가지의 초목이 따스한 햇볕을 맞아가며 하루가 다르게 무럭무럭 자라나고 있는 모습을 볼 수 있다. 이 초목의 모습과 색깔은 처음에는 옅은 갈색, 연두색에서 나중에는 녹색 등으로 서로 다양한 조화를 이루면서 새로운 생명체의 태동을 보여주고 있으며 이는 봄에 아름다운 모습의 극치를 보여준다.

| 자연을 느낄 때 행복이 움튼다 |

■ 인간과의 관계

"뿌리 깊은 나무는 흔들리지 않는다"

갓난아이가 이 세상에 막 태어났을 때, 그동안 엄마 품에서 듣고, 웃고, 느끼던 그 모든 것들이 신기하기도 하고, 아름답기도 하고, 놀랍기도 할 것이다. 그래서 갓난아이는 우리가 모르는 소리로 혼자 싱긋 웃기도 하고 울기도 하는 등 여러 가지 수많은 표정으로 엄마, 아빠의 마음을 사로잡고 때로는 마음을 졸이게도 하면서 사랑을 독차지한다. 또한, 기저귀가 오줌이나 변으로 젖어 있으면 그 자체가 불편하여 의사표시로 울음소리를 내고, 열이 많이 있을 때나, 잘못된 음식을 섭취했을 때는 숨 가픈 소리로 크게 울어댄다. 반면 주변에 신기한 장난감이나, 물건이 나타났을 경우에는 좋아서 손과 발을 구르면서 의사표시를 하고, 주변에서 좋은 책을 읽어주거나, 즐거운 음악을 들려주면 고개를 들고 알지 못할 소리로 웅얼거린다. 이처럼 아이들은 이 세상에서 가장 순수하고, 큰 꿈을 지닌 잠재력 보유자이다.

이제 유아기를 지나 유치원생이 되면 같은 또래의 다른 동료가 있다는 것을 알게 되어 서로 즐거운 친구가 되기도 하고 때로는 곧장 싸우기도 한다. 초등학생이 되면 자기의 성향에 따라 공부를 잘하는 친구, 말을 잘하는 친구, 얼굴이 마음에 드는 친구를 골라 더 친하게 지내면서 서로 배우고, 좋아하고, 경쟁하기도 한다. 중·고생이 되면 기계적이고 톱니바퀴 같은 학교생활이 주는 단순함과 따분함 속에 서서히 개인적인 정체성이 나타나기 시작, 경쟁을 알게 되고 현실에 처한 자기의 위치를 파악하며 주변 환경의 영향으로 서서히 감정의 제약을 받는다. 꽃다운 청춘 대학생 시절이 되면 자기가 하고 싶었던 것에 대한 희망의 꿈을 실현시키기 위해 도전할 것이다. 이러한 기회를 제대로 붙잡아서 자기가 좋아하는 전공을 살려 제대로 집중하는 자와 억지로 싫은 것을 붙잡고 매달리는 자는 마치 '로키산맥의 언저리가 처음에는 비슷한 위치에서 시작하지만 나중에 시간이 지나면 그 거리가 엄청난 격차로 벌어지는 것처럼' 그 차이가 많이 나게 될 것이다.

아울러 청춘 시절에 무엇보다 필수적으로 꼭 갖추어야 할 사항은 건강한 신체와 건전한 정신력, 훌륭한 인격을 연마하는 것이다. 앞으로 그들의 앞에는 꼭 유리하고 좋은 환경만 있는 것이 아니며 때로는 많은 장애물이 나타날 수 있고, 주변 환경도 더욱 복잡해져서 예측하기 어려운 고도의 혼돈시대가 도래될 수 있다. 이를 극복하여 뚫고 나가기 위해서는 유연한 마음가짐과 종합적으로 사물을 보는 통찰력, 정확한 판단력과 의사 결정력 등이 필요하며 아울러 주변을 포용하는 넓은 아량과 인내력, 훌륭한 인품이 필요하다. 이를 위해서는 가끔 시간을 할애하여 농촌 체험학습이나 노력봉사, 불우이웃돕기 등 주변의 어렵고 보이지 않는 복지 사각지대를 찾아 스스로 호연지기 정신을 연마해야 한다. 또한, 건강한 체력단련을 위해서 자기가 주변에서 언제든지 쉽게 할 수 있는 운동을 찾아 꾸준하고 지속적으로 튼튼한 체력을 가꾸어야 한다. 마지막으로 자신의 꿈과 진로를 위하여 명심해야 할 사항은 자신이 평상시 좋아하는 것, 늘 하고 싶고 관심 있는 것을 제대로

| 자연을 느낄 때 행복이 움튼다 |

찾아서 '그것이 내 천직'이다 생각하고 꾸준하게 기초를 닦고 연마하여 다른 사람과 확실하게 차별화할 수 있는 실력을 쌓는 것이 중요하다. '가장 높이 나는 새가 가장 멀리 보고, 가장 낮게 나는 새가 가장 자세히 보고, 가장 고요히 나는 새가 가장 깊게 보는 것처럼' 말이다.

이를 위해 부모로부터 더욱 진실하고 정성스러운 사랑을 받아야 한다. 더 나아가 유치원 시절, 초·중·고 시절, 청년기에도 부모나 어르신, 친척, 친구 등 여타 사람에게서 많은 사랑과 애정을 충분히 받아야 한다. 한 실험 연구결과에 의하면('05.10월 미국 듀크대학교 후생유전학 모쉐 스지프박사 연구 결과) "어미 쥐로부터 제대로 사랑을 받는 새끼 쥐는 사랑을 받지 못한 새끼 쥐보다 스트레스 호르몬을 덜 받아서 성장에 필요한 단백질 유전자를 많이 생성시켜 성장이 빠르고 튼튼하다"고 보고되었다. 하물며 인간의 사랑과 애정, 관심은 동물인 쥐와는 비교가 되지 않을 것이다. 한편, 본인 스스로는 부모님의 따뜻한 사랑, 보살핌과 더불어 '주변에 있는 자연과 함께 늘 동화되고 친숙해져 때로는 친구가 되고, 낮은 자세로 임하여 자연 속에서 보이지 않는 무궁무진한 힘과 진리, 더 나아가 신비로움이 있다는 것을 배우고 터득하면서 호연지기를 길러야 할 것'이다.

■ 행복의 비결

이른 봄, 기존의 수목들이 아기자기하고 아름다운 산봉우리가 되기 위해서는 숲 속의 '보이지 않는 곳 음지에서 수십 년간 또는 수백 년간 태양 별과 함께 뿌리, 싹과 잎, 줄기와 가지 등이 활발하게 자라서 나중에 이들이 죽고, 썩어서 비옥한 밑거름과 함께 충분한 양분이 되어주어야만' 가능할 것이다. 이는 마치 '초가 캄캄한 밤, 밝은 등불이 되기 위해서는 자기 스스로 온몸을 녹여 활활 불태워 없어져야만' 하고, '소금이 제맛을 내기 위해서는 물이나 음식에 완전히 녹아 없어져야만' 가능한 것과 같은 이치이다.

이처럼 보이지 않는 기존 초목의 거룩한 생명력과 희생으로 이른 봄 숲들이 다양한 색으로 탈바꿈하여 아름다움의 극치를 보여주고 있는 것처럼, 우리 인간의 경우도 유아기, 청소년기, 청년기 동안 부모로부터 따뜻한 사랑과 애정을 받아 「자기 자신」이 외부의 어떤 고난이나 시련에도 흔들리지 않고 확고부동하게 살아갈 수 있는 인격체로 형성되어야 한다. 이를 바탕으로 정치, 경제, 사회, 문화, 복지, 노동 등 다양한 분야에 접촉하여 이에 따른 사업가 또는 기업인, 회사원, 교육자, 예술인, 과학자, 공직자, 회계사, 평가사, 전문직업인, 복지가, 농업인 등 각 분야의 직업을 선택, 이 사회 최고의 전문가가 되어야 할 것이다.

우리가 여기서 무엇보다도 관심을 갖고 중점을 두어야 할 사항은 이러한 직업을 선택하는 과정에서 평상시 자기가 늘 관심을 갖고 좋아하는 분야인지의 여부이다. 자기 스스로 청소년기나 젊은 시절에 좋아하고 관심이 있었던 분야는 보고 또 보아도 지겹지 않고, 오히려 호기심이 생겨 시간 가는 줄 모르고 집중하여 몰입되며, 열정이 넘쳐 자기 스스로 그 분야에 자신감이 생길 것이다. 이렇게 자기가 좋아하는 분야

| 자연을 느낄 때 행복이 움튼다 |

에 관심과 열정을 붓다 보면 새로운 창조력과 아이디어가 생겨나고 마음에 여유도 생겨 매사 즐겁고 감사하는 마음이 저절로 생기게 될 것이다.

자기가 직업을 선택했다면 그것을 자신의 천직으로 여겨 늘 생각하고 그리워하고, 어루만지며 쓰다듬고, 가꾸어서 늘 꿈꾸고 그리던 「최고의 작품」을 만들어 나가야 한다. 이러한 최고의 작품을 만들고자 한다면 자기 자신과 더불어 외부로부터 흔들리지 않는 강한 의지와 투지, 자신감, 인내력, 유연성 등이 반드시 잠재적으로 형성되어야 한다. 바로 이러한 기질은 어린 시절과 청소년, 청년 시절에 갖추어진다고 본다. 또한, 이러한 삶의 주요 핵심은 주변에서 말하는 속칭 출세나, 부자, 권력자를 말하는 것이 아니며 작지만 자기가 좋아한 것에 대하여 최선을 다하고, 그 속에서 즐거움과 보람을 느끼는 것에 있다. 그리고 시간이 지난 먼 훗날, 그 분야의 경륜과 노련함으로 이 사회를 위하여, 우리의 후손들을 위하여 '하늘을 보고 땅을 쳐다보아도 한 점의 부끄럼 없는 값진 유산을 남겨 주는 것'이다.

바로 지금 이 시각에도 숲 속에는 이름도 모를 수많은 초목이 따뜻한 햇볕을 받으며 옅은 갈색, 연두색, 녹색 등 다양한 색을 나타내 보이면서 그 아름다움과 함께 새로운 생명체의 태동을 알려주고 있다. 우리 인간도 모두 각자마다 고유의 색이 있다. 삶을 살아가면서 그것을 고귀하게 가꾸고 다듬어서 최고의 작품을 만들어 보도록 하자.

산꼭대기에만 하얗게 사르르 덮인 눈이 산 전체를 덮은 폭설보다 아름다운 운치를 줄 수 있다

《어수룩한 아인슈타인, 구리색 얼굴의 시골 할머니》

■ 자연의 실상

온 산 전체보다 산꼭대기에만 하얗게 사르르 쌓인 눈이 더욱 아름다운 운치를 줄 수도 있다.

• 산 전체에 눈이 하얗게 수북이 쌓여있는 모습보다 산꼭대기 부근에만 살짝 하얗게 싸인 모습이 때로는 더욱 아름답게 보일 수 있다.

| 자연을 느낄 때 행복이 움튼다 |

■ 인간과의 관계

① '어수룩한 옷차림에도 빛나는 「아인슈타인」의 집중력'

아인슈타인(Albert Einstein, 1879.3~1955.4)은 20세기 최고의 물리학자로 알려져 있다. 오로지 과학 한가지만을 위하여 평생을 몸 바쳤고 나중에는 세계평화를 위하여 많은 공헌을 하였다. 하지만 그는 검소하고 소탈한 옷차림으로 그의 명성에 걸맞지 않게 어수룩하고 부족한 것처럼 보이는 인상을 풍겼다.

그는 일 년 내내 검은색 가죽상의를 걸치고 맨발로 다녔고 넥타이나 멜빵을 사용하는 것을 몰랐다. 그래서 강연 중 그가 칠판에 필기라도 하는 날이면 그의 한 손은 필기도구를, 나머지 한 손은 흘러내리는 바지춤을 잡고 있느라 재미있고 우스꽝스러운 모습을 보여주곤 했다.

아인슈타인이 유명해지기 전 어느 날, 그가 뉴욕 거리에서 우연히 친구와 마주쳤다. 친구는 그에게 인사를 건네다 대뜸 이렇게 말했다.

"아인슈타인, 자네 몰라보겠군. 왜 이렇게 누추한 옷을 입고 다니나? 새 코트가 필요한 것 같은데? 보라고, 지금 입고 있는 옷은 너무 낡았지 않나!"

친구의 물음에 아인슈타인은 싱긋 웃으며 대답했다.

"그게 뭐 어떤가? 어차피 뉴욕에서는 날 알아보는 사람도 없는데 내가 뭘 입든 누가 뭐라 하겠나?"

그 후 몇 년이 흘러 아인슈타인은 상대성이론을 발표하여 모두가 존경하는 위대한 세계적인 과학자가 되었다.

어느 날 길가에서 두 친구가 다시 만나게 되었다. 친구는 어이가 없다는 듯 아인슈타인의 옷차림새를 훑어보더니 물었다.

"아니, 아직도 이렇게 낡은 옷을 입고 다니는가?"

친구는 새 옷을 사 입을 것을 조언했다.

"굳이 그럴 필요가 있겠는가?"

이어서 아인슈타인은 이번에도 역시 태연하게 말했다.

"어차피 여기서 날 모르는 사람도 없는데 말이지."

그 친구는 훗날 아인슈타인에 대해 이렇게 회고했다.

"만일 아인슈타인이 다른 사람들처럼 똑같이 옷차림이나 남들의 시선에 신경 썼더라면 아마 상대성이론과 같은 위대한 업적은 탄생하기가 어려웠을 것이다."

또한, 아인슈타인의 이런 허름한 옷차림새 때문에 웃지 못할 일이 있었다. 벨기에 국왕 내외가 아인슈타인을 초대하면서 고급 승용차를 기차역으로 보냈다. 운전기사가 기차에서 내리기로 되어있는 아인슈타인을 아무리 기다렸지만, 박사는커녕 그 비슷한 사람도 보지 못했다. 하는 수 없이 기사는 빈 차로 돌아와 국왕에게 보고했다.

"교수께서 기차를 놓치신 것 같습니다."

그런데 반 시간쯤 지나서 낡고 색이 바랜 비옷에 물이 줄줄 새는 낡은 구두를 신고 아인슈타인이 직접 왕궁으로 찾아왔다.

운전기사는 유명한 과학자인 데다 국왕을 만나는 자리인 만큼 멋진 정장 차림의 신사들만 눈여겨보면서 기다렸을 것이고, 반면 아인슈타인은 운전기사를 찾지 못해서 하는 수 없이 터덜터덜 걸어서 왕궁을 찾아오는 일이 벌어진 것이다.

사실상 아인슈타인의 옷차림에 대하여 그의 생각을 가장 잘 알고 있던 사람은 다름 아닌 그의 부인이었다. 그녀는 아인슈타인이 강연을 위해 여행을 떠날 때마다 항상 깔끔하게 여행 가방을 꾸려 주었다. 그런데 매번 여행에서 돌아올 때면 그 여행 가방이 한 번도 열지 않는 상태로 완벽하게 정리되어 있다고 말했다. 결국, 아내의 추궁에 그는 사실대로 그 여행 가방을 열어 본 적도 없었으며, 그는 여행 내내 떠날 때 입었던 옷 한 벌로 생활했다고 말했다고 한다.

— 왕경국, 장윤철 《나를 망치는 것은 나 자신뿐이다》 —

② 약간 검고, 구리색 얼굴을 띤 '시골 「할머니」가 주는 교훈'

우리는 60~70년대 초 거의 전 국민의 60% 이상이 농업에 종사했고 주로 모든 삶이 농촌에 뿌리를 두고 있었다. 그 당시에는 하루하루의 먹고사는 끼니를 때우기가 쉽지 않았다. 때로는 옥수수나 고구마, 감자, 수수나 조밥 등으로 배를 채웠다. 가난을 극복하기 위해 시골동네 사람들, 특히 의식이 있는 장년층 세대나 젊은이들은 한 사람씩 마을을 떠나 서울 등 대도시로 이사하거나 직장을 구하러 나가야만 했다. 이렇게 하여 서서히 동네마을에 남아있는 사람은 나이 드신 어른, 또는 어린이들뿐이었다. 하지만 그 당시에 나이 드신 남성은 여러 가지 알 수 없는 병 등으로 일찍 돌아가시고 남아 계신 분은 주로 나이 드신 여성층이었다. 이분들은 도시에 대한 아름다운 동경과 유혹을 마다하고 오로지 시골에 남아 여러 가지 악조건을 극복하면서 꼿꼿하고 당당하게 시골을 지켜왔다. 예를 들면 들판에 비가 오지 않아 가뭄이 들 때면 논이나 들판에 물을 대야하고, 풍수해가 발생하면 모든 곡식을 되살리기 위해 물속에 들어가 벼를 바로 세우는 등 보통 남성들도 쉽게 할 수 없는 여러 가지 어렵고, 잡다하고 궂은 일들을 손수 다 맡아서 처리하였다. 또한, 가정 내에서는 여러 가지 바쁜 와중에서도 나이 드신 시부모님에 대한 소박하고 친절한 시중과 보살핌, 정성스럽게 마련한 식사 등 어르신에 대한 일거수일투족(一擧手一投足)을 따뜻하게 돌보아드렸다. 한편으로는 객지에서 학교에 다니고 있는 자녀들이 편안하게 먹고, 자고, 공부는 제대로 하는지에 대한 염려와 관심으로 마음 편하게 잠이 들지 못한 때도 잦았다.

농촌과 고향을 지키려는 뜨거운 향토애와 농심, 시부모와 어르신을 돌보려는 지극한 효심, 자기 자신보다 항상 자식을 생각하고 아끼는 갸륵한 희생정신과 모성애, 다른 헛된 욕망을 다 버리고 오로지 농부로서 열심히 노력하여 잘살아 보려고 하는 순수하고 정직한 마음은 우리에게 '훌륭한 어머니상'으로 두고두고 기억될 것이며 그 마음을 우리는 절대 잊어서는 안 될 것이다.

세월은 유수와 같이 흘러 이제는 그 어머니의 얼굴이 '약간 거무스름하고 구리색을 띤 주름살 많은 할머니'가 되었다. 비록 지금 이 할머니의 겉모습이 조금 어수룩하고, 촌스러워 보여도 '거기에는 수많은 농촌의 한과 추억'이 담겨있다. 비가 오나 눈이 오나 한평생 농촌에서 생활하면서 때로는 자연에서 오는 여러 가지 천재지변의 재해를 잘 극복하려는 인내와 끈기, 투지도 있었지만, 거대한 자연의 힘 앞에서는 어쩔 도리 없이 나약하고 무기력하기만 한 인간으로서의 한계와 더불어 거대한 자연에 대한 두려움과 허탈감을 느꼈을 것이다. 또한, 집안 식구들의 의식주를 넉넉하게 조달하기 위해 반드시 다른 사람보다 몇 배 노력하고 뛰어다녀야만 하는 투지와 끈기, 반면에 열심히 노력해도 제대로 자기의 대가를 못 받았을 때의 슬픔과 허탈감, 어르신과 자식을 위해 제대로 먹지도 못하고 참고 견디어야 하는 배고픔과 서러움, 사치스러운 향락과 물질만능주의에 사로잡힌 외부 도시인으로부터의 각종 유혹을 뿌리치고 극복해야만 하는 높은 절개와 지조, 이 모든 여러 가지의 정신적 지주와 상념, 철학들이 보이지 않게 승화되어 그 거무스름한 구리색의 얼굴에 살며시 숨어 깃들어 있다.

■ 행복의 비결

우리는 인생을 살아가면서 직장이나 주변에서 각자의 맡은 바 일을 꼼꼼하고 빈틈없이 완벽하게 처리하는 것이 좋다. 하지만 세상의 일을 자기 혼자서 다 완벽하게 처리할 수 없고 또한 그렇게 할 수도 없을 것이다. 직장에서는 부하, 동료, 상사 등 직원들이 있고 일상에서는 자기 분야 외에도 다른 다양한 많은 일과 전문 직업군이 있을 것이다. 이러한 모든 일을 자기 혼자서 완벽하게 처리한다는 것은 신이 아니고서는 도저히 불가능할 것이며, 처리하는 것 자체도 문제가 될 수 있다. 바로 여기에서 우리 인간의 태생적인, 본능적인 한계가 대두된다. 자기가 진정으로 하고 싶은 것에 대하여 한 곳에 집중하고 싶다면 여타 다른 것을 포기하여야만 한다. 모든 것을 다 취한다는 것은 불가능한 것이다. 이에 따라 자기가 좋아하는 것 외에 다른 것들은 그냥 모르고 지나치거나 대충 지나가는 것이 좋을 듯하다.

「아인슈타인」은 자기가 좋아하는 물리학 등 과학을 위하여 평생 몸과 마음을 바쳐 전념했고 그 외의 다른 것에 대하여는 거의 바보처럼 지냈다. 그에게도 한 때는 시온주의 층에 지지를 받아 이스라엘 대통령직 수락을 요청받은 적도 있었지만, 그는 오로지 '방정식이 내게 더 중요하다. 정치는 현재를 위한 것이지만 방정식은 영원히 두고두고 남을 것이다.' 라고 과감하게 거절하고 오로지 과학만을 위하여 전념하였다. 또한, 그는 외모를 꾸미고, 신발을 다듬고, 새 옷을 자주 갈아입을 시간도 아까워했다.

구리색 얼굴의 시골 할머니 삶은 어떤가? 비록 소박하고 촌스럽지만, 평생을 농촌에서 헌신하고 몸을 담아왔다. 이제 그분은 오랜 성상(星霜)과 함께 나이가 들어 비록 육체적으로는 머리카락이 백발이 되고, 얼굴은 주름살도 많아 조금 촌스럽고 어수룩하지만, 그의 기나긴 한평생의 생활은 오로지 농촌을 지키는 파수꾼으로서 한 가지 삶에 전념해왔다. 거기에는 우리가 보지 못하는 많은 한과 추억이 깃들어있다. 보면 볼수록 깊이가 있으며 알면 알수록 고상하고 아름답고 운치가 있는 것이다.

만일 아인슈타인이 여타 다른 사람과 똑같이 사치를 하고, 얼굴을 치장하고 고급 옷을 입고 다니면서 시간을 허비하는 과학자였다면 이렇게 훌륭하게 돋보이지는 않았을 것이다. 또한, 구리색 얼굴의 시골 할머니도 평생을 농촌에서 생활하지 않고, 여타 보통 사람들처럼 거주지를 도시로 옮겨 영욕을 누리고 생활하였다면 그의 삶과 철학은 그렇게 값지고 고상하지 못하였을 것이다.

마치 '산 전체에 눈이 수북이 쌓여있는 모습보다 산꼭대기 부근에만 하얗게 살짝 쌓인 모습이 때로는 더욱 운치를 더해 주고 아름답게 보이는 것'처럼 말이다. 보통 한 겨울철에 눈이 많이 와서 산과 들의 온 천지가 하얀 눈으로 가득 쌓여 있을 때는 처음에는 환호성과 함께 신비함을 느끼지만, 시간이 조금 지나면 '하얀 눈'이라는 존재 자체가 희석되어 그 신비의 가치가 쉽게 떨어지고 만다. 반면 산 정상 일부분에 하얀 눈이 쌓이거나 산등성의 능선 소나무 숲 등에 하얀 눈이 어렴풋이 햇볕에 반사되어 비추어지는 모습은 오히려 더욱 아름다워 보일 때가 있다.

Part **4**

초목, 식물, 꽃

들판의 수많은 초목은
우리들의 행복을 위하여
늘 손짓하며 기다리고 있다

초목들도 청출어람(靑出於藍)이 있다
《필리포스와 아들 알렉산드로스 대왕》

■ 자연의 실상

같은 종류의 초목 가운데서도 우(優), 열(劣)이 있고, 새롭게 태어난 초목이 기존의 초목보다 굵고 튼튼하게 자라 더 예쁜 꽃을 피우는 경우도 있다.

• 장미, 불두화의 새로 태어난 줄기가 때로는 기존의 줄기보다 더욱 크고 튼튼하게 자라 화려하고 아름다운 꽃을 피우는 경우도 있다.

| 자연을 느낄 때 행복이 움튼다 |

■ 인간과의 관계

아버지 「필리포스」 왕보다 뛰어난 아들 「알렉산드로스 대왕」

알렉산드로스 대왕(기원전 356~323년)은 태어날 때부터 전도유망
한 집안에서 태어났으며, 그의 어머니 올림피아스는 아킬레스의 후손
이었다. 그의 아버지 필리포스는 철학자 아리스토텔레스를 가정교사
로 두어 아들에게 교육을 받게 했다. 보통 영웅들의 일생엔 많은 에피
소드가 따라 다닌다. 알렉산드로스도 그렇다. 어린 시절 이미 왕이 될
만한 기량과 지혜를 드러낸 사례들이 많다.

한 사례를 보면, 아버지 필리포스는 뛰어난 말 조련사를 두고 있었
는데 어느 날 이 조련사가 거친 야생마를 길들이지 못해 쩔쩔매고 있
었다. 알렉산드로스는 그 말이 제 그림자에 놀라 날뛴다는 사실을 알
아채고 말의 눈을 가려 쉽게 길들이는 데 성공했다. 이 광경을 지켜본
필리포스 왕은 알렉산드로스에게 '아들아! 마케도니아는 너에게 너무
도 작다. 너에게 맞는 큰 제국을 찾아라.' 라고 격려했다. 물론 나중에
필리포스의 예측은 적중하였다. 하지만 그 당시 알렉산드로스에게는
불만이 많았다. 그것은 아버지의 성공이었다. 앞으로 자신이 해야 할
몫이 상대적으로 그만큼 줄어든다는 점에서 그는 불만을 가졌다. 또
아버지의 성공으로 인해 상대적으로 자신의 중요성이 감소된다는 사
실이 그를 우울하게 만들었다. 아버지 필리포스가 주요 지역을 점령했
다거나 전투에서 승리했다는 소식이 들려오면 그는 기뻐하지 않았다.

알렉산드로스는 가끔 친구들에게 자기 아버지가 많은 업적을 이룩하면 자신의 세대에서 커다란 공적을 쌓을 기회가 적다고 불평하기도 했다. 그는 부나 쾌락보다 업적과 명예를 더 소중히 여겼다. 그는 아버지 때문에 자신이 앞으로 성취해야 할 목표들이 줄어들어 방해받는다고까지 생각하였다. 아무런 생각 없이 아버지가 쌓은 부와 사치를 즐기기만 하는 맥 빠진 삶을 거부하였다.

드디어 기원전 336년 아버지 필리포스 왕이 죽자 알렉산드로스는 왕위를 물려받았고 즉위 후 조금도 지체하지 않고 적을 찾아내서 숙청해 나간다. 사실 부왕 필리포스가 죽자 그리스 내 다른 국가들은 나이 어린 알렉산드로스를 얕잡아 보고 그에게 등을 돌리고 심지어 그를 제거할 음모까지 꾸민다.

알렉산드로스는 왕위 승계 후 자신이 그동안 양성한 직할 부하들을 가동하면서 가상의 적까지 찾아내 과감하게 제거하는 등 탄탄한 조직력으로 왕권을 튼튼히 하였다. 기원전 334년에는 인접국 페르시아를 정복하고 그곳에 있는 측량기사, 기술자, 건축가, 과학자, 행정가, 역사가까지 모두 원정군에 포함해 정복 길에 나선다.

그의 첫 번째 해외 원정은 트로이를 시작으로 소아시아로 접어들어 본격적인 전쟁을 시작하였다. 그 유명한 '고르디우스 매듭 일화'도 이때 일어난다. 그것은 소아시아에 들어서면서 치르는 하나의 출전 의식 행위라 할 수 있으며 그 매듭은 고르디움 신전 안에 있었는데 '이 매듭을 푸는 사람만이 전 아시아의 통치자가 된다는 전설'이 내려오고 있었다. 알렉산드로스는 이 고르디우스의 매듭을 일반인들이 생각하는 방식으로 풀지 않고 자신이 차고 있던 단검으로 단칼에 잘라 버렸다.

기원전 332년경 알렉산드로스는 지중해를 항해 중에 티레를 정복하고, 이집트도 쉽게 항복을 받아내어 구원자로서 환영을 받았다. 그는 이곳에다 알렉산드리아라는 도시를 건설했다. 기원전 331년 바빌론을 정복한 그는 명실공히 '아시아 최고의 통치자'로 추앙을 받았다.

알렉산드로스는 원정길에 나선 지 십 년도 채 안 되어 당시 전 세계의 반을 지배하는 위업을 달성한다. 그는 단지 전쟁에서 이긴 무력으로만 정복지를 지배한 게 아니라 정복지역의 주민들을 마음으로 다스렸다. 적군을 아우르고 치밀한 포용과 동화정책을 사용하여 방대한 '통일제국'을 만들어 나갔다.

예컨대 오랜 숙적인 페르시아 제국의 처리에서도 잘 알 수가 있듯이 그는 새로 차지한 페르시아 영토를 정치적인 속국으로 만들지 않고, 페르시아 고유의 통치구조와 문화, 풍습까지도 그대로 유지하도록 하였다. 스승인 아리스토텔레스는 그에게 그리스만이 자유인이고 소아시아인 등 다른 외국인은 노예라고 가르쳤다. 그러나 알렉산드로스는 이에 동의하지 않고 그들을 단순하게 지배하기보다는 그들과 더불어 정사를 펴기로 하였으며 실제로 그렇게 행동에 옮겼다. 또한, 그는 정복한 나라의 왕들에게 고유의 풍속도 지키게 하였다. 심지어 정복지 주민들이 고유의상을 입는 데 있어서 자신이 직접 시범을 보이기도 했다. 즉, 그는 서로 다른 전통이나 문화가 가장 먼저 자연스럽게 섞여야 한다는 점을 인식했다.

– 로버트 그린 《권력의 법칙》 중에서 –

■ 행복의 비결

'봄이 되면, 장미나 불두화의 새롭게 태어난 줄기가 때로는 기존의 줄기보다 더욱 크고, 튼튼하게 자라 화려하고 아름다운 꽃을 피운' 경우가 많으며, 청출어람(靑出於藍)처럼 '푸른색은 쪽에서 취했지만, 쪽빛보다 더 푸르고(靑取之於藍而靑於藍)', '얼음은 물로 이루어졌지만, 물보다도 더 차가운 것처럼(氷水爲之而寒於水)', '알렉산드로스 대왕의 능력과 업적은 아버지 필리포스 왕보다도 뛰어났고, 스승인 아리스토텔레스보다 깊은 안목을 갖고 있었으며 훌륭한 인간성'을 갖추었다.

알렉산드로스는 훌륭한 가문에서 태어나 되도록 부친에게 의지하지 않고 자기 스스로 노력하고, 자립하여 문, 무의 실력을 가꾸는 자존심 강한 청년이었으며 욕심도 많고, 패기도 있는 등 호연지기(浩然之氣)가 무척 강하였다. 그는 되도록 쾌락이나 부보다 명예, 정정당당한 평가와 실력을 중요시하였다. 기원전 336년 드디어 아버지 필리포스 왕이 운명하자 왕위를 승계받은 알렉산드로스는 탄탄한 조직력과 뛰어난 통치력으로 왕권을 확실하게 강화하였다.

그는 페르시아, 트로이, 이집트, 바빌론 등을 정복하고 집권한 지 10년도 채 안 되어 그 당시 세계의 반을 지배하는 위업을 달성, 명실상부한 '아시아의 최고 통치자'로 자리 잡게 되었다. 그리고 그의 특이한 통치철학은 '전쟁에서 정복한 지역을 단지 무력으로만 지배하는 것이 아니라 그 지역 주민들의 마음과 정서, 문화를 최대한 이해하고 배우

| 자연을 느낄 때 행복이 움튼다 |

려고 노력하는 등 적극적인 포용과 동화정책을 사용'하였다. 그가 2,300여 년 전 정복지역 주민들에게 그들의 소중한 고유문화와 습관, 전통을 유지토록 하는 이민족 배려정책을 시행했다는 것은 굉장히 훌륭한 통치철학이라고 보아야 한다.

참고로 그는 전쟁터에서 이방인과 직접 접촉할 기회를 많이 가지면서 과연 그리스인이 그들보다 더 우월한지 시험해보기도 하였으며 이런 경험을 통해 모든 사람이 본질적으로 동일하다는 확신을 갖게 되었다. 기원전 329년 힌두쿠시를 가로질러 박트리아로 진군할 때는 대규모의 아시아인을 원정 주력군으로 충원하기도 하였다. 또한, 그는 정복지 통치방안으로 힘보다는 동화정책이란 전략을 몸소 실천해 보이기 위해 아시아 여성 록사나와 결혼을 했는데, 그의 결혼과정에서 그녀를 마치 전리품을 취하듯이 빼앗거나 강제성을 동원하지 않고 조금 시간이 걸리더라도 최대한 그 나라의 혼인관습과 절차를 존중하고 예의를 갖추면서 결혼식을 거행했다.

지금까지 알렉산드로스 대왕에 대한 여러 가지 놀라운 업적을 소개하였지만, 우리가 두고두고 기억해야 할 점은 그 당시 '인류는 평등하다'는 세계 시민정신과 정치적 비전을 제시하였다는 것이다. 그의 이 사상은 그가 죽고 제국이 사라진 후에도 지속되어 헬레니즘 문화 창달에 커다란 영향을 미쳤고 제논(기원전 334~262년)의 스토아철학에도 '인류가 하나의 형제임'을 가르치는 등 그의 정신적 사상은 전 인류역사와 문화에 혁명적 의미를 부여하고 있다.

해가 지지 않는 나라 영국은 무려 250년에 걸쳐 근대화를 이룩하였지만, 우리 대한민국은 불과 40여 년 만에 이와 대등한 수준의 근대화를 이끌어 냈다. 이러한 발전의 밑거름에는 지금 노인 세대들의 값지고 커다란 희생정신이 있었기에 가능했다고 본다. 하루하루 입에 풀칠하기도 힘들던 시절에 자녀들의 교육을 위하여 소를 팔아 대학에 보내고(牛骨塔), 부모들이 소 대신 쟁기를 끌며 농사를 직접 지었다.

이에 보답하듯 우리 자녀들은 배움의 터전에서 불철주야로 공부하여 실력을 쌓았고, 탁월한 브레인이 되어 국내뿐만이 아니라 세계 방방곡곡에서 훌륭한 일꾼이 되어 오늘의 빠른 조국 근대화의 초석이 되었다. 하지만 어느새 이들은 중·장년층 아버지가 되었다. 이제는 '후손 제3세들이 기존에 할아버지와 부모들이 잘 이끌어 왔던 우리의 근대화의 초석 역할을 잘 이어받아 기존의 할아버지와 아버지 세대보다 더 부강하고 훌륭한 나라로 가꾸어 나가야 할 것'이다. 이는 마치 알렉산드로스 대왕의 뛰어난 통치능력과 업적, 안목이 아버지 필리포스보다 뛰어나고 스승인 아리스토텔레스보다도 앞섰듯이 말이다.

민들레와 질경이는 강한 번식력으로 주변을 빠르게 지배한다

《고된 시련을 이겨낸 유대민족, 정상에 서다》

■ 자연의 실상

민들레나 질경이, 쑥, 씀바귀 같은 식물은 강한 번식력으로 주변 환경을 빠르게 지배한다.

• 이른 봄 민들레나 질경이, 쑥, 씀바귀는 척박한 토양이나 언덕 등 다른 식물이 통상 번식하기 어려운 곳에서도 잘 자라며 뛰어난 적응력을 발휘, 주변에 자기 씨앗을 빠르게 전파하는 등 환경을 지배하고 있다.

■ 인간과의 관계

시련을 이긴 유대 민족, 세계의 정상에 서다

예로부터 역사적인 사례를 보면 외부의 도전으로 그 시련을 감당하지 못한 민족은 곧 사라졌지만, 그 시련을 잘 극복하여 이겨낸 민족은 더 강하게 일어섰다. 세계에서 가장 수난을 많이 받은 민족으로 아마 유대민족을 꼽을 수 있을 것이다.

그들 민족을 반기는 곳은 세계 어디에도 없었다. 그들은 2천 년 동안 나라 없이 세계를 떠돌며 시련을 겪었다. 로마 시대에는 로마인들의 식민지가 되어 수많은 유대인이 죽어갔으며, 기독교가 지배하던 중세 유럽에서 유대인들은 예수를 죽인 민족이라 하여 가혹한 핍박을 받았고, 히틀러 치하의 나치에서는 600만 명의 유대인들이 학살을 당했다.

하지만 최근에는 전 세계에서 가장 영향력 있는 민족을 꼽으라면 단연 유대인을 꼽는다. 정치, 경제, 문화, 사회, 과학, 예술 등 모든 방면에 걸쳐 그 이름이 오르내리지 않는 곳이 없다. 유대인이란 유대교의 가르침을 지키고 믿으며 유대인의 문화를 이어받은 사람들을 가리킨다. 또한, 유대인은 인종적으로 혼혈민족이라 함이 옳다. 유대인은 역사를 통하여 다양한 민족과 접촉했고 갖가지 피가 섞였기 때문이다. 전 세계 유대인의 수는 1,600만 명으로 추산되며, 이스라엘에 600만 명이 살고 다른 나라들에 1,000만 명이 산다. 유대인들의 세계 분산을 가리켜 디아스포라(diaspora)라고 한다. 오늘날 이 개념은 유대인들과 같이 어떤 특정 장소를 준거로 결집된 것은 아니라 하더라도 강한 정서적, 민족적 공동체를 형성하는 현상을 총칭하는 개념으로 사용되고 있다.

유대인은 세계 인구의 0.25%에 불과하지만, 노벨상 전체 수상자의 27%를 차지하고 있으며 세계적 천재인 「칼 마르크스」, 「지그문트 프로이트」, 「알버트 아인슈타인」 등이 모두 유대인이다. 유대인은 원래 머리가 좋은 것인가? 「알리 마즈루이」는 유대인은 탈무드 전통에 따라 법전화된 법률과 서약에 의해 지배당했기 때문에 분석, 비판, 사유에서 특별한 우위를 보였으며, 지적 수행 능력에 따라 사회적 보상을 해 주는 동기 부여 구조가 발달했고, 엄격한 동족결혼에 묶여 지적으로 우월한 유전자 풀을 유지하고 축적했으며, 직업 생활의 제한을 받아 자유직업에서 전문화를 택했기 때문이라고 분석했다. 유대인들이 가장 성공을 거둔 나라는 단연 미국이다. 유대인은 미국 인구 2억8천만 명의 2.2%에 해당하는 6백만 명에 불과하지만, 아시아계 950만 명에 비해 막강한 영향력을 행사하고 있다. 미국 행정부의 실세로 군림하고 있는 신보수주의자들의 실력자들이 대부분 유대인이다. 유대인의 1인당 소득은 비(非)유대인의 2배에 달하고 미국 최고 부자 40명 중 16명이 유대인이다. 유대인 소유 언론사는 50여 개로 전체의 3%, 언론인은 전체의 6%에 불과하나 대도시와 영향력 있는 매체와 자리에 집중돼 있다. 또 뉴욕과 워싱턴의 일류 로펌에서 일하는 변호사들의 40%가 유대인이다. 유대인은 미국 주요 대학교수의 20%, 과학과 경제 분야에서 미국인 노벨상 수상자의 40%를 차지하고 있다. 그동안 우리 사회에서 유대인에 대한 이해는 다양하게 이루어져 왔다. 유대인은 상술이 뛰어나고 이재에 밝으며, 전쟁이 나면 해외에 거주하는 유대인의 상당수가 조국으로 돌아가 전쟁에 참여한다는 등의 이야기는 우리에게 잘 알려져 있다. 또한, 유대인들이 세계 곳곳에서 두각을 나타내고 있는 비결을 교육에서 찾으면서 그 교육의 내용과 방법에 대한 논의와 소개는 비교적 활발하게 이루어져 왔다. 예를 들면, 자녀 교육에서 유대인들의 유아 교육이나 습관 길들이기, 부모와 자식 간에 생각을 나누는 방법 등이다.

이처럼 유대인에 대한 다양한 시각 속에서 유대인이 최근 우리들의 관심을 끄는 이유를 알아보면 그들은 '십수 세기 동안 고난과 박해 속에서도 정체성을 잃지 않고 오히려 굳건하게 그들만의 고유한 종교, 사상, 교육을 더욱 발전시키고, 다른 민족의 문화에 동화되거나 흡수되지 않았다는 것'이다. 또한 '사방이 아랍권으로 둘러싸인 이스라엘이 전쟁에서 항상 승리를 거두면서 흔들리지 않고 제 목소리를 낼 수 있었다는 것'이다. 아울러 '미국 인구 2억8천만 명 중 단지 2.2%에 해당하는 6백만 명의 소수민족인 유대인이 미국의 정치, 경제 부문에서 커다란 비중을 차지하고 있고 실질적으로 지배하고 있다는 것'이다.

■ 행복의 비결

'타성에 젖은 코끼리'는 순전히 초목만 먹고 사는 초식동물이다. 그런데도 몸무게가 보통 1톤을 훌쩍 넘는 육지에서 가장 거대한 몸집을 자랑한다. 그러다 보니 천하의 호랑이나 사자도 이 거대한 몸집을 어쩌지 못한다. 그런데 이 거대한 녀석들이 꼼짝 못 하는 존재가 있다. 바로 코끼리 조련사이다. 이들은 코끼리가 어렸을 때부터 꾸준히 한 가지를 가르친다. 어린 코끼리를 말뚝에 묶어놓아 마음대로 나다닐 수 없게 하는 것이다. '답답한 마음에 이리저리 몸부림을 쳐보지만, 코끼리는 이내 포기하고 만다.' 해봤자 안 되기 때문이다. 이렇게 자란 코끼리는 몸집이 거대해져서도 이 작은 말뚝을 빼낼 생각을 하지 않는다. 아니 생각 자체를 못한다. '어렸을 때 무던하게 해봤는데 안 되더라.'는 생각이 기억 속에 굳건하게 자리 잡고 있어서다. '해봤지만 안 되더라'는 '말뚝'이 정신과 몸에 뿌리 깊게 박혀있어 아예 시도 자체를 하지 않는 것이다. '못' 하는 게 아니라 '안' 하는 것이다.

이처럼 타성에 젖어 버린 거대한 코끼리는 힘 한번 제대로 쓰지도 못하고 무력감에 빠져 조련사가 지시하는 대로만 끌려다닌다. 그런데 이러한 현상이 코끼리만의 이야기일까? 아닌 것 같다.

우리에게도 모두 작든 크든 자기만의 꿈이 있다. '이렇게 됐으면 좋겠다.', '나는 이런 사람이 되고 싶다.'와 같은 저마다의 바람이 있고, 꿈이 있고, 미래 자기의 모습이 있다. 그리고 우리는 그것을 위해 하루하루 노력한다. 그런데 어떤 사람은 그걸 이루는 반면 어떤 사람은 이루지 못한다. 어떤 사람은 빛나는 축배를 들지만 다른 사람은 씁쓸하게 소주잔을 들이킨다. 왜 그럴까? 축배는 강한 자신감을 주는 반면에 엎어지고, 깨져 가슴에 멍이 들 수 있다. 자신감의 실종, 세상이 나를 믿어주지 않아도 나만은 나를 믿어야 하는데 내가 나를 믿지 못하는 안타까운 상황이 된다.

'거세게 흐르는 물이 무거운 돌을 뜨게 하는 것은 순식간에 돌진하는 그 기세 때문이요. 또한, 맹금류인 매는 그 먹잇감을 낚아채기 위해 전망 좋은 곳에서 관찰하여 시속 300km의 재빠른 속도로 그 시기를 잘 포착하기 때문'이다. 이처럼 승리에 능숙한 자는 그 기세가 대단하고 결정적인 시기에 순간적인 위력을 발휘한다.

이른 봄 '민들레나 씀바귀는 척박한 토양이나 들판에 상관없이 여건이 되면 곧바로 성장, 그들의 꽃을 피우고 번식을 하여 주변 땅을 계속 잠식하고 지배'한다. 이와 마찬가지로 '유대인이 2천 년 동안 나라 없이 세계를 떠돌아다니면서 가혹한 핍박과 어려운 시련을 경험하였지만, 지금은 전혀 흔들리지 아니하고 세계 방방곡곡에서 정치, 경제, 사회, 문화 분야 등 인재를 배출하여 세계를 실질적으로 지배'하고 있다.

우리는 '민들레와 씀바귀가 척박하고 비좁은 난간에서 예쁜 꽃을 피우고 씨앗을 전파하듯이' 또한 '유대인들이 모든 고난과 시련을 극복하고 세계의 흐름을 선도하듯이' 자기의 주변 환경이나 잘못된 과거에만 연연하거나 탓하지 않고, 오로지 내일을 위해 '오늘이 내 삶의 마지막 날인 것'처럼 생각하고 행동하여 자기가 하고 싶은 것을 찾아 자신감과 열정으로 최선을 다한다면, 나중에 그 결과는 마치 양파 껍질이 하나씩 하나씩 벗겨지듯이 서서히 반드시 나타나리라고 본다.

한삼넝쿨과 칡넝쿨은 햇볕을 차단, 다른 초목들을 늘 고사 시킨다

《한(漢)나라 패망, 고려 말 권문세족》

■ 자연의 실상

추운 겨울이 지나 이른 봄이 되면 연약한 풀과 초목이 파릇파릇 싱싱하게 쑥쑥 잘 자라는데 5월 하순이나 6월 초가 되면 한삼넝쿨이나 칡넝쿨이 빠르게 성장, 연약한 풀들과 초목의 햇볕을 차단하여 그들을 고사시키고 만다.

• 이른 봄 3~4월이면 밭두렁이나 논두렁, 들판에서는 잔디, 제비꽃, 쑥, 질경이, 산딸기 등 이름도 알 수 없는 다양한 풀들이 각자 자기의 영역을 확보한 채 싱싱하게 잘 자란다. 하지만 5월 말이나 6월 초가 되면 힘있는 칡넝쿨이나 한삼넝쿨이 빠르게 성장하여 잘 자라고 있는 쑥, 질경이의 햇볕을 차단, 연약한 풀을 모두 고사시킨다.

■ 인간과의 관계

① 중국 역사상 가장 왕권이 길었던 한(漢)나라가 쉽게 패망한 이유

한왕조는 전한의 200여 년과 후한 200여 년을 합하여 약 400여 년 동안 계속되었다. 여태후의 득세가 끝나고 새로이 황제의 자리에 오른 명군인 5대 황제가 바로 문제(文帝)이다. 문제는 역사상 검소하기로 이름난 황제로 즉위한 지 얼마 안 되어 봄에 친히 전답을 갈아 농업과 누에치기를 하는 등 농업을 장려하는 데 솔선수범을 보였다. 또한, 농민에 대한 조세와 부역을 경감시키는 한편 자신 스스로 검소와 절약으로 법과 제도를 개량하고 깨끗한 사람을 등용하는 어진 정치를 베풀었다. 그 뒤를 이어 경제(景帝)가 즉위하여 아버지를 본받아 백성을 다스리고 법과 제도를 잘 정비하였다. 이처럼 정치와 경제가 안정되는 시기를 우리는 '문경지치(文景之治:기원전 179~141년)' 라고 칭한다. 기원전 141년 경제의 뒤를 이어 황태자 철이(徹) 전한의 황금시대를 이룬 무제(武帝)가 된다. 그는 정치적으로는 유가의 사상을 받아들여 중앙집권을 강화, 경제적으로는 화폐제도를 통일하였고 태학을 설치하여 유교적 덕목에 의해 관리를 선출하였으며 흉노와의 관계에서도 강경책으로 전환하였다. 아울러 장건을 통하여 서역과의 비단길(실크로드)을 개통하여 서역과 본격적으로 비단, 약재 등 교역의 문을 열기도 하였다. 이 시기를 역사적으로 '정관지치(貞觀之治)' 라고 부른다.

하지만 후한의 후반기에 들어 외척과 환관들의 발호로 정치는 문란

해지고 백성들의 생활은 극도로 어려워져 갔다. 먼저 외척 양기는 후한 순제(順帝) 때 황후의 오빠로서 전권을 잡고 이어 충제, 절제, 환제 등 4대에 걸쳐 20년 가까이 정치를 멋대로 하였다. 환제는 점차 양기에 대한 반감을 갖게 되었고 마침내 양씨 일족을 몰아내기로 결심한다. 마침내 서기 159년 환관 당형, 단초 등의 힘을 얻어 외척 양기를 몰아내는 데 성공하지만 외척 양기를 몰아내고 나자 이제는 환관들이 양기 토멸을 공로로 모두 관직 등을 독점하고 전횡을 휘둘르기 시작하였다.

이러한 외척들과 환관들의 비리와 횡포, 전횡, 또한 관리들의 토지 겸병과 조세의 징발은 날로 심각해졌으며 아울러 가뭄과 홍수, 메뚜기 떼 등의 피해도 잇달아 선량한 백성 또는 농민들에게 피해가 전가, 무거운 조세와 힘들고 핍박된 생활을 하는 것보다는 차라리 거처를 버리고 야반도주나 산적이 되는 것이 나았다. 이렇게 좌절과 실의에 빠진 농민들 틈 사이에 '장각'이라는 사람이 이끄는 신흥 도교적 종교인 "태평도(노자, 老子)"가 도를 가르친다는 명목으로 사람들을 모아 신앙단체가 급속히 전파, 서기 184년 대규모 농민반란이면서 후한의 왕권타도를 외친 "황건(黃巾)의 난"을 촉발시켰다.

이리하여 이 황건적의 난을 진압하기 위하여 각지에서 군웅이 할거하게 되었는데 역사적으로 유명한 위(魏)나라의 조조, 촉(蜀)나라의 유비, 오(吳)나라의 손권 등 천하를 삼분하여 대치하게 되는 삼국(三國)시대가 열리게 된다. 마침내 후한은 마지막 황제 헌제가 조조의 아들 조비(曹丕)에게 선양함으로써 400여 년의 막을 내리고 패망하게 된다.

② 고려 말 권문세족의 부정부패와 전횡

"요즘 들어 간악한 도당들이 남의 토지를 겸병함이 매우 심하다. 그 규모가 한 주(州)보다 크기도 하고, 군(郡) 전체를 포함해 산천으로 경계를 삼는다. 남의 땅을 조상으로부터 물려받은 땅이라고 우기면서 주인을 내쫓고 땅을 빼앗아 한 마지기 주인이 대여섯 명이 넘기도 하며 전호들은 세금으로 소출의 8~9할을 내야 한다."

이는 「고려사」가 기록하는 고려 말의 사회상이다. '간악한 도당'은 권문세족을 일컫는다. '군 전체를 포함해 산천으로 경계를 삼을 정도의 농장'은 권문세족들이 얼마나 많은 토지를 가지고 있었는지를 말해준다. 그렇다고 그들이 토지의 주인이었던 것은 아니다. 고려의 토지제도인 전시과로 볼 때, 그들은 세금을 받는 토지의 전주(田主)일 뿐 토지의 본래 소유주는 전객이다. 전주의 권리는 나라에서 봉록으로 내준 토지의 10분의 1세를 받을 권리만 갖는다. 그런데 토지의 주인이 대여섯 명이란 것은 힘을 가진 권문세족이 갖은 수단과 방법으로 토지의 소유권을 주장해 농민들에게서 세금을 강탈했다는 이야기이다. 또한, 농민들은 권문세족이 있는 개경으로 세금을 내러 갈 때 그 운반비도 전액 부담해야 했으며, 여기에 온갖 부역 등으로 평민들의 삶은 이루 말할 수 없었다. 이러다 보니 농사를 지어봤자 세금 내면 남는 게 아무것도 없었고, 차라리 농토를 떠나 유랑민이 되어 걸식하거나 산으로 올라가 산적이 되었다.

이처럼 고려 말 권문세족의 병폐는 그들이 정권장악으로 근본적인 국가정치를 문란 시켰으며 측근세력의 형성으로 신분 질서를 와해시키고, 개인적인 재산축적으로 국가재정을 궁핍하게 하고, 백성들에 대한 수탈과 착취로 민심을 이반시켰다. 드디어 급진적인 개혁세력인 정도전, 이성계 등에게 개혁과 혁명의 빌미를 제공하는 단서가 되었다.

■ 행복의 비결

역사적으로 보면 관리들의 부정부패 만연, 권력의 횡포 등 정치, 경제, 사회가 비정상적인 국가는 백성들의 삶이 고달프고 원성이 높아져 반드시 멸망에 이르렀다. 한나라도 400년의 역사와 전통을 갖고서 한때 '문경의치와 정관지치' 등 정치, 경제적으로 안정되어 태평성대를 구가하였지만, 후반기에 들어 외척, 환관의 횡포, 전횡으로 백성들이 등을 돌리기 시작하여 농민반란, 황건의 난 등으로 끝내는 패망하였다. 역시 고려도 고려 말 소수 권문세족의 전횡, 무리한 탐욕, 권력의 독점 등으로 백성들의 원성이 극도로 달해 멸망가도를 재촉하였다.

이른 봄이면 들판에 쑥, 제비꽃, 민들레, 질경이, 산딸기, 시계 풀, 잔디 외에 수많은 이름도 모를 초목이 따스한 햇볕을 받으며 자기 나름대로 영역을 확보하여 자연스럽고 평화롭게 무럭무럭 성장하고 있는 모습을 볼 수 있다. 하지만 시간이 지나 5월 말이나 6월 초순쯤이 되면 난데없이 쑥쑥 자라는 칡넝쿨과 한삼넝쿨로 인하여 연약한 쑥이나 제비꽃은 햇볕을 받지 못한다.

지금도 세계도처에는 자연의 칡넝쿨처럼 힘이 센 국가가 교묘한 방법과 명분으로 간섭하여 정치, 경제, 사회, 문화 등 여러 분야에서 수탈과 착취를 하며 약소국가를 괴롭히고 있다. 우리 사회에서도 힘이 있는 자는 힘을 더욱 강화하여 약한 자들의 영역을 넘나들면서 영역을 침범, 영향력을 심화시키고 있다. 그렇지만 자연의 법칙은 강한 자에게만 늘 기회를 주는 것은 아니다. '강한 칡넝쿨과 한삼넝쿨도 한여름 강한 절정기의 햇빛이 지나가고 가을의 문턱이 다가오면 연약한 유홍초에게 햇볕을 차단당하여 그들도 늦가을 햇빛과 함께 서서히 사라지기' 시작한다.

이처럼 모든 만물에서 영원한 강자가 없는 것처럼 우리 인간의 경우도 영원한 강자도 영원한 약자도 없다. 모든 것은 순환하게 되어있고 변화하게 되어 있다. '모든 것은 지나간다.' 고통도 지나가고 불행도 지나가고 슬픔도 언젠가는 지나간다. 반대로 힘이 센 국가도, 힘이 있는 자도 언젠가는 입장이 서로 바뀔 수 있다. 우리 속담에 '하늘이 무너져도 솟아날 구멍은 있고, 쥐구멍에도 볕 들 날이 있다.'는 말처럼 열심히 노력하여 때를 기다리는 사람에게는 반드시 기회가 오는 것이 우주 만물의 필연적인 법칙이다.

옥수수는 강한 폭풍우 속에서도 튼튼한 뿌리 때문에 굳세게 생명을 유지한다

《조(趙)나라의 인상여와 화씨벽(和氏璧)》

■ 자연의 실상

들판에서 자란 옥수수의 뿌리는 여름철 거센 비바람에도 불구하고 쓰러지지 않고 견고한 모습으로 지탱, 오로지 열매를 맺기 위해 열정을 다하면서 그 수명을 마감한다.

• 여름철 들판의 옥수수는 성장이 거의 마무리되면 그 길이가 꽤 높고 여기에 많은 열매까지 맺게 되어 무척 무겁지만, 거센 비바람이나 폭풍우가 불어도 쉽게 넘어지지 않는다. 이는 뿌리가 땅속에서 기본 밑뿌리, 제2의 뿌리, 제3의 뿌리로 튼튼하고 안전하게 자리를 잡고 지탱하여 주기 때문으로 웬만한 폭풍우에도 잘 견디어 유지된다.

■ 인간과의 관계

조(趙)나라 「인상여」, 진(秦)나라로부터 「화씨벽」을 완벽(完璧)하게
돌려받다

중국 전국시대 조나라 말기, 진나라는 다른 여섯 나라보다 월등한
국력으로 우세를 보였고 조를 제외한 다른 다섯 나라는 결코 진의 적
수가 되지 못했다. 진은 여러 차례 조를 공격했으나 한 번도 정벌의 목
적을 달성하지 못했고, 특히 대장군 「염파」는 도저히 공략할 수 없었
다. 이에 진왕은 다른 방법으로 조를 치기로 마음먹었다. 진왕이 택한
방법은 조와 거짓으로 화친을 맺은 다음 외교적 수완을 이용하여 조나
라를 수세로 몰아간다는 것이었다.

그리하여 기원전 283년, 진은 조(趙)나라 혜문왕(惠文王)이 천하의 보
옥이라 일컫는 희귀한 보물인 「화씨벽(和氏璧)」*을 손에 넣었다는 소문
을 듣고 사신을 보내 '진의 성지 열다섯 채와 조의 화씨벽을 바꾸고 싶
다는 의사'를 전했다. 이는 사실상 선전포고에 가까운 위협이었다.

조나라는 진나라가 약속을 지키지 않고 공연히 속임수를 부려 국가

---

*「화씨벽」이란 초(楚)나라 변화(卞和)가 초산에서 얻은 옥이다. 변화는 당시 그것을 왕
에게 바쳤다. 왕은 돌을 가지고 옥이라 속이려 한다는 죄목으로 변화의 발꿈치를 잘랐
다. 변화는 그래도 굴하지 않고 다음 대의 왕에게 옥을 바쳤다. 역시 남은 발꿈치마저
잘렸다. 다음 왕이 즉위하자 변화는 3일 동안 통곡했다. 왕에게 사실이 알려져 그 옥
을 다시 감정케 한 결과 돌이 아닌 천하의 보물임이 밝혀졌다. 그것이 지금의 화씨벽
이다.

| 자연을 느낄 때 행복이 움튼다 |

위신을 훼손하지 않을까 두려웠다. 그렇다고 화씨벽을 넘겨주지 않을 경우 진이 이것을 구실로 군사 공격을 해올 수 있어서 조는 진퇴양난에 처하게 되었다.

이러한 상황에서 조의 혜문왕은 대장군 염파를 위시한 중신들을 모아놓고 그 대책을 물었다. 그러자 「무현(繆賢)」이 말했다.

"진나라의 요구를 거절하기는 어렵습니다. 15개 성을 떼어주겠다는 말은 옥을 차지하기 위한 속임수일 뿐입니다. 진나라의 노여움을 사지 아니하고 실리를 거둘 수 있는 방법이 있습니다."

그는 자신의 비서로 있는 「인상여(藺相如)」가 지모와 용기를 갖추고 있어 일을 감당할 만하다고 추천했다. 혜문왕은 인상여를 불러 의견을 들었다. 인상여가 의견을 제시했다.

"화씨벽을 내주지 않으면 조나라에 구실이 있게 되고, 화씨벽을 내주었는데도 진나라가 조나라에 성을 내주지 않으면 진나라에 구실이 있게 됩니다. 차라리 화씨벽을 내주어 진나라에 부담을 지우는 것이 좋겠습니다."

"그렇다면 누구를 보낼 것인가?"

"적임자가 없으면 신이 가겠습니다. 화씨벽을 내주는 경우에는 15개 성을 찾아올 것이고 그렇지 못하면 화씨벽을 완전무결하게 다시 가져오겠습니다."

혜문왕은 인상여에게 화씨벽을 주어 진나라로 보냈다. 인상여는 진나라 소왕에게 화씨벽을 바쳤다. 소왕은 만족해하며 시첩(侍妾), 근시(近侍)들에게 돌려 구경시키고 성 이야기는 입 밖에 내지 않았다. 인상여는 예상한 대로 소왕이 보상할 뜻이 없음을 알고 소왕에게 말했다.

"화씨벽에는 본래 자그마한 하자가 있습니다. 신이 그곳을 지적해 드리겠습니다."

인상여는 화씨벽을 되돌려 받았다. 그리고 기민하게 몇 발짝 물러나 전각의 기둥을 끼고 서서 의연한 태도로 말했다.

"대왕께서 화씨벽을 욕심내어 15개 성과 바꾸자고 한 것은 실은 강대한 힘을 내세워 화씨벽을 거저 차지하려는 데 있습니다. 신이 화씨벽에 하자가 있다 한 것은 되돌려 받기 위해서였습니다. 대왕께서 위력으로 화씨벽을 뺏으려 한다면 신의 머리와 화씨벽은 같이 기둥에 부딪혀 옥쇄하고 말 것입니다."

인상여는 화씨벽을 들어 기둥에 부수려 했다. 소왕은 당황하여 손을 내저었다.

"가만 있거라. 성을 내어 주리라."

소왕은 담당자에게 지도를 가져오라 하고 조나라에게 떼어줄 15개 성을 일러주었다. 인상여는 속으로 성을 준다 하나 실은 조나라에 돌아오지 않을 것이라 여기고 말했다.

"화씨벽은 천하의 보물입니다. 조나라 왕께서 신에게 내어주실 때 5일 동안 목욕재계를 하셨습니다. 대왕께서도 그처럼 하신 후에 화씨벽을 받으십시오."

소왕은 하는 수 없이 그렇게 하겠다고 했다. 이때 인상여는 비밀리에 수행한 종자에게 화씨벽을 주어 조나라로 돌아가게 했다. 소왕은 목욕재계 후 5일 만에 인상여를 불러들였다.

"진나라가 목공 이후 20여 대를 이어 오늘에 이르기까지 국제간의 약속을 이행한 적이 거의 없습니다. 신이 대왕께 우롱당하는 것이 두려워 종자를 시켜 화씨벽을 본국으로 보냈습니다. 대왕을 기만한 죄, 죽어 마땅하니 주벌을 내려주십시오."

인상여가 말하자 소왕의 측근들이 달려들어 인상여를 끌어내 죽이려 했다. 소왕은 말리며 말했다.

"지금 인상여를 죽인다고 화씨벽이 돌아오는 것이 아니다. 풀어주도록 하라."

소왕은 인상여를 무사히 돌려보냈다.

인상여는 화씨벽을 완벽(完璧)하게 되돌려 옴으로 일약 상대부가 되었으며 진나라가 조나라에 위압을 가하지 못하게 한 공로로 상경(上卿)까지 올랐다.

- 렁청진《변경(辨經)》 중에서 -

■ 행복의 비결

심리학자 로버트 여키스와 그의 제자 존 도슨은 "지나친 긴장감과 각성을 가지고 일을 추진하거나, 너무 완벽을 기하려고 하다 보면 오히려 심리적인 부담감 때문에 일의 효율성을 떨어뜨릴 수 있다."고 했다. 하지만 조나라 혜문왕 시절 인상여(藺相如)의 '화씨벽' 사례는 상황이 완전히 달라 조나라가 풍전등화, 어려운 위기의 상황으로 진나라와의 외교관계는 매우 신중을 기하는 완전무결한 '완벽'을 요구하는 상황이었다. 즉, 그 당시 진나라는 다른 여섯 나라보다 월등하고 막강한 국력으로 이웃 나라인 조나라를 수단과 방법을 가리지 않고 침략하고자 구실을 만들었는데 마침 조나라 혜문왕이 화씨벽을 소지하고 있었으므로 진나라 소왕은 화씨벽을 탐하여 그것을 힘으로 빼앗고자 '진나라 15개 성과 바꾸자는 거짓 제의'를 하게 된다. 이때 인상여는 목숨을 걸고 "조왕에게 화씨벽을 내주는 경우에는 15개 성을 찾아올 것이고, 그렇지 못하면 화씨벽을 완전무결하게 다시 가져오겠습니다."하고 혜문왕에게 다짐했다.

이에 인상여는 소왕에게 화씨벽을 넘겨주면서 임기응변으로 화씨벽에 하자가 있다고 하여 상대편의 확실한 진의를 파악하였고, 과감하게 행동을 취하여 화씨벽을 기둥에 부수려 하며 소왕의 마음을 사로잡는 전략을 구사하였다. 이에 진의 소왕은 화씨벽에 끌려 인상여가 의도한 대로 쉽게 넘어가게 되었다. 반면 인상여는 시간을 벌면서 마침내 화씨벽을 비밀리에 다시 조나라로 돌려보내고 '혜문왕에게 약속한 사항'을 차질 없이 완벽하게 이행한다.

들판의 커다란 옥수수는 그 뿌리가 기본 밑뿌리, 제2뿌리, 제3뿌리를 소지하고 있어 여름철 거센 비바람에도 쓰러지지 않고 줄기를 안전하게 잘 지탱하여 견고한 모습으로 한 해를 마감한다. 조나라 「인상여」도 진나라로부터 화씨벽을 완벽하게 다시 되돌려 와 조나라 혜문왕에게 당초의 약속을 이행한다.

1592년 충무공 이순신 장군은 파격적으로 전라 좌수사로 부임한 이래 처음에는 호남지역 바다를 제대로 알지 못했다. 어느 바다에서 왜구를 대적하고 물리쳐야 할지 전혀 몰랐던 것이다. 그래서 그는 포구에 사는 남녀 백성들을 좌수영 뜰에 모아놓고 저녁부터 새벽까지 짚신도 삼고, 길쌈도 하게 하면서 밤만 되면 술과 음식으로 그들을 대접했다. 이순신은 평복차림으로 격의 없이 즐기면서 대화를 유도했다. 백성들은 처음에는 장수 신분인 그를 두려워했으나 시간이 지날수록 인간적인 모습에 매료돼 함께 웃으며 격의 없이 농담까지 주고받는 사이가 됐다. 주로 어업에 종사하던 백성들은 '어느 항구는 물이 소용돌이쳐서 반드시 배가 뒤집힌다.' 또 '어느 여울은 암초가 숨어 있어 반드시 배가 부서진다.' 는 등 지형정보를 소상하게 얘기해 주었다. 이순신은 이를 기억했다가 다음 날 아침 현장에 직접 나가 살폈다. 거리가 먼 곳은 휘하 장수를 보내 살펴보게 했는데 과연 백성들이 이야기한 그대로였다.

이순신 장군은 향후 '아군의 적은 병력과 장비로는 많은 왜군을 진압하는 데 반드시 험난한 위기가 올 것을 예견' 하고, 평상시에 자연과 지형지물을 최대한 활용할 수 있는 지역을 물색했다. 드디어 1597년 정유재란 시 명량대첩에서 넓은 진도의 벽파진보다도 폭이 300야드밖에 되지 않고, 물결이 거센 해남의 울돌목을 최대의 격전지로 선택, 불과 13척의 함선으로 133척의 적선을 격파하여 '완벽한 대승' 을 거두었다.

세계에서 가장 오래 생존한 미국 화이트마운틴 「브리슬콘 소나무」는 무려 4,862년이나 생명을 유지하여 왔다. 그 기나긴 세월의 생명력을 유지하여 오는 데는 주변의 외적 자연환경에 대한 철저한 적응과 변신, 내부적으로는 나무 자체의 빈틈없는 상호 공존적인 친화력을 유지는 데 있다. 예를 들면, 고지대의 눈보라와 차가운 기온, 건조한 강수량, 천둥·번개, 강한 폭풍우 등에 대한 그때그때의 유연한 변화와 적응력이다. 또한, 자기 내부의 줄기와 가지, 잎, 뿌리 등이 혼연일체가 되어 때로는 에너지 소비를 최대한 줄이고, 희생하면서 기본 줄기를 철저하고 완벽하게 떠받쳤을 것이다.

현대 경영학의 대부라고 불리고 있는 피터 드러커(Peter Ferdinand Drucker)는 그의 인생을 보다 완벽하고 가치 있게 살아가기 위해 1930년대 중반 그 당시 촉망받는 은행업을 과감하게 사직하고 '새로운 인생의 키워드'를 찾아 나선다. '세상에서 가장 가치 있는 삶은 무엇인가', '이 시대에 가장 필요한 일은 무엇인가'라는 질문에 스스로 답을 찾으면서 그 숙명적인 키워드가 바로 '인간경영'이라는 것을 찾아냈고, 자기 스스로 가장 즐거워하며 평생 그것을 위하여 열정을 바치면서 생을 마감했다.

우리도 주변 환경에서 자기가 바라고자 하는 것 또는 목표로 하는 것에 대하여 많은 관심을 갖고 찾아보고, 살펴보고, 느껴보고, 감동해야만 보다 확신을 갖게 되고, 구체적으로 그 목표로 하는 것을 얻을 수 있을 것이다. 평상시 자기가 좋아하는 것에 대하여 즐거움을 느끼고 꾸준히 집중하다 보면 마치 '물 한 방울 한 방울이 끈질기게 지속적으로 낙하하여 바위의 구멍을 뚫어 버리는 것처럼' 반드시 그 뜻이 이루어질 것이다.

| 자연을 느낄 때 행복이 움튼다 |

식물의 기본 줄기는 오로지 가지나 넝쿨이
잘 자라도록 도와줄 뿐이다

《산과 들은 초목에 보금자리만 제공한다》

■ 자연의 실상

나무의 기본 큰 줄기는 오로지 주변의 새로운 가지들이 싹을 돋아서 튼튼히 잘 자라날 수 있도록 영양을 공급하여주고 도와줄 뿐이다.

• 오이, 호박 같은 넝쿨 식물의 기본 줄기는 오로지 뿌리를 통하여 가지의 넝쿨이 항상 튼튼하고 싱싱하게 잘 자랄 수 있도록 모든 영양을 공급하여 줄 뿐이다.

■ 인간과의 관계

오로지 '산과 들'은 초목이 잘 자라도록 '자리만 만들어 줄' 뿐이다

 봄이 되면 산과 들에 차가운 겨울 동안 숨을 죽이고 묻혀있던 수많은 초목이 무거운 겉옷을 벗어 던지고 잉태되어 싹을 틔운다. 일부 연하고 푸르스름한 싹은 봄을 시샘하는 찬바람이 불면 땅속에서 달아 오는 열기와 기세를 잃어버린 채 곧바로 새싹을 움츠리기도 하지만 대부분 싹은 따스하게 내리쬐는 태양 볕 아래 활짝 기지개를 켠다.
 낮은 산언저리에는 어느새 산수유가 소리도 없이 은은한 노란 꽃을 피우기 시작하고, 성질 급한 진달래는 화려한 연분홍 꽃을 산 이곳저곳에 피우며 모든 만물에게 봄이 왔음을 암시하고 은근히 재촉한다.
 들에는 아지랑이가 따뜻한 봄기운에 못 이겨 어른어른하면서 봄의 여흥을 즐기고, 흥에 취한 종달새는 가는 시간이 마냥 아쉬워 제자리를 맴돌면서 노래하며 지저귀고, 인적이 드문 시골 어느 오솔길에는 수줍음을 많이 타는 연보라 제비꽃이 어느새 예쁘게 치장을 하여 지나가는 나그네의 눈길과 발걸음을 멈추게 한다. 차가운 봄바람을 마냥 그리워한 민들레꽃은 바람과 함께 춤을 추면서 나비를 유혹하고, 빨갛게 주렁주렁 몸치장한 산딸기는 지나가는 아낙을 유혹하여 입술을 맞추게 하며, 지난 긴 겨울 동안 아낙들의 가슴을 애타게 조이면서 슬그머니 자기의 몸값을 올리고 있는 쑥은 따스한 봄의 향기에 취하여 자기도 모르게 쑥쑥 자란다.

이제 산과 들에 따스한 봄이 지나가고 여름이 오면 모든 초목은 저마다의 어린 시절의 아름답고 화려한 형형색색의 모습을 하나둘씩 접고 보다 성숙하여 지면서 더욱더 짙은 녹색으로 옷을 입기 시작한다.

가을과 겨울이 되면 초목들은 저마다 드러낸 고유의 색깔을 뒤로 하고 특색있는 열매를 맺으며 한 해를 마무리한 채, 새로이 돌아오는 다음 해를 위하여 부지런히 준비한다.

이처럼 산과 들의 초목이란 모든 생명체를 품에 안고 새싹을 트게 하며 마음껏 자라게 하고, 아름다운 꽃을 피우게 하여 시간이 지나면 자기들이 원하는 열매를 맺도록 한다. 오로지 초목에만 필요한 양분과 커다란 터전을 제공하고, 헌신과 포용, 아량을 베풀어 준다. 아울러 이러한 산과 들의 따뜻한 보살핌과 헌신은 초목으로부터 우리 인간에게 여러 가지 의식주를 해결하도록 도와주고, 더 나아가 봄, 여름, 가을, 겨울의 사계절이 수시로 변화하는 과정에서 많은 것을 배우거나 느끼도록 하여 거대한 자연으로부터 커다란 진리를 배우게 한다. 또한, 자연은 친구나 동반자로서 무한한 고마움을 느끼도록 하여 커다란 행복감을 주고 있다. 산과 들은 초목이 씨앗을 만들어 내고 그들이 내일을 위하여 생명을 잉태하도록 오로지 좋은 보금자리와 터전을 만들어 줄 뿐이지 그들을 꽉 붙잡거나 소유하려고 하지 않는다. 그들이 마음대로 자라고 뻗어나게끔 커다란 공간과 많은 시간을 주고 오로지 기다리고 있을 뿐이다. 이것은 마치 우리 인간이 '진흙으로 질그릇을 만들어 그 안을 비워 두고 그릇이란 커다란 도구로서 구실을 할 수 있게 하는 것'과 같다 하겠다.

■ 행복의 비결

봄이 다가와 따뜻한 햇볕이 내리쬐면 오이나 호박 같은 넝쿨 식물은 떡잎이 나오고 줄기가 형성되어 뿌리로부터 본격적인 영양분을 공급받아 하루가 다르게 무럭무럭 성장하기 시작한다. 이제 제법 모양을 갖춘 오이는 기본적인 줄기로부터 여러 개의 잎이 생기고 자라 넝쿨이 나오기 시작, 자라는 속도는 더욱더 빨라져 뿌리로부터 많은 수분을 필요로 하고, 강한 햇볕을 요구한다. 오이가 꽃을 피우기 시작하면 꿀벌들은 이른 새벽부터 오이꽃을 찾아다니면서 열매를 맺어준다.

여기서 관심을 갖고 보아야 할 점은 오이의 '기본 줄기는 뿌리로부터 모든 수분과 영양분을 공급받아 오로지 잎과 넝쿨, 열매가 잘 자랄 수 있도록 중요한 양분의 통로가 되어 헌신만 한다는 것'이다. 산과 들의 모든 초목이 그 품 안에서 싹을 틔우고, 마음껏 자라 아름다운 꽃을 피우며, 열매를 맺도록하여 그들의 터전이 되고 보금자리가 되어주는 것처럼 말이다.

우리 인간의 경우도 산과 들의 모든 초목이 숲 속에서 편안하게 잘 자라도록 터전을 마련해주고, 오이나 호박의 줄기가 그들의 새로운 가지가 오로지 튼튼히 잘 자랄 수 있도록 영양분을 공급하여 준 것처럼 다른 어려운 사람, 도와주어야 할 사람들을 위하여 희생하고 봉사하는 사람들이 있다. 예를 들면 「마리안느 스퇴거」 수녀(82)는 1962년 꽃다운 28세의 나이에 오스트리아에서 우리나라로 건너와 40년이 넘도록 소록도 나환자촌에서 나환자들의 진물을 맨손으로 닦아내고 대소변을 받아내면서도 웃음을 잃지 않으며 이국땅에서 평생 어려운 일을 소리 없이 해왔다. 더욱 눈물겹고 감동적인 것은 이러한 힘든 일을 소리 없이 하다가 모두가 잠든 새벽, 아무도 모르게 그곳을 떠나면서 짤막한 편지 한 장만 남겼다는 것이다.

"자신이 이젠 노인이 돼서 환자들에게 오히려 폐가 되기만 한다."

마리안느 수녀의 방에는 허름한 장롱 한 개가 살림의 전부였고 검소함이 몸에 배어 옷은 몇 번이고 꿰매 입었다. 또한, 한 달에 봉사료로 받은 10만 원도 환자들에게 다 털어주며 살았다고 한다.

60~70년대 우리 농촌의 어르신들은 자기 자신들은 못 먹고, 못 입고, 못 배웠지만 오로지 자기 자녀들이 객지에서 공부하고 생활하는 데 조금이라도 부족함이 없도록 손발 벗고 부지런히 피와 땀을 흘리면서 뒷바라지를 해주는 눈물겨운 희생을 하셨다. 1990년대 말에는 조기유학 열풍으로 가족이 서로 떨어져 이산가족의 슬픔을 겪는 속칭 '기러기 아빠'라는 신조어가 생겨났다. 가장인 아빠는 돈을 벌기 위해 혼자 고국에 남아 외로움과 고통을 견디며 자린고비 생활을 하고 타국에서는 어머니와 자녀들이 아버지 없는 서러움과 이방인의 고달픔을 느껴야만 했다.

'수놈 가시고기'의 새끼에 대한 사랑과 희생은 이루 말할 수 없을 정도로 헌신적이다. 수놈 가시고기는 새끼들의 산란을 위하여 우선 오붓하고 안전하며 튼튼한 집을 지어서 아름다운 암놈을 초대하여 집으로 데리고 온다. 암놈을 초대하는 것에 성공한 수놈은 암놈이 하루빨리 알을 낳을 수 있도록 구애와 스킨십을 동원한다. 드디어 암놈이 알을 낳기 시작, 알을 다 낳은 암놈은 처음에 자기가 들어온 반대쪽으로 머리를 밀어서 재빨리 둥지 밖으로 나가버린다. 그러면 수놈은 촌각의 시간도 놓치지 않고 달려들어 알 위에다 제 씨를 뿌린다. 그런 후 수놈은 알이 깰 때까지 1주일 정도 밤낮을 가리지 않고 입과 가슴지느러미로 물을 흔들어 완벽한 산란을 위한 맑은 산소를 공급하여 주고, 외부의 침입자로부터 알을 보호한다. 드디어 새끼들이 나올 즈음이면 수놈은 마를 대로 깡마르고, 기운도 없어 기진맥진한 몰골로 산란장 근방에서 죽어버리고 만다. 그 이후로 어미는 새끼들에게 자기의 몸까지 내주어 새끼들은 어미 살을 먹고 자라게 된다. 새끼들은 어미, 아비의 살을 1주일 정도 발라 먹고 자라나 먼바다로 떠난다.

또한, 우리 인간에게 꼭 필요한 꿀을 제공하는 일벌들의 희생과 헌신에 대하여 알아보면 일벌은 꿀벌 사회에서 가장 많은 수를 차지하면서 평생 일만 하다가 죽는다. 그들은 꿀을 모으는 일을 비롯하여 여왕벌이나 수벌의 시중을 드는 일, 애벌레를 기르는 일 따위를 한다. 일벌은 태어난 순서에 따라 해야 할 일이 정해져 질서 있게 임무를 수행한다. 날개돋이를 마치고서 일벌이 되면 3일간은 빈방을 청소하고, 4일째 되는 날부터는 애벌레에게 먹이 주는 일을 하며, 7일째 되는 날에는 꽃가루 반죽과 집수리를 하고, 10일째가 되면 집의 입구에서 꿀을 받거나 문지기 노릇을 한다. 그리고 드디어 20일째가 되면 꿀과 꽃가루를 모으러 밖으로 나간다. 이 일벌들은 참고로 겨울철에는 수명이 6개월 정도이지만, 일이 많은 봄이나 여름철에는 체력소모가 많아 35일 정도밖에 못산다.

「마리안느 스퇴거」수녀의 소록도 나환자를 위한 숨겨진 거룩한 희생, 60~70년대의 농촌 어르신들의 피와 땀, 기러기 아빠의 외롭고 고달픈 삶, 수놈 가시고기의 오로지 새끼들을 위한 열정과 눈물 어린 죽음, 일개미들의 일밖에 모르는 성실한 투지와 끈기는 우리 주변에 있는 모든 만물이 자기 주변에서 안정적으로 살아갈 수 있도록 먹잇감을 제공하여 주고, 때로는 반려자가 되고, 때로는 커다란 희생자가 되어 준 것이다.

지금 이 시각, 따스한 봄 소리와 함께 산수유, 진달래, 아지랑이, 종달새, 제비꽃, 민들레꽃, 산딸기, 쑥 등 무수한 초목과 새들이 봄의 기운과 정취에 취하여 꿈을 꾸면서 자기들만의 세상을 만들고, 꾸미고, 노래하고, 즐기고 있다. 또한, 나무의 큰 줄기 덕분에 주변의 작은 줄기의 나뭇가지들은 봄의 햇살에 의지하여 그들만의 연하고 부드러운 연두색의 푸른 싹을 보여주고 있다.

우리도 가정에서 어머니가 설거지, 빨래하기, 청소하기 등 통상 눈에 잘 보이지 않는 여러 가지 귀찮고 어려운 잔일을 늘 마다치 않고 봉사하여 주는 자애로운 모습을 볼 수가 있다. 또한, 자식 대학 수능일이 임박하면 오로지 자녀를 위하여 밤잠을 설쳐가면서 이것저것 도와줄 것이 없는지 노심초사 걱정하고 기도하는 모습을 많이 보게 된다. 요즈음 직장에서는 각자의 업무가 개별적으로 분담이 되어서 자기 스스로가 주어진 업무를 통상 처리하게 되어있다. 하지만 직장의 일이라는 것이 그때그때 주어진 분장에 의하여 기계적으로 처리되면 좋겠지만, 갑자기 급한 상황이나 돌발적인 상황, 긴급한 현안이 발생하면 눈코

뜰 새 없이 바빠진다. 이러한 상황에서는 마음만 급하지 자기가 우선 무엇을 먼저 처리하고 준비해야 할지 침착하게 판단하지 못하는 경우가 있다. 이럴 때 가슴이 따뜻한 상사가 자상하고 부드럽게 마음을 진정시켜 주면서 일에 대한 핵심과 큰 방향을 잡아주는 경우도 있고 동료직원이 딱한 모습을 옆에서 지켜보고 있다가 그냥 소리 없이 묵묵히 필요한 자료를 찾아주거나 조언을 해주고 시급하게 처리해야 할 많은 일을 마치 자기 일처럼 나서서 도와주는 경우도 있다. 또한, 친구 중에도 사업이나 직장, 가족 등의 문제를 누구에게 얘기할 수 없어 힘들어하는 경우에 밤새 잠 한숨 못 자더라도 친구를 위하여 흉금을 터놓고 애로사항을 들어주고 고민을 같이하여주는 친구도 있다.

우리는 비록 60~70년대의 농촌 어르신들의 피와 땀, 「마리안느 스퇴거」의 소록도 나환자를 위한 숨겨진 거룩한 사랑, 일개미, 수놈 가시고기와 같은 커다랗고 거룩한 희생이 아닐지라도 자기 주변 가정이나 직장, 친구들 사이에서 평상시 받은 사소한 도움이나 은혜에 대하여 '늘 고마움을 표시하고, 감사하는 마음'을 지녀야 한다. 우리는 남이 어쩌다 한 번 베푼 작은 친절에는 고맙다는 말을 잘하면서도 정작 누구보다 감사해야 할 가족에게는 그렇지 못하고 당연시하거나 오히려 투덜거릴 때가 더 많다. 이는 '가족은 내가 어떻게 하든 늘 거기에 붙박이처럼 있는 존재'라고 생각하고 있기 때문이다. 하지만 가족이라고 언제든지 같이 있을 수는 없다. '언젠가는 헤어지며 그 시간이 언제인지는 누구도 모른다.' 마찬가지로 직장이나 친구 사이에서도 항상 고마움과 감사의 표시를 잊어서는 안 될 것이다. 특히 요즈음과 같이 정이 메말라 각박하고 의지할 곳 없는 사회에서는 항상 자기에게 '고마워', '최고야', '희망이야'라고 말해주는 믿음직한 가족, 친구, 직장 동료가 꼭 있어야만 한다.

– 정현석 《꿈, 비전 그리고 목표》, 권오길 《생물의 섹스 이야기》,

이민규 《끌리는 사람은 1%가 다르다》 중에서 –

향나무 틈 사이로 자라난 장미꽃,
장애물로 인하여 더욱 활기차게 성장한다

《나일 강과 이집트 문명, 당나라 장순 장군의 탁월한 전략》

■ 자연의 실상

향나무와 함께 공생하면서 자라난 장미 넝쿨은 그냥 옆 노상에서 자라난
장미 넝쿨보다 더욱 활기차게 잘 자란다.

• 노상의 같은 뿌리에서 자라난 장미이지만, 바로 옆 향나무 사이로 가지
를 뻗은 장미 넝쿨은 유달리 줄기도 튼튼하며 키도 크고 꽃도 싱싱하다.
이는 향나무라는 주변 장애물이 햇볕을 가로막고 있기 때문에 오히려
이 장애물을 극복하여 더 많은 햇볕을 받고자 더욱 노력하며 성장하기
때문이다.

| 자연을 느낄 때 행복이 움튼다 |

■ 인간과의 관계

① 시련(試鍊)의 범람지인 「나일 강」을 개척, 이집트 문명을 이루어 내다

과거의 역사를 보면 자연조건이 지나치게 좋은 환경에서는 훌륭한 문명이 나타나지 않고, 오히려 어려운 지리적 위치나 가혹한 자연환경에서 훌륭한 문명이 발전했음을 알 수 있다. 아놀드 조셉 토인비 (A.J.Toynbee)는 문명을 일으킨 자연환경은 안락한 환경이 아니라 대부분 가혹한 환경이었다고 말한다. 역사적으로 자연환경이 좋은 나라는 오히려 발전에 뒤쳐졌다는 지적이다. 역사적으로 보면 고대문명과 세계종교의 발상지가 모두 척박한 땅이었다는 것이 이를 뒷받침하고 있다.

토인비는 가혹한 환경에 성공적으로 응전한 사례로 이집트 문명, 수메르 문명, 인도 문명, 안데스 문명, 중국 문명을 들고 있다. 이집트 문명을 일으킨 민족은 원래 아프리카 북부 지역에서 수렵생활을 하며 살고 있었다. 지금부터 5,000~6,000년 전 아프리카 북부를 걸치고 있던 강우전선이 북유럽 쪽으로 이동해 가자 아프리카 북부와 남아시아 지역은 빠르게 건조, 사막지대로 변해갔다. 이들에게는 이론상 세 가지의 선택이 있을 수 있었다. 그곳에 남아 기존의 수렵생활을 영위하면서 연명하거나, 그 자리에 남아 있으면서 수렵생활 대신 유목이나 농경 생활로 살아가는 방식을 바꾸거나, 마지막으로 거주지역과 생활

방식을 모두 바꾸는 것이었다. 세 가지 응전 중 어느 것을 택했느냐에 따라서 이들의 운명이 갈렸다.

그 자리에 남아 조상들의 방식대로 수렵생활을 계속했던 부족은 오래 가지 못하고 소리소문없이 사라졌고, 생활방식을 바꾼 부족은 아프리카 초원 지역의 유목민이 되었다. 그리고 '독사가 우글거리는 나일 강변 밀림지역으로 옮겨 농경과 목축을 선택한 부족은 마침내 찬란한 이집트 문명과 수메르 문명'을 일구어냈다. 나일 강변은 수량이 풍부하고 땅이 비옥해서 농사짓기에는 적합했지만, 해마다 반복되는 나일 강의 범람이 커다란 시련이었다. 해마다 반복되는 범람 시기를 예측하기 위해 자연을 연구한 천문학과 태양력이 발달했고 범람 후의 경지 측정을 위해 기하학이 발달하였다. 범람을 막기 위해 제방공사를 하는 과정에서 도르래가 발명되고 수레가 등장하였다. 그리고 이것이 피라미드를 건설하는 토목기술이 되었다.

고대 중국 문명도 마찬가지였다. 중국에는 양쯔 강과 황허 강 두 개의 큰 강이 대륙을 가로지르고 있다. 양쯔 강 유역은 기후가 따뜻한 데다 강물의 흐름이 완만하고 농토가 비옥하여 농사짓기에 안성맞춤이었다. 하지만 쿤룬 산맥에서 발원하여 발해만으로 흐르는 황허 강은 혹독한 추위로 겨울이면 얼어붙어 배가 다닐 수도 없었다. 더구나 해마다 범람을 반복하여 수많은 생명과 재산을 앗아갔다. 그렇지만 고대 문명을 일으킨 지역은 양쯔 강이 아니라 바로 험난한 황허 강 주변이었다.

② 어렵고 불리한 전투상황을 승리로 이끈 당나라 장수 「장순」

당나라 현종 당시 절도사 안녹산은 재상 이림보의 비호와 양귀비 총애 아래 막강한 권력을 소지하였다. 하지만 이림보가 죽고 양국충이 재상에 오르자 갑자기 변방에서 반란을 일으키며 파죽지세로 쳐들어와 지방관아를 하나둘씩 점령하였다. 하지만 충성스러운 장수 「장순」만은 끝내 투항을 거부했다. 그뿐만 아니라 그는 군사 3천을 이끌고 홀로 옹구성을 지켰다. 그러자 안녹산은 투항한 장수 영호조에게 병력 4만을 주어 옹구성을 포위하도록 했다. 이 싸움에서 장순의 기습공격이 몇 번 성공하기는 했지만, 병력에서 워낙 큰 차이가 나는 터라 더는 성을 지키기가 힘들었다. 그때 장순은 삼국시대(위, 촉, 오)의 제갈량이 안개가 자욱한 때에 짚더미가 실린 배를 이용하여 많은 화살을 얻어 낸 전략을 생각해 냈다. 그는 즉시 병사들을 시켜 짚더미를 모아 사람의 모양으로 만들고 검은 옷을 입힌 다음 한밤중에 몰래 이를 성 밖으로 떨어뜨렸다. 이를 본 영호조는 장순의 병사들이 또다시 기습을 감행하는 것이라 생각하고 서둘러 병사들에게 활을 쏘라고 명령했다. 곧 장순의 거짓 지푸라기에 화살이 빗발치듯 쏟아졌고, 장순은 덕분에 화살 10만 개를 손쉽게 얻을 수 있었다. 영호조는 날이 밝은 후에야 비로소 자신이 장순의 속임수에 넘어갔다는 사실을 알게 되고 후회하였지만 이미 때는 지나간 뒤였다.

다음날 밤, 장순은 또다시 병사들의 옷을 입힌 허수아비를 성 밖으로 떨어뜨렸다. 영호조의 병사들은 이에 우리가 똑같은 수법에 속아 넘어가겠는가 하고 비웃었다. 한편, 이를 지켜보던 장순이 곧 정예병 5백을 성 밖으로 내보냈고 영호조의 진영에서는 단 한 사람도 그런 사실을 알아채지 못했다. 장순 쪽의 병사 5백 명은 어둠을 틈타 신속하게 적의 진영에 잠입해 공격을 시작했고, 영호조의 진영은 순식간에 혼란에 휩싸였다. 장순은 이 기회를 놓치지 않고 나머지 병력을 모두 이끌고 성을 나와 목숨을 걸고 싸웠다. 결국, 이 싸움에서 장수 장순은 여건이 불리한 상황에서 교묘한 전략과 지혜를 이용하여 끝까지 옹구성을 사수했다.

– 이영직《세상을 움직이는 100가지 법칙》,

왕경국, 장윤철《나를 망치는 것은 나 자신뿐이다》중에서 –

■ 행복의 비결

영국의 역사학자 아놀드 조셉 토인비(A.J.Toynbee)는 그의 저서 《역사의 연구》에서 인류의 역사를 '도전과 응전'의 과정으로 보고 외부의 도전에 효과적으로 응전한 민족이나 문명은 살아남았지만, 그렇지 못한 문명은 소멸하였다고 전했다. 즉, 자기의 주변 환경에서 어려운 시련이나 역경이 닥쳐왔을 때, 이러한 여러 가지 어려운 도전을 오히려 기회로 삼아 이것을 자기에게 유리한 방향으로 이용하고 변화시켜 슬기롭게 극복하여만 살아남아 번영할 수 있다는 것이다.

그는 이러한 역경을 극복한 좋은 사례로서 '청어 이야기'를 소개하고 있다. 주로 청어는 영국의 육지와는 멀리 떨어진 북해나 베링해협 같은 먼바다에서 잡히기 때문에 통상 영국인으로서는 싱싱한 청어를 먹기가 쉽지 않았다. 이는 청어가 배에 싣고 오는 오랜 시간 동안 대부분 죽어버리기 때문이다. 그래서 영국에서는 살아있는 청어는 냉동 청어에 비해 가격이 훨씬 비싼 값에 팔렸다. 그런데 어느 날, 한 어부가 살아있는 청어를 수산시장에 대량으로 공급하기 시작하였다. 그 비결은 바로 운반해 오는 수조에 '청어가 가장 싫어하는 메기 몇 마리를 같이 넣었던 것'이다. 그중 청어 몇 마리가 메기의 먹이가 되어 희생될지라도 대다수의 나머지 청어는 죽지 않고 살아남기 위하여 필사적으로 움직이고 활동하여 끝내는 싱싱한 청어로 살아남게 된다는 것이다. 독일의 심리학자 아하(N.K.Ach)는 "인간이 살아가는 데 어느 정도의 적당한 '도전과 자극'은 오히려 삶의 촉진제로써 필요하다"고 역설하였다.

'같은 장미지만 유달리 향나무라는 장애물 틈 사이에서 자라난 장미가 왜 키도 크고, 줄기도 굵고, 튼튼하게 자라날까?' 향나무의 줄기와 가지, 잎은 보통의 장미밭에 위치한 넝쿨터전보다 키도 크고 잎이 빽빽하여 장미로서는 도저히 햇볕을 받아보기가 어렵다. 장미는 오로지 살아남기 위해서 필사적으로 향나무와 같이 보조를 맞추거나 보다 빨리 성장을 해야만 생존할 수 있는 것이다. 나일 강 주변에 정착한 인간들은 살아남기 위해서 매년 정기적으로 범람한 홍수를 극복해야만 했다. 그래서 그들은 하늘과 태양 등 주변 여건과 지형, 날씨, 자연을 면밀히 관찰하고 천문을 연구해서 기후를 사전에 예측했으며, 제방을 막기 위한 토목기술을 개발했다.

당나라 장수 장순은 자기의 병력보다 몇십 배나 많은 적이 본거지인 옹구성 함락을 위해 쳐들어오는 커다란 위기에 직면했지만 장순은 당황하지 않고 침착했다. 이 위기를 극복하기 위해서는 적들과 똑같은 방법으로는 어렵다고 보고, 적이 생각하지 못한 '위장전술'의 차별화 전략을 사용함으로써 대승을 거뒀다. 그리스 시대의 대서사시 호메로스의 《오디세이》의 주인공인 영웅 「오디세우스」는 '트로이 전쟁이 끝난 후 고향인 이타가로 돌아가는데 수많은 난관과 도전'을 강한 투지와 집념으로 극복하면서 무사히 도착한다. 하지만 영웅 오디세우스는 귀환과정에서 이러한 험난한 난관과 고통, 시련이 없었다면 오히려 승리감에 도취하여 자신 스스로 나태해져 무사히 고향에 돌아가지 못할수도 있었다고 말했다. 고슴도치는 날씨가 추워지면 서로 모여들어 체온을 나누는 습성을 가지고 있는데, 다만 자기 몸에 가시가 있기 때문에 상대편을 배려해서 일정한 간격을 유지한다고 한다. 하지만 서로 간에 차가운 추위를 극복하기 위해서는 가시에 조금 찔리더라도 아픈 고통을 이겨내고 보다 가까이 접근하여 밀착해야만 체온을 보존하고 따뜻함을 느낄 수 있을 것이다.

'새들은 바람이 가장 세차게 부는 날을 일부러 선택하여 자기들의 집을 짓는다고' 한다. 바람이 불지 않는 따스하고 평온한 날을 잡아서 집을 지으면 될 텐데 왜 그럴까? 그것은 바람이 가장 많이 부는 날 지은 집은 강한 바람에도 무너지지 않고 바람이 불지 않는 날 지은 집은 가벼운 바람에도 그냥 허물어져 버리기 때문이다. '스스로 강한 비바람이란 어려운 도전을 선택하여 튼튼한 집을 짓는 것'이다.

우리 주변에도 늘 순탄하고 좋은 환경만 조성되는 것은 아니다. 뜻하지 않은 돌발 변수나 예측하지 못한 상황이 주변에서 얼마든지 발생할 수 있다. 이럴 때일수록 당황하지 말고 가장 중요하고 근본적인 것이 무엇인지를 재확인하고, 보다 차분하고 냉정한 자세로 주변을 정리하여 새로운 위기를 유연하게 맞이해야 한다. 그 이후로 시간이 조금 지나고 나면 자기 자신이 주변 상황이나 환경에 대하여 미처 보지 못한 새로운 사실들을 하나둘씩 발견하게 되어 사물에 대한 정확한 진면목을 알 수 있게 되고, 매사를 냉철하고 객관적으로 보는 안목과 시야가 생겨 모든 사물을 종합적으로 볼 수 있는 통찰력을 발휘하여 어려운 위기상황을 잘 극복할 수 있을 것이다.

삼라만상의 초목들은 여름철의 강한 폭우에 스스로 잘 순응하면서 자란다

《파비우스와 한니발, 인내와 기다림으로 성공한 비스마르크》

■ 자연의 실상

삼라만상의 초목은 여름철 강한 폭우를 그 잎과 줄기를 통하여 자연스럽고 유연하게 지면으로 내려보내면서 다음을 준비한다.

• 삼라만상의 수목은 여름철 폭우가 쏟아질 때 그 많은 빗방울을 그들의 잎을 통하여 자연스럽게 아래로 내려보내고 늘 낮은 자세로 다음을 준비한다. 하늘에서 억수같이 뿌린 그 많은 물줄기는 줄기를 통하거나, 또는 땅속이나 수풀 속으로 스며들면서 처음에는 조그마한 물줄기에 불과하지만, 나중에는 점점 큰 물줄기가 되어 세차진다. 이 물줄기는 작은 골짜기로 이동하고, 작은 골짜기의 물은 곧바로 큰 골짜기로 이동하여 더 나아가 냇가와 강으로 흘러 나중에는 망망대해로 돌진한다.

| 자연을 느낄 때 행복이 움튼다 |

■ 인간과의 관계

① 기다림과 지연전술의 대가 「파비우스」, 명장 「한니발」을 격파하다

《플루타르코스 영웅전》에서 로마 시대 장군 중 최고의 장군으로 파비우스를 꼽았다. 그는 페리클레스와 파비우스 모두를 훌륭한 정치가이자 군인으로 보았다. 그러나 이 두 사람의 통치 당시 사정은 판이했다. 페리클레스는 아테네의 위세와 번영이 절정일 때 권좌에 올랐다. 반면 파비우스는 로마가 한니발 장군의 침범으로 국론이 분열되는 최악의 상태에서 국가운영을 책임지고 있었다. 말하자면 페리클레스는 국가 번영기의 리더였다. 그는 번영을 유지 관리하고 국민이 이벤트나 즐기며 만족하는 그런 상황에 있었다. 하지만 파비우스는 로마군대가 패전하고 집정관이 살해당했으며, 부하들의 시체가 강물을 이루는 등 국가 위기상황의 리더였다. 그에게는 전쟁승리는 물론 국민정신까지 회복시켜야 하는 임무가 주어져 있었다. 그는 로마인을 짓누르는 역경과 무서운 시련에 조금도 흔들이지 않고 목적했던 정책을 강한 인내심으로 꾸준히 밀고 나간 사람이다. 그래서 플루타르코스는 파비우스에 대하여 불요불굴의 큰 인물로 극찬했다.

파비우스는 매사에 중요한 의사결정과 그 집행을 최대한 늦추었다. '그는 사자와 같은 날카로운 통찰력과 깊은 사려 속에서 결정하는 행동을 취했다.' 그는 카르타고의 장군 한니발이 알프스를 넘어 이탈리아 중심부로 빠르게 진격해 올 당시 로마를 통치하고 있던 지도자의

한 사람으로서 그를 지지하는 층은 극소수에 불과했다.

그는 '기세가 한창 오른 한니발과 맞붙으면 여러 가지로 전세가 불리하다고 보았고, 대신 동맹국과 결속을 다지는 전략'을 주장했다. 그의 동료 집정관인 카이우스 플라미니우스는 성미가 급하고 저돌적이었다. 나중에 그는 한니발의 작전에 말려들어 살해되고 만다. 파비우스는 전황을 예의 주시하면서 한니발의 군이 지치고 스스로 무너지도록 기다렸다. 내부분열 등의 문제가 일어날 때까지 기다리는 지연작전을 고집했다. 그는 카르타고의 군량이 바닥난 사실을 알고 그들이 주둔해 있는 농촌 지역을 황폐화해 더는 군량 조달을 못 하게 만들었다. 그는 급히 행동으로 옮기는 것보다 신중을 거듭하면서 지연작전을 폈다. 마침내 지연작전은 성공을 거두고 필요한 군량을 조달하지 못한 한니발 군대는 결국 로마에서 철수했다.

② 오랜 기다림 속에서 마침내 기회를 잡아 독일을 통일한 「비스마르크」

1847년 오토 폰 비스마르크(Otto Eduard Leopold von Bismarck)는 32세의 나이로 프로이센 연합의회 의원이 되었다. 그에게는 든든한 동맹자도 친구도 없었다. 비스마르크는 자신이 동맹자로 삼을 사람은 의회의 자유주의자들이나 보수 세력도, 특정한 각료나 국민도 아니라고 생각했다. 그는 왕인 프리드리히 빌헬름 4세를 동맹자로 삼기로 했다. 언뜻 보기에는 이해할 수 없는 선택이었다. 당시 빌헬름 4세는 권력이 약해져 있었기 때문이다. 또 빌헬름 4세는 유약하고 우유부단한 인물로서 자유주의자들에게 굴복하기 일쑤였고 결단력도 없었으며 정치적으로도 비스마르크와는 상반된 입장이었다. 하지만 비스마르크는 '수시로 빌헬름 4세를 찾아가 비위를 맞추었다.' 왕의 부적절한 행동에 대해 다른 의원들이 비난할 때도 혼자 왕의 편을 들었다.

마침내 비스마르크는 그러한 노력에 대한 보답으로 1851년 장관이 되었다. 그때부터 그의 본격적인 움직임이 시작되었다. 그는 왕을 설득해 군사력을 증강하고 자유주의자들에게 대항하게 하였으며 자신이 원하는 대로 행동하게 하였다. 또한, 왕에게 단호한 태도와 위엄을 가지고 통치하도록 권유했다. 이윽고 점차 권력을 회복한 왕은 다시 한번 프로이센에서 가장 강력한 존재가 되었다.

1861년 프리드리히 빌헬름 4세가 사망하자 그의 동생 빌헬름이 왕위를 계승했다. 그렇지만 빌헬름은 비스마르크를 몹시 미워해서 그를 가까이 두고 싶어 하지 않았다. 한편, 그 당시 빌헬름 왕의 주변에는 왕의 권력을 무너뜨리고자 기회를 호시탐탐 노리는 적들이 있었다. 위태롭고 불안정한 상황에 대처할 능력이 없었던 빌헬름은 왕위에서 물러나는 것까지 고려해보았다. 이때 비스마르크가 교묘하게 왕의 환심을 샀다. 왕의 곁을 지키며 그에게 힘을 주었고, 결단력 있고 과감한 정책을 택하도록 조언했다. 왕은 적들을 저지하기 위하여 점점 비스마르크의 강력한 전술에 의존하게 되었고, 비스마르크를 싫어하면서도 그를 총리로 임명했다. 두 사람은 정책을 놓고 의견 충돌을 일으키는 일이 잦았지만(비스마르크가 더 보수적), 왕은 비스마르크에게 의지하지 않을 수 없었다. 비스마르크가 사임하겠다고 위협하면 오히려 왕은 그에게 굴복하곤 했다. 사실상 비스마르크가 정책을 좌지우지한 것이다.

시간이 흐른 후, 비스마르크는 프로이센 총리로서 힘을 발휘하여 독일 통일을 주도적으로 이끌었다. 빌헬름은 독일제국의 황제가 되었다. 그러나 실제로 권력의 정상에 있는 사람은 비스마르크였다. 그는 왕의 심복으로서, 세국의 총리이자 후작 작위를 받은 자로서, 모든 권력을 휘둘렀다.

– 존K.클레멘스 외《고전에서 배우는 리더십》,

로버트 그린《권력의 법칙》 중에서 –

■ 행복의 비결

작가 「플루타르코스」는《영웅전》에서 로마 시대의 장군 중 최고의 영웅으로 「파비우스」를 꼽았다. 파비우스는 그 당시 로마의 잦은 전쟁으로 인하여 백성들이 지치고, 국가재정도 바닥이 나는 등 최악의 어려운 시기의 리더였다. 그는 주변의 어떠한 어려움이 닥치더라도 흔들리지 아니하는 냉정한 자세와 자제력, 커다란 인내력이 필요하다는 것을 알았다. 그래서 그는 우선 유사시를 대비하여 주변 국가들과 쉽게 접근하고 결속할 수 있는 유연한 외교관계를 수립하는 등 주로 내치와 지연작전에 주력하였다. 그런 후 카르타고 적군 측에서 내분이나 오랜 전쟁 수행으로 군수물자 조달에 반드시 맹점이 발생할 것을 예측했다. 결국, 그의 기다림과 지연작전은 성공하여 마침내 한니발 장군은 필요한 군량 조달의 한계로 제대로 싸워보지도 못하고 철수하고 말았다.

1847년 「오토 폰 비스마르크」는 32세의 나이로 프로이센 연합의회 의원이 되었고 그의 가슴에는 '독일 통일을 위한 깊은 뜻'이 숨겨져 있었다. 하지만 그에게는 특별한 동맹자나 친구가 없었다. 오로지 그는 그 당시 왕인 프리드리히 빌헬름 4세를 지원자로 삼기로 마음먹었다. 하지만 빌헬름 4세는 권력이 약해져 있었고 유약하였으며, 우유부단한 인물로서 자유주의자들에게 쉽게 굴복하고, 결단력도 없고, 정치적으로도 비스마르크와 상반된 신념을 갖고 있었다. 그런데도 비스마르크는 언제든지 찾아가 비위를 맞추었으며, 왕의 의견에 철저하게 동조하였다. 그 뒤 동생이 왕위를 이어받았으나 빌헬름 5세는 비스마르크를 싫어했다. 하지만 역시 비스마르크는 참고 기다리면서 왕의 환심을 샀다. 늘 왕의 곁을 지키면서 그에게 힘을 실어주었고, 결단력 있고 과감한 정책을 펴도록 조언을 하였다. 드디어 왕은 적들을 저지하기 위하여 점점 비스마르크의 강력한 전술에 의존하게 되었고, 비스마르크를 싫어하면서도 그를 총리로 임명했다. 마침내 비스마르크는 프로이센 총리로서 힘을 발휘하여 독일 통일을 주도적으로 이끌어 갔으며, 왕은 독일의 황제가 되었다.

이처럼 로마의 파비우스와 독일의 철혈재상 비스마르크는 어려운 주변 환경을 냉철하게 판단, 대응하여 어려운 위기를 잘 극복하여 각각 로마 최고의 영웅, 독일을 통일한 유명한 수상이 되었다. 그들은 공통적으로 '물러날 때와 나아갈 때'를 정확하게 알고 행동하였다. 무슨 큰일을 하려면 결코 서두르는 것처럼 보이지 않도록 해야 하며, 서두르는 모습은 자기 자신과 시간을 제대로 통제하지 못하는 사람처럼 보일 수 있다. 반면에 때가 무르익지 않을 경우 잠깐 쉬거나 물러서 있다가 적당한 때가 되면 강력하게 나서는 방법을 배워야 한다.

'삼라만상의 초목이 여름철 강한 폭우를 그 잎과 줄기를 통하여 자연스럽고 유연하게 지면으로 내려보내 숲에서 조그마한 물줄기를 만들어내고 그 물줄기들이 모여 작은 골짜기를 이루어 나중에는 망망대해를 만든다.' 초목이 여름철 강한 폭우를 그대로 수용하지 못할 경우 초목은 하나둘씩 파손되거나 떨어져 버려 생명을 유지할 수 없을 것이다. 하지만 초목은 그것에 자연스럽게 순응하면서 보다 커다란 나무줄기를 생각하고, 더 나아가 숲과 강, 바다를 생각하는 것'이다.

유대교 신비주의 카발라(kabbalah)에서 가르치는 중요한 메시지 중 하나가 "기꺼이 수용하라"는 것이다. 카발라라는 말은 그 자체가 '수용'을 의미한다. 선과 악, 즐거움과 고통까지 현실을 완전하게 받아들이면 물질적으로도 정신적으로도 모두 풍요로워진다. 현실을 저항하지 않고 받아들일 때 우리 안에 지혜와 선이 흐른다. 유대교 신비주의에서 비롯된 이 개념은 수수께끼처럼 들릴지도 모르겠다. 하지만 카발라가 전달하는 메시지는 본질적으로 과학이다.

과학혁명의 철학적 아버지라고 불리는 프랜시스 베이컨(Francis Bacon, 1561.1.22 ~ 1626.4.9)은 "자연을 지배하기 위해서는 자연에 순응해야 한다."는 말을 했다. 베이컨은 카발라처럼 풍요를 창조하고 자연의 잠재력을 최대한 활용하기 위해서는 먼저 현실을 받아들이고 순응해야 한다고 주장한다. 우리는 가끔 산에서 다람쥐를 보게 된다. 이 다람쥐는 낯선 사람을 보거나 다른 동물이 있을 시 우선 몸을 숨기고 있다가 적당한 때가 되면 슬그머니 다시 나타난다. 들판 이곳저곳을 향하여 날아다니는 참새나 뱁새도 마찬가지다. 그들은 그들에게 위협적인 물체가 있으면 잽싸게 몸을 숨겼다가 조용해지면 조심스럽게 나타나 먹이를 찾는다. 또한, 물은 어떤 형태도 없다. 컵에 넣으면 컵 모양이 되고, 주전자에 넣으면 주전자 모양이 된다. 하지만 이처럼 모든 것에 순응하지만, 어느 때가 되어 자기에게 강한 힘이 주어지면 엄청난 굉음과 함께 주변의 물체를 끌어안고 휩쓸어 망망대해로 돌진한다.

칡이나 등나무 등 넝쿨 식물은 서로 공존해야만 더욱 강하게 번성할 수 있다

《포용력의 대가 제(齊)나라 환공(桓公), 마침내 패자가 되다》

■ 자연의 실상

번식력이 강한 넝쿨 식물은 서로 공존해야만 살아남을 수 있고 더욱 번성할 수 있다.

- 칡과 등나무(葛藤), 한삼넝쿨은 강한 번식력을 갖고 있어 다른 식물이나 여타 물체를 감싸면서 번식과 성장을 영위해 간다. 이런 종류의 식물은 넝쿨을 서로 받아주고 의지할 수 있는 대상이 있어야만 한다. 따라서 이들은 서로 같이 공존하여 결합함으로써 더욱 큰 힘을 발휘하고 번성할 수 있다.

| 자연을 느낄 때 행복이 움튼다 |

■ 인간과의 관계

관중(管仲)과 포숙아(鮑叔牙)의 도움을 받은 제(齊)나라 환공(桓公), 패자(覇者)로서 큰 명성을 얻다

춘추시대의 춘추오패(春秋五覇)는 제나라 환공, 진(晉)나라 문공(文公), 초(楚)나라 장왕(莊王), 오(吳)나라 부차(夫差), 월(越)나라 구천(句踐)으로 그 중 첫 번째 패자가 제나라 환공이다.

제나라는 주나라 창건의 일등공신이었던 태공망(太公望)이 여상에게 봉한 나라로 그의 자손들이 계승해 왔다. 환공의 아버지 희공은 태공망으로부터 13대째 후손으로 그에게는 「제아(諸兒)」, 「규(糾)」, 「소백(小白)」이라는 세 아들이 있었다. 큰아들 제아가 이미 태자로 봉해져 있었으므로 희공이 죽자 제아가 아버지의 뒤를 이어 14대 왕인 양공(襄公)이 되었다.

그러나 양공은 기분 내키는 대로 정치를 하여 많은 사람에게 신망을 잃고 원한을 샀다. 그는 사람들의 불만을 억누르기 위해 닥치는 대로 사람을 잡아 가두는 등 폭정을 하였다.

이에 동생인 규와 소백은 걱정이 앞섰다. 그들은 자신의 기분에 따라 마음대로 국사를 처리하는 형의 난폭한 성격에 두려움을 느끼고 재빨리 나라 밖으로 도망쳤다. 양공의 첫째 동생인 규는 생모가 노(魯)나라의 공주였기 때문에 노나라로 망명했고, 소백은 거라는 작은 나라로 망명하였다. 규는 망명할 때 그의 스승인 「관중」을 데리고 갔다. 한편,

소백은 스승 포숙아를 데리고 갔다.

원래 규의 스승 관중과 소백의 스승 포숙아의 우정은 매우 두터웠다. 그들은 각기 다른 사람을 섬기고 있었어도 대립하지 않고 서로를 보호해 주기로 하며 신의와 의리를 지켰다.

양공의 정치는 갈수록 횡포가 심했고 엉망이었다. 군주를 원망하는 신하와 백성들의 원성이 자꾸만 늘어갔다. 양공에게 불만이 많았던 사촌 동생 「무지(無知)」는 그런 분위기 속에서 비밀리 동조자들을 모으고 있었다. 무지는 연칭, 관지보 등과 손잡고 드디어 반란을 일으켰다. 반란군은 무지를 앞세워 궁중 다락방에 숨어 있던 양공을 죽이고 반란에 성공하였다.

그 뒤 무지가 제나라의 군주가 되었지만, 무지에게는 나라의 주인이 될 만한 능력이 부족하였다. 그도 양공처럼 기분 내키는 대로 정치를 하다가 사람들에게 신망을 잃고 원망을 샀다. 무지도 군주가 된 지 수개월도 지나지 않아 살해되어 제나라에는 왕손인 주인이 없게 되었다.

이리하여 제나라는 무정부 상태가 되었고 여러 신하들은 다음 왕을 뽑기 위해 계속 회의를 한 끝에 거나라로 도망쳤던 소백을 불러들여 후계자로 삼기로 하였다. 한편, 노나라에 있던 규도 고국의 소식을 듣고 곧바로 행동을 개시하였다. 순서로 따지면 자신이 당연히 왕이 되어야 한다고 생각한 규는 관중을 참모로 삼아 노나라의 군대를 빌려 제나라를 향해 진격했다.

겉으로 보기에는 규의 군사력이 훨씬 강했다. 그러나 소백이 망명해 있던 거는 제나라와 가까운 거리에 있어서 규가 아무리 밤낮을 달려

귀국을 서둘러도 소백이 먼저 제나라에 도착할 수 있었기에 규의 스승 관중은 이 점을 헤아리고 특별한 대책을 세웠다. 즉, 관중이 직접 별동대를 이끌고 소백이 귀국하는 길에 매복해 있다가 소백을 죽일 전략을 짠 것이다. 매복해서 기다린 끝에 소백 일행과 마주치게 된 관중은 소백을 향해 활시위를 당겼다. 활시위를 떠난 화살은 소백의 배에 명중했다. 화살이 명중하는 그 순간 소백은 외마디 비명을 지르고 말에서 떨어졌다. 멀리서 보기에도 복부에 화살을 맞아 죽은 것이 분명해 보였다.

관중은 입가에 미소를 머금었다.

"이제 됐다. 제나라는 규의 차지다."

관중은 이 사실을 규에게 보고했다. 규는 기뻤고 제나라의 주인이 된 기분을 만끽하며 느긋하게 제나라를 향해 길을 떠났다.

그러나 관중이 쏜 화살은 소백의 허리띠 쇠고리를 맞혔을 뿐이었다. 화살의 강한 충격으로 말에서 떨어진 소백은 순간 기지를 발휘하여 말에서 떨어져 죽은 시늉을 했던 것이다. 죽음을 가장한 소백은 영구차에 실려 곧바로 제나라에 도착해 제나라의 주인이 되었다.

소백이 죽은 줄로만 알고 느긋하게 제나라에 도착한 규는 소백이 먼저 와 있다는 사실에 놀라지 않을 수 없었다. 곧 규의 군대와 소백이 이끄는 제나라 군대 사이에 일대 공방전이 벌어졌다. 제나라 군대는 진격해 오는 규의 군대를 포위해 완전히 제압했다. 결국, 규는 죽임을 당했고 관중은 포로 신세가 되었다.

이렇게 제나라 군주의 자리에 오른 소백이 바로 춘추시대 첫 번째 패자인 제나라 환공이다. 그는 자신의 귀국을 중도에서 방해해 자신을 죽이려 했던 관중을 용서할 수 없었다. 환공은 관중을 당장 처형하려고 했다. 그러자 포숙아가 제지하며 말렸다.

"주군께서 오직 제나라만을 다스리려 하신다면 이 포숙아 한 사람의 힘으로도 충분할 것입니다. 그러나 만약 천하의 패자가 되려 하신다면 관중이 아니고서는 그 일을 해낼 사람은 없습니다."

지켜보던 사람들은 숨을 죽이고 환공의 다음 말을 기다렸다.

"관중을 풀어 주어라."

마침내 관중은 포숙아의 천거로 포로 신세에서 일국의 재상으로 등용되어 제나라의 정사를 맡게 되었다. 포숙아는 오히려 지위가 관중 아래였지만 만족했다. 관중이 뛰어난 인물이었다는 것은 말할 나위 없겠지만, 사심을 버리고 그 재능을 인정한 포숙아도 범상치 않은 사람이었다. 이러한 관중의 성공은 결국 포숙아의 두터운 우정에 의해 이루어진 것이라고 할 수 있을 것이다.

따라서 뒷날 관중은 포숙아에 대한 감사의 마음을 이렇게 술회하고 있다.

"나를 낳아주신 것은 부모지만, 나를 알아준 사람은 포숙아다."

제나라의 재상이 된 관중은 포숙아의 눈에 어긋나지 않게 실력을 발휘했다. 그는 밖으로는 새로운 군사제도를 제정하고 부국강병책을 펴 30여 개국 이상의 나라를 병합했다. 또 안으로는 전국을 21향으로 나누어 행정 질서를 바로잡았고 정전법을 현실에 맞게 개편해 생산량의 증대를 가져왔다. 환공 역시 인재를 등용하는 데 있어서 신분에 크게 얽매이지 않고 능력에 따라 대우하여 제나라는 경제적, 군사적으로 활기가 넘치는 나라로 성장해 나갔다.

환공은 제나라의 군주가 된 지 7년째 위의 견(지금의 산동성 서부)에서 제후들을 모아 평화 회의를 열고 스스로 패자가 되었다. 패자가 된 환공은 이미 허수아비에 지나지 않는 주 왕실을 대신하여 실질적으로 제후를 지배, 통치하는 지도자가 되었다.

이처럼 제나라의 환공이 춘추시대 최초의 패자로서 그 위력을 떨친 것은 재상이었던 관중의 도움에 의한 것이었다. 그 때문에 옛사람들은 관중이 환공의 패업을 도와 천하를 통일했다고 칭찬하고 있다.

– 조관희 《이야기 중국사》 중에서 –

■ 행복의 비결

춘추시대 제나라 관중과 포숙아는 불가피한 사정으로 할 수 없이 주군인 규와 소백을 따로따로 모셨지만 서로 간의 신의와 의리를 지켰다. 하지만 나중에 규와 소백의 왕위 쟁탈전으로 규를 주군으로 모시고 있는 관중은 소백을 죽이기 위해 매복해 있다가 화살을 쏘는 커다란 적대 행위를 했다가 실패하고 만다. 그 후 관중은 제나라 환공에게 포로가 되어 당연히 능지처참으로 죽을 상황에 이르게 된다. 하지만 친구인 포숙아는 죽음을 각오하고 친구를 살리기 위하여 제나라 환공에게 향후 '관중이 나라를 위하여 커다란 그릇이 될 것'임을 건의, 마침내 환공으로부터 용서를 받게 된다. 이에 대한 보답으로 관중은 제나라를 위하여 정치, 경제, 행정 등 나라 전반에 걸쳐 혁혁한 공을 세워 마침내 제나라 환공을 실질적인 패자로서 명성을 확실히 높여주게 된다. 이처럼 '관중과 포숙아는 비록 서로 다른 주군을 모시고 적대관계에 있었지만, 두 사람 간의 우정과 신의, 충성심으로 서로가 높은 직책을 얻었고 제나라를 부강한 나라로 가꾸어 반석 위에 올려놓았다.'

또한, 당나라 태종 「이세민」은 당고조(아버지 이연)의 3형제 중 둘째 아들이었다. 원래 황태자는 큰아들 「건성」이었으나 실제로 당나라를 창업하는 데 일등공신 한 인물은 둘째 세민이었다. 고조는 우유부단한 성격으로 확실한 권력승계를 하지 못하고 있었다. 첫째 아들 건성과 셋째인 원길은 서로 간에 힘을 합하여 세민을 제거하고자 했고, 그 당시 황태자의 신복인 「위징」도 태자에게 합류하게 되었다. 하지만 '현무문의 변'으로 세민이 권력을 잡게 되고 당태종으로 등극하게 되었다. 임금이 된 태종은 당연히 위징을 처벌하여 죽여야 했지만, 평상시 위징의 기개와 충성심을 보고 기꺼이 용서해 주었다. 역시 위징도 감복하여 더욱 큰 충성심을 발휘, 당태종을 모셨고 훗날 당태종은 과거제도, 조(租), 용(庸), 조(調), 중앙집권제 확립 등 정치, 경제, 사회적으로 나라를 평안하게 만들어 '정관지치(貞觀之治)'로서 역사적으로 커다란 업적과 훌륭한 인물로 알려졌다. 아울러 춘추전국시대를 통일한 진(秦)나라는 초, 연, 제, 조, 위나라 등 그 당시 비록 적국이었지만 천하를 통일하기 위하여 주변국에서 언제든지 인재를 과감하게 등용하였다. 예를 들면, 상앙의 '변법(變法)' 정치로 권력을 중앙집권화하는 데 기초를 다졌으며, 장의 연횡책으로 6국의 합종책을 분쇄하고 6국을 각개 격파하여 영토를 확장해 나갔다. 또한, 범저의 '원교근공책(遠交近攻策)'으로 진나라의 우위를 확고하게 하였으며, 이사의 법가 정치로 천하통일을 앞당기는 역할을 하게 된다.

이와는 반대로 서로가 힘을 합하지 못하고 원수가 되는 사례를 소개하자면 진나라 말기 상산왕 장이(張耳)와 성안군 진여(陳余)는 모두 위나라 사람으로 소년시절부터 형제처럼 생사고락을 같이하였다. 그러다 진승이 봉기를 일으키자 그에게 의탁하여 장군이 되었고, 후에 조(趙)왕 밑에서 장이는 상국이 되고 진여는 대장군에 올랐다. 하지만 진나라 대장군 장한이 조나라로 쳐들어온 후로 서로 간에 우애에 금이 가기 시작했다. 점점 사이가 좋지 않아 마침내 진여는 제나라와 연합하여 장이를 공격하였고, 장이는 패주하여 유방에게 투항하였다. 나중에 장이는 유방의 대장군 한신의 도움을 받아 정경을 공격하여 마침내 진여를 죽였다. 그리고 장이는 조왕으로 임명되었다.

들판의 칡과 한삼넝쿨은 강한 번식력을 가진 식물로서 다른 식물들이나 여타 물체를 감싸면서 번식과 성장을 한다. 이런 식물은 넝쿨을 서로 받아주고 의지할 수 있는 대상이 있어야만 살아갈 수 있다. 칡과 한삼넝쿨은 5월 중 싹이 돋기 시작하여 6월 말이 되면 기존에 잘 자라고 있는 쑥이나 클로버, 띠 풀 등을 감싸기 시작, 그들이 둑 전체를 차지한다. 들판에 우뚝 서서 왕성하게 번식한 그들은 오로지 서로 그들만의 텃밭을 만들어가는 셈이다. 줄기가 튼튼하고 활기차게 뻗어 나가

기 위해서는 상호 간 사이좋게 줄기를 맞대고 공존하며 결합해야만 더욱 큰 힘을 발휘하여 왕성한 번식을 할 수 있다. 하지만 어느 한쪽이 자기만 살겠다고 다른 한쪽을 위협하고 잠식하여 햇볕을 차단한다면 반드시 어느 한쪽은 살아남을 수 없다.

우리도 자신과 성향이나 노선, 환경이 다른 많은 사람을 만난다. 하지만 이들을 이해하려고, 노력하고, 포용하고, 사랑을 베푼다면 자기도 모르게 어려움에 부닥쳤을 때 주변에서 도움을 줄 수 있고, 강한 힘이 되어 줄 수 있다. 반대로 매사에 자기만 생각하고 자기주장만 내세우거나, 욕심만 부릴 경우에는 주변에 많은 장애물이 생겨서 가는 길이 쉽지 않을 것이다.

칡과 한삼넝쿨이 서로 공존하여 강한 번식을 하고, 관중과 포식아가 적이었지만 서로 믿고 신의를 지켜서 성공하며, 진나라가 비록 적대국이었지만 인재를 등용하는 일들은 우리의 인생을 살아가는 데 커다란 나침판이 되고 등불이 된다.

바닷가 작은 해송들은 긴 세월 속에서
많은 비밀을 간직하고 있다

《늙은 말이 길을 안다》

■ 자연의 실상

바닷가 작은 해송(海松)들은 긴 세월 속에서 조용히 자기만의 다양한 비밀을 간직하고 있다.

• 바닷가 주변의 해송은 산의 소나무만큼 키는 크지 않지만, 모진 비바람과 눈보라 등 해풍을 맞으면서 아담하고 튼튼하게 자라고 있다. 또한, 오랜 성상 속에 연륜을 쌓아가며 주변의 환경을 훤히 잘 알고 있고 보이지 않는 많은 비밀을 간직하고 있다.

■ 인간과의 관계

'늙은 말이 길을 안다(老馬識途)'

관중(管仲)은 중국 춘추시대 제(齊)나라의 수상이다. 그는 제나라 환공(桓公)을 도와 부강한 나라로 이끌었고 주나라 왕실을 받들고 북방민족의 팽창을 막았으며 여러 제후국을 규합하여 천하를 바로 잡는 데 이바지한 인물이다.

연(燕)나라가 영지(令支)라는 북방집단의 침략을 받고 제나라에 지원을 요청했을 때의 일이다. 제나라 환공은 관중, 습붕을 위시한 대군을 이끌고 연나라로 달려갔다. 영지는 연나라 영토를 유린하고 많은 주민을 약탈하다가 제나라 군대가 온다는 말을 듣고는 달아났다.

관중은 영지가 일단 물러갔으나 제나라 군대가 돌아서면 다시 올 것으로 보고, 이 기회에 토벌하여 후환을 없애자고 건의했다. 환공은 관중의 의견을 받아들여 영지의 군대를 계속 추격했다.

이에 영지는 고죽(孤竹)이라는 나라에 지원을 요청하고 협곡을 이용할 계책을 세웠다. 제나라 군대가 진격하려면 반드시 황대산(黃臺山)의 협곡을 통과해야 하므로 많은 참호를 파서 군사를 매복시켜 놓았다가 제나라 군대가 진입할 때 그 후면을 나무와 돌로 차단하고 상류의 물길을 돌려막아 제나라 군대가 물을 얻지 못하여 혼란한 틈을 타 반격을 가하면 승리할 수 있다는 계획이었다.

영지의 계책으로 제나라 군대는 수로를 차단당하는 위기에 직면했다. 그래서 제나라는 전국에 명하여 수맥(水脈)을 찾아 물을 얻는 자에게 큰 상을 준다고 하고 모든 산을 누벼 수맥을 찾게 했다. 특히 습붕은 산전수전(山戰水戰)의 경험이 많은 장수로서 군사들에게 명령했다.

"개미는 수맥이 있는 곳에 집을 짓는다. 개미집이 있는 곳을 파라."

군사들은 개미집을 찾아 헤맸으나 찾을 수가 없었다. 그러자 습붕이 다시 명했다.

"개미는 겨울에 양지바른 곳에 집을 지으니 산 남쪽에서 찾아야 하고 여름에는 시원한 곳을 찾아 응달로 가므로 산 북쪽에서 찾아야 한다. 지금은 겨울이므로 산 남쪽을 살펴 개미집을 찾되 마구 파헤치지는 말아라."

군사들은 습붕의 말대로 산 남쪽에서 군대가 충분히 마실 수 있는 수맥을 찾아 물을 얻었다. 이로써 제나라 군대는 황대산 협곡을 무사히 통과하여 달아난 영지군을 쫓아 고죽으로 진격했다.

고죽의 군대는 제나라 군대를 한해(旱海)라는 사막으로 유인할 계획을 세웠다. 미곡(迷谷)이라고 불리는 한해는 사람이 죽으면 버리던 곳이다. 수시로 부는 폭풍으로 인한 모래바람 때문에 지척을 분간할 수 없었고, 방향을 잡지 못해 잘못 미곡으로 빠지는 경우에는 헤어날 수가 없으며 독충과 맹수가 들끓는 곳이었다.

고죽 사람들은 자신들의 임금이 한해로 달아났다고 제나라 군대를 속였다. 이 때문에 제나라 군대는 쉽사리 이 험지에 빠지고 말았다. 끝이 안 보이는 사막으로 들어서니, 폭풍이 일고 모래가 날려서 공포와 전율마저 들었다. 관중은 환공을 모시고 행군하다가 급히 군사를 정지

시켜 한 곳으로 집결하라 하고 환공에게 아뢰었다.

"신은 과거 늙은 말이 길을 안다(老馬識途)고 들었습니다. 이곳에서 자란 말 중에는 이곳을 통과한 경험이 있는 말이 있을 것입니다. 이곳 토산의 늙은 말을 앞세워 따라가면 길을 찾을 것입니다."

환공은 토산의 늙은 말을 뽑아 앞세우도록 했다. 말은 지혜롭게도 험악한 사막의 길을 제대로 인도하여 마침내 제나라 군대를 위험에서 벗어날 수 있게 했다. 무사히 빠져나온 제나라 군대는 계속 진격하여 마침내 영지와 고축을 평정하고 돌아왔다.

– 홍혁기 《지혜》 중에서 –

■ 행복의 비결

서해안 바닷가 근처의 해송(海松)은 짜디짠 바닷바람을 맞아 키도 작고, 촌스럽고, 찌들린 모습이어서 누구 하나 쳐다보아 주지도 않고, 관심도 없는 소나무이다. 하지만 수백 년 수천 년 동안 비가 오나 눈이 오나 묵묵히 이곳 바닷가를 지키면서 터줏대감 노릇을 하고 있다.

제나라 군대가 북방 오랑캐의 계교로 인하여 물의 공급이 끊기는 위기에 처하자 '경험 많은 장수 습붕'은 군사들에게 개미가 서식하고 있는 곳에 반드시 수맥이 있다는 것을 지시한다. 개미는 겨울에는 양지바른 산 남쪽에, 여름에는 시원한 응달을 찾아 산 북쪽에서 서식한다고 하여 때마침 산 남쪽에서 수맥을 발견하고 충분한 물을 얻을 수 있었다. 역시 제나라 장수 관중도 북방 오랑캐 계교 때문에 사막에서 완전히 길을 잃었다가 문득 "늙은 말이 길을 안다"는 영감을 얻어 이곳의 말 중에 가장 늙은 말은 이곳을 통과해 본 경험이 있을 것으로 판단, 무사히 길을 안내받아 어려운 위기를 넘기고 계속 진격하여 마침내 오랑캐를 평정하고 돌아오게 되었다.

서해안 바닷가 주변의 해송은 육지 보통 산의 소나무만큼 키는 크지 않지만, 모진 비바람과 눈보라 등 해풍을 맞아가며 튼튼하게 자란다. 오랜 성상과 함께 연륜을 쌓아가며 주변의 환경을 훤히 잘 알고 있으며 보이지 않는 많은 비밀을 간직하고 있다. 이처럼 바닷가 해송은 비록 보잘 것은 없어 보이지만 그 내면에는 많은 비밀과 경륜을 지니고 있다. 반면 역사적으로 유명한 중국 진시황은 13세에 왕의 자리에 올라 39세에 춘추전국시대(春秋戰國時代)를 마무리하고 천하를 통일, 중국 최초의 시황제(始皇帝)가 되었다. 황제가 된 그는 무소불위의 권력을 장악하고 만리장성 구축, 중앙집권 체제 확립, 분서갱유 등 많은 내치와 외치의 치적을 쌓았다. 하지만 나중에는 천년만년 살기 위한 방책으로 '진인(眞人)'이 되기 위해 모든 수단과 방법을 동원하였지만 50세의 나이로 길거리에서 비참하게 횡사하고 만다. 또한, 초(楚)나라 항우(項羽)는 항상 패기만만하고 천하를 호령하는 용맹스러운 영웅호걸이었지만 31살의 젊은 나이에 스스로 목숨을 끊어 자결하였다. 더 슬픈 것은 예전의 부하들이 공에 눈이 멀어 그의 시신을 독차지하기 위해 갈기갈기 찢는 바람에 더욱 비참한 운명으로 생을 마감한다.

서해안 바닷가 해송의 모습이 비록 초라하고, 촌스럽고, 누구도 쳐다보지 않는 존재처럼 느껴지지만, 그 해송은 보이지 않는 많은 비밀과 경륜을 지니고 있으며 언제나 그곳을 지키고, 아름답게 잘 가꾸어 가고 있다.

우리 인간도 서해안 바닷가의 해송처럼 비록 자기가 처한 현실이 어렵고, 고달프고 남들이 알아주지 않더라도 현실을 인정하면서 자기가 맡은 분야 그 자체를 감사히 여기고 값지게 생각하여 열심히 노력하다 보면 그 분야에서 어느덧 제1인자가 되고 주인공이 될 수 있을 것이다. 꼭 영웅이나 위인이나 아니어도 좋다. 자신이 있는 자리에서 자기에게 주어진 역할을 충실히 하여 미약하나마 세상을 움직이는 거대한 수레바퀴가 앞으로 나아갈 수 있도록 힘을 보탤 수만 있다면 그것으로 충분히 값있는 삶이 될 것이다. 네덜란드의 철학자 스피노자(Spinoza, Baruch De)는 "비록 내일 지구가 멸망할지라도 오늘 사과나무 한 그루를 심는 마음으로 최선을 다하자고 하였다." 이처럼 매사에 조그만 것부터, 실천하기 쉬운 것부터 흔들리지 않고 노력한다면 나중에 반드시 이 사회가 필요로 하여 찾을 때가 올 것이다. 그리고 하나둘씩, 차츰차츰, 주변에서 값지고 고귀한 삶을 인정하여 줄 날이 반드시 올 것이다.

| 자연을 느낄 때 행복이 움튼다 |

상사화는 잎과 꽃이 따로따로 자라는 애석한 식물이다

《인생이 늘 순리대로만 진행되는 것은 아니다》

■ 자연의 실상

상사화(喪事花)는 잎이 자라나는 시기와 꽃이 피는 시기가 서로 달라서 잎과 꽃이 같이 자라지 못하고 따로따로 분리되어 생을 마감한다.

• 영광군 불갑사 부근에는 9~10월이 되면 상사화가 화려하게 피어 관심을 끈다. 하지만 그 꽃이 피는 과정을 자세히 보면 봄과 여름에는 잎이 무성하게 자라서 성숙하다가 가을 무렵이 되면 꽃이 나오는데 이때는 이미 잎은 고사하여 꽃만 홀로 피어있다. 즉, 잎과 꽃이 같이 상존하여 살지 못하고 따로따로 생육한다는 것이다.

■ 인간과의 관계

인생은 늘 '순리'(順理)대로만 되는 것이 아니며 때로는 비정상이
지배하여 많은 고통과 땀, 어려운 고뇌가 따르는 경우'가 있다

우리 인간의 경우도 어떤 가정의 자녀는 태어날 때부터 부 또는 모
친, 아니면 부모가 모두 교통사고, 천재지변 등 불의의 사고로 돌아가
시어 유복자로 태어나거나, 고아가 되어버리거나, 부모의 얼굴도 모르
고 세상에 나와 어려운 고통 속에서 세상을 시작하는 경우가 있다. 또
한, 태초부터 유전적인 요인, 기타 질병으로 신체적인 장애인으로 태
어나 보통 사람들과는 다른 삶으로 시작하는 경우도 있다. 우리 인간
세상도 '이른 봄 따스한 햇볕을 받아 무럭무럭 잘 자라는 새싹들처럼'
모두 다 똑같이 성장하면 오죽 좋겠냐만은 그렇지 못한 경우가 많다.
하지만 우리의 조물주는 만물의 영장인 '우리 인간에게 무한한 가능
성과 잠재력, 무엇이든지 이루어 낼 수 있는 희망과 꿈, 어떤 어려움도
극복할 수 있는 보이지 않는 초인간적인 힘을 부여'했다. 예를 들면
미국의 제42대 대통령이 된 「빌 클린턴(Bill Clinton)」은 1946년 8월
미국의 남부 아칸소주의 작은 시골 마을에서 유복자로 태어나 재혼한
어머니와 알코올 중독자인 계부와의 사이에서 불우한 유년 시절을 보
냈지만, 훌륭한 외할머니와 외할아버지의 도움으로 독서를 좋아하고,
다른 사람들을 이해하고, 포용하고, 유연한 인간관계와 리더십을 배우
게 된다. 그리고 나중에 본인이 소년 시절 꿈꾸던 케네디처럼 젊은 미

　　　| 자연을 느낄 때 행복이 움튼다 |

국의 대통령이 되어 민주당 역사상 두 번째로 재선한 대통령이 되었고, 그는 재임 기간에 미국 역사상 1999년까지 최고의 경제성장을 이룩하며 최저실업률을 기록하는 등 국제관계, 인종 문제, 정치, 종교적 갈등완화로 미국뿐만 아니라 세계적으로 커다란 공헌을 하였다.

다음은 태어날 때부터 팔다리가 없고 머리와 몸통, 왼쪽 발과 발가락 두 개만이 갖춰진 채 태어난 「닉 부이치치(Nick Vujicic)」의 삶을 알아보자. 그는 1982년 아버지가 목사인 가정에서 태어났는데, 처음부터 다른 아이들과 달리 휠체어에 앉는 법을 배워야 하는 고난의 삶이었다. 유년 시절에는 자살도 생각했지만, 부모님과 친구들의 격려와 도움으로 살아갈 용기를 얻었다. 그는 처음에는 장애인 학교에 다니다가 보통 사람들과 똑같이 일반 학교로 전환하였고 그곳에서 왼쪽 발가락 두 개를 잘 활용하는 법을 배워 발뒤꿈치와 발가락을 이용해 컴퓨터를 사용하고, 자판을 두드리기 시작했다. 나중에는 스케이트보드, 골프, 수영, 축구 등 만능 스포츠맨이 되었다. 그는 더 나아가 호주, 미국, 인도, 캄보디아, 케냐 등 전 세계 각국을 여행하면서 '팔다리가 없는 자신이 왼쪽 발가락 두 개로 악기를 자신 있게 연주하는 초인간적인 모습'을 보여주어 세계 젊은이들과 장애인들에게 미래에 어떤 난관이 닥쳐오더라도 참고, 견디고, 도전하여 반드시 우뚝 설 수 있다는 강한 희망과 비전을 제시하였다.

세계 방방곡곡에서 훌륭한 정치가로 칭송받고 있는 공자(孔子)는 춘추전국시대(春秋戰國時代)에 송, 정, 진, 채, 위, 제, 조, 초 등 여러 나라를 철환(轍環)하면서 전쟁 억제를 위하여 세계평화를 주장하였다.

하지만 그 당시 군주나 세력가들은 그를 마치 '상갓집에 개'라며 철저하게 경멸하고 무시하였다. 또한, 오를레앙 처녀 「잔 다르크」는 600여 년이 지났지만, 지금까지도 '프랑스 구국의 여인이자 100년 전쟁의 영웅으로 칭송' 받고 있다. 그녀는 그 당시 19세의 젊은 나이로 영국군의 포로가 되어 억울하게 마녀, 이교도, 우상숭배라는 죄를 뒤집어쓰고 억울하게 처형당하였다.

■ 행복의 비결

산수유, 개나리, 진달래, 매화, 벚꽃 등은 꽃이 먼저 개화하고 나중에 새싹이 나와 잎이 솟아난다. 그 뒤를 이어 목련, 배나무, 사과나무, 살구나무, 앵두꽃 등이 피기 시작한다. 그리고 6월이 가까워지면 장미꽃, 아카시아, 밤나무, 봉선화 꽃이 피고, 가을이 되면 들판을 하얗게 수놓는 억새가 절정을 이룬다. 이 꽃들은 잎새와 꽃들이 비록 짧은 기간이지만 어느 정도 서로 조화를 이루면서 공존한다. 또한, 산과 들판에도 다양한 나무와 초목이 조화를 이루고 의지하면서 자라난다. 예를 들면, 산에는 소나무, 아카시아, 밤나무, 전나무, 참나무, 떡갈나무가 번식하고 들판에는 쑥, 제비꽃, 산딸기, 질경이, 클로버, 씀바귀, 민들레, 수양버들과 이외에 이름도 잘 알려지지 않은 수많은 초목이 자란다.

큰 산이 있으면 주변에는 이를 지지해주는 작은 산봉우리가 반드시 있어서 항상 균형과 조화를 이루고 있다. 맹수인 사자와 호랑이가 있으면 주변에는 그들의 먹잇감이 될 수 있는 순록 등 초식동물이 있으며, 맹금류인 매와 독수리가 있으면 참새와 산비둘기, 꿩 등이 있다. 이처럼 대부분 모든 만물은 서로 간에 순리적으로 균형과 조화를 이루면서 평화스럽게 서식하고 생활한다.

반면에 높은 산 정상 절벽 난간에서 외롭게 홀로 산을 지키면서 자라고 있는 소나무, 돌 많고 경사가 급한 골짜기에서 뿌리를 겨우 틀어잡고 자라고 있는 아카시아, 돌담 틈바구니 난간 속에서 우뚝 솟아나 노랗게 꽃을 피우는 민들레꽃 등은 평화롭고 정상적인 균형과 조화를 이루는 서식이라기보다 비정상적이고 순리에 어긋나는 모습이라고 볼 수 있다. 마치 '상사화'가 잎과 꽃이 따로따로 분리되어 외로운 생을 마감하는 것처럼 말이다. 또한, 인간의 경우도 춘추전국시대 공자가 나라 간의 전쟁 억제를 위하여 천하를 철환하여 다니면서 세계평화를 주장하였지만, 그 당시에는 '상갓집에 개'로 경멸을 당하였고, 프랑스의 구국의 여인 오를레앙 처녀 잔 다르크는 마지막에 영국군 포로가 되어 억울하게 처형을 당하였으며, 미국의 빌 클린턴은 시골 마을 유복자로 태어나 유년 시절을 무척 어렵게 보낸 것처럼 말이다.

하지만 빌 클린턴은 미국의 42대 대통령이 되어 세계적으로 많은 공헌을 하였고 상기의 닉 부이치치는 자신의 왼쪽 발가락 두 개로 악기를 연주하는 모습을 보여주면서 세계의 젊은이들과 장애인들에게 '어떤 어려움과 위기도 모두 극복할 수 있다는 강한 자신감과 함께 희망과 비전을 심어' 주었다. 이들의 삶에는 고통과 땀, 눈물, 어려운 고

비가 있었다. 하지만 이들은 각자가 가고자 하는 목표를 향하여 흔들리지 않고 한 곳으로 집중하여 '아름다운 꽃'을 피웠다. 향후 후세인들은 그들의 삶의 업적을 두고두고 기억하면서 나침판의 징표로 삼고 살아갈 것이다.

| 자연을 느낄 때 행복이 움튼다 |

은행나무는 싹이 돋아 잎이 무성해지는 데는 시간이 많이 소요되지만, 잎이 노랗게 물들어 떨어지는 것은 순식간이다

《지나간 세월은 빠르고, 더욱 그립다》

■ 자연의 실상

봄이 되어 은행나무의 푸른 싹이 돋아 잎이 무성해지는 데는 많은 시간이 소요되지만, 늦가을이 되어 잎이 노란색으로 절정을 이루었을 때는 찬바람으로 순식간에 우수수 떨어지고 만다.

• 은행잎은 늦가을이 되어 찬바람이 불어오면 울긋불긋하게 절정을 이루었던 아름다운 단풍의 모습은 사라지고 바람이 부는 대로 아무 방향감각 없이 맥없이 떨어지고 만다. 또한, 이른 봄 개나리꽃이 만발한 것 같더니만 곧바로 가지에는 푸른 새싹이 돋아나고, 벚꽃의 꽃망울이 머물러 터질 듯 말 듯 하더니만 어느새 비바람에 꽃들이 다 떨어지고 만다.

■ 인간과의 관계

과거의 추억은 모두 다 엊그제처럼 느껴지며 이 추억은 나이가
들수록 더욱 그리움만 안겨준다

나는 우리나라 최남단 땅끝인 해남의 어느 시골 바닷가 근처 마을에
서 태어나 그곳에서 초등학교와 중학교, 고등학교를 졸업했다. 초등학
교는 집과 약 4km 떨어진 곳에 자리 잡고 있어서 매일 그 길을 걸어 다
녔다. 그래서 나는 그 당시 주변의 자연을 자연스럽게 가까이 접할 기
회를 얻었고 관심도 갖게 되며 깊은 인상을 받았다. 학교 가는 길에는
주변에 마을이 거의 없었고 몇 개의 인적이 끊긴 낮은 아담한 산을 넘
어야 했다. 곳곳에는 조용한 숲과 오솔길, 들판, 저수지 등이 있어서
거리는 꽤 멀었지만 그렇게 지겹고 따분한 등·하굣길은 아니었다. 하
지만 철이 들지 않은 어린 시절이어서 들판에 있는 보리밭이나 논길을
지나갈 때는 푸른 보리 줄기를 꺾어서 보리피리도 만들어 보고, 다 익
은 보리를 그냥 먹어보기도 하고, 때로는 불에 구워서 먹기도 했다. 벼
가 노랗게 익은 들판 논길을 지날 때는 배고픔에 못 이겨 벼 이삭을 뚝
끊어서 그 알맹이를 참새처럼 꺼내 먹기도 하였다. 그리고 이른 봄, 종
달새 지저귀는 들판 밭 뚝 길을 지나갈 때는 둑에서 싱싱하게 자라고
있는 파란 띠 풀(속칭 '삐비'라고 하였음)을 발견하고는 우선 허기진
배고픔을 달래고 집에서 눈 빠지게 기다리고 계시는 할머니를 위하여
부지런히 풀을 꺾어서 갖다 드렸다. 또한, 띠 풀 주변에 조용하고, 탐

스럽고, 어여쁘게 자란 빨간 산딸기는 그 당시 최고의 인기 열매로 혹시 누가 먼저 와서 그 열매를 따 먹어 버리지 않을까 조바심내며 수업이 끝나자마자 정신없이 그곳 언덕으로 발걸음을 재촉하기도 하였다. 가을이 되면 낮은 야산에는 따스한 가을 햇볕 속에서 처음에는 약간 빨갛다가 나중에는 검붉게 익는 '정금'이라는 열매가 있었는데 이 열매는 비교적 낮은 산 이곳저곳에 많이 흩어져 있어 시간만 충분하면 마음껏 따 먹을 수 있었다. 나중에 이 열매를 실컷 먹고 난 후 입술과 손을 보면 까맣게 물이 들어있는 경우가 많았다. 겨울철이 되어 학교에 가려면 칼바람이 쌩쌩 부는 허허벌판의 넓은 들판을 지나가야 하는데, 특히 「공새포」 지역의 차가운 칼바람은 바닷가 쪽에서 세차게 몰아치는 매서운 삭풍으로 유명했다. 그래서 학교가 끝난 후에 그곳을 지나가려면 출발하기도 전에 각자의 책 보자기가 바람에 풀어지지 않도록 철저하게 점검하고, 마음의 준비도 단단히 해야만 했다. 이는 바람이 세차기 때문에 한 번 출발하면 마땅히 어디서 적당한 휴식을 취할 수 없기 때문이었다. 이렇게 허허벌판을 1㎞ 정도 열심히 뛰어가다 보면 바람을 따뜻하게 잘 막아주는 조그만 산 언덕 아래 '새한방(塞寒防)'이란 곳이 나타난다. 이곳은 어찌나 포근하고 따뜻한지 겨울철에 이곳을 지나다 들르는 사람들은 모두 다 마치 어머니의 따뜻한 품처럼 느껴진다고 말하는 곳이었다. 또한, 그 당시 초등학교 재학시절에는 눈이 지금보다 훨씬 많이 온 것 같은 느낌이 든다. 어찌나 눈이 많이 왔는지 통상 늘 다니던 들판 산길이나 좁은 오솔길로는 다닐 수 없었고 보다 넓은 신작로(新作路)를 통하여 학교에 갔는데, 걸어가면 눈이 무릎까지 왔다. 그때의 기억으로 우리 1~2학년은 하늘 같은 상급자 5~6학년 선배님들이 먼저 앞으로 힘차게 '영치기 영차'의 구호를 부르며 길을 만들어 주면 우리도 함성과 함께 용기를 얻어 뒤따라가곤 했다. 비록 눈이 많이 와서 도로가 막히고 몸은 힘들었지만, 마음만큼은 항상 순수한 동심 속에서 눈 덮인 신작로가 마치 뻥 뚫어져 있는 것처럼 신바람 나는 등굣길이었다.

학교에 가지 않는 날이면 동네 놀이터는 아이들의 아지트로 온종일 여러 가지 놀이를 했다. 나이 먹기, 땅 뺏기, 딱지치기, 구슬치기, 콩주머니던지기, 제기차기 등을 하면서 시간 가는 줄 모르고 놀고 있다가 어르신들에게 혼나기도 했다. 때로는 차가운 겨울인데도 얼음이 꽁꽁 언 물속으로 뛰어들어가 옷과 신발이 다 젖어 버리는 경우도 많았고 얼룩진 시커먼 손과 발은 다 터서 갈라지고 피가 나오거나 곪기도 했다. 추운 겨울에 열심히 노느라 배는 고팠지만, 그래도 어린 시절의 이러한 놀이는 우리에게 늘 순수함과 정직, 열정을 가르쳐 주었고 희망을 심어 주었으며 건강을 지켜주었다.

'내가 초등학교에 다니던 시절은 60년대 초반이다. 지금으로부터 약 50년이 지나온 세월이다. 50년의 기간이라면 기나긴 반세기의 세월이다. 그럼에도 불구하고 바로 엊그제처럼 기억이 생생하기만 하다.' 지금 고향 땅 모교에는 전체 학생 수가 30여 명도 채 되지 않는다. 그리고 고향의 산과 들, 바다도 모두 변하여 상전벽해(桑田碧海)가 되었고, 그리운 고향 마을에는 왕년의 구수하고 포근한 자연의 정취가 거의 사라졌으며 순수하게 정들었던 동네 사람들도 하나둘씩 세월의 흐름을 막아내지 못하고 떠나거나 다른 곳으로 옮겨갔다. 이제 '과거의 추억은 모두 엊그제처럼 느껴지고, 옛 향수는 더욱더 그리워지지만, 빠르게 지나가는 세월은 이를 기다려주지 않고 마냥 지나가기만 한다.'

■ 행복의 비결

우리는 모두 장소는 조금씩 다르겠지만, 시골, 도시 등 각자의 초등학교 학창시절이 매우 그립고 아름다운 하나의 추억거리로 남아있을 것이다. 특히 그 시절의 그곳은 우리가 티 없이 자라고, 꿈꾸고, 놀았던 순수한 보금자리였기 때문에 더욱 간절하고 애절한 옛정이 뭉실하게 가득 담겨 있다. 우리는 그 추억 하나하나를 모두 다 꽉 붙잡아 두고 싶고, 어린 동경의 시절로 되돌아가고 싶은 마음이 간절하다. 하지만 '세월은 무심하게도 우리를 기다려 주지 않고 더욱 빠르게 쏜살같이 흘러가고 있을 뿐'이다. 자연의 경우도 '만물이 약동하는 따뜻한 봄이 되어 은행나무에 푸른 싹이 돋아 잎이 무성해지는 데는 많은 시간이 소요되지만, 어느덧 가을이 되어 은행잎이 노란색으로 절정을 이루었을 때는 가을 찬바람에 은행잎이 우수수 떨어지고 만다.' 또한, '이른 봄 개나리꽃이 활짝 피어 만발한 것 같더니만 어느새 가지에는 푸른 새싹이 돋아나며, 이른 봄 추위에 벚꽃 꽃망울이 머물러 터질 듯 말 듯 수줍어하더니만 비바람에 꽃들이 모두 다 떨어지고 마는 것처럼

말이다.'

우리는 '자기 스스로 과거의 추억에 집착하면 할수록 세월은 우리를 기다려주지 않고 쏜살같이 빨리 지나감'을 느낄 수 있다. 이에 우리는 너무 과거의 향수, 추억에 집착하기보다는 다가오는 남은 미래의 시간을 보다 알뜰하고 즐겁게 보내야 한다. 우선, 우리가 그렇게 하려면 자기 자신 스스로 마음을 비우고 현재의 자기위치에서 하찮고 작은 일이더라도 할 수 있는 일을 찾아보고 이를 실천하는 것이 좋겠다. 비록 내가 이 세상에서 가장 적게 가지고 있다고 느끼고 부족한 것이 많다고 느낄 수도 있겠지만, 의외로 자기 주변에는 나 자신보다 덜 갖고 있고, 부족한 사람이 많다는 것을 깨달아야 한다. 그다음에는 매사에 항상 감사하는 마음으로 살아가야 한다. 지금까지 큰 불편함 없이 건강하고 자유롭게 활동하고, 정신적으로 느끼고 생각하고 판단하면서 살아왔다는 것 자체가 무엇보다도 고마운 일이다. 지금 이 시간 이 순간에도 주변이나 거리에서 몸이 불편하여 제대로 활동을 못 하는 사람들이 의외로 많이 있다는 것을 느끼고, 병원 중환자실이나 여타 불가피한 사유로 하루에 단 1시간이라도 자유롭게 바깥 공기를 마시고 싶은 환자가 있다는 것을 한 번쯤 생각하여 보자. 그다음에는 '지금까지 자기가 잘 살아오도록 주변에서 항상 베풀어 준 고마운 분들, 예를 들면 부모, 형제, 친척, 친구, 지인, 직장인, 기타 어떤 인연으로 알게 된 모든 분에게 감사함을 잊어서는 안 된다.' 아울러 '나를 지금까지 지탱해 주고 숨 쉬게 해 준 하늘과 땅, 태양과 달, 산과 바다, 초목 등 모든 우주 만물에 대하여도 늘 감사함을 잊어서는 아니 될 것'이다. 마지막으로 과거의 추억보다는 현재에 집중하여 자기를 통제하고 귀중한 시간을 보다 알뜰하고, 즐겁고, 값있게 보내서 항상 자기를 아름답게 가꾸어야 할 것이다. 또한, 아직 미처 발견하지 못한 자신의 무한한 잠재력과 새로운 능력을 발견하여 인생을 즐겁고 행복하게 살아가야 한다. 아울러 우리 인간은 천년만년 계속 살 수 있는 영원한 존재가 아닌 만큼, 늘 속죄하고 마음의 평화를 기원할 수 있는 자기 나름의 적합한 신앙이 필요하다고 본다.

지금 이 시간에도 '한여름 불볕더위 속 매미는 시간 가는 줄 모르고 매 순간 순간을 스스로 즐거움을 찾아 열심히 큰 소리로 노래하고 있고, 이름도 모르는 수많은 새는 어디서 날아왔는지 평화스러운 숲 속에서 스스로 지저귀며 흥에 취해 마냥 노래하면서 그들의 생을 즐기고 있다.'

우리 인간도 지나가는 세월을 마냥 짧다고 생각하지 말고 '한여름철 열심히 노래하는 매미와 흥에 취해 마냥 즐겁게 지저귀고 있는 새들처럼 매사를 즐겁게 보낸다면 그 시간이 결코 짧다고 느껴지지 않을 것'이다. 만물의 영장인 우리 인간은 그 어느 것보다도 항상 높고 고귀한 생각을 하고 있으며, 보이지 않는 또 다른 깊은 이면에는 더욱 값지고 숭고한 행복의 보따리들이 주렁주렁 대기하고 열려 있기 때문이다.

삼복더위와 엄동설한에 자라난 벼와 보리는 그 과정에서 진가(眞價)가 나타난다

《해리엇 터브먼, 자기 사춘기의 한(恨)을 풀다》

■ 자연의 실상

차가운 엄동설한의 겨울을 견디면서 자라난 보리와 한 여름철 따뜻한 햇볕 속에 자란 성숙한 벼는 마지막 열매에서 그 진가(眞價)가 나타난다.

• 보리는 차가운 겨울 동안 밭에서 눈과 서리를 맞으며 자라고 성장하여 뜨거운 여름에 열매를 수확하지만, 마지막 그 열매는 차가운 냉기를 띤 식품이다. 반면 벼는 따뜻한 5~6월에 모내기하여 무더운 여름 동안 쑥쑥 자라고 성숙하여 선선한 가을이 되면 열매를 수확하지만, 그 열매인 쌀은 따뜻한 기운을 가진 식품이다.

| 자연을 느낄 때 행복이 움튼다 |

■ 인간과의 관계

「해리엇 터브먼」 다른 흑인들의 '노예의 짐'을 덜어주어 자신의
'사춘기 시절 한(恨)'을 풀다

「해리엇 터브먼(Harriet Tubman, 1820~1913)」은 미국 메릴랜드
의 한 농장에서 태어났다. 그녀의 부모는 아프리카에서 사냥당해* 강
제로 미국으로 끌려온 사람들이었다. 해리엇은 태어날 때부터 자유를
강탈당한 채 노예의 삶을 살아가야만 했다.

짐승보다 못한 대우를 받으며 하루하루 살아가던 그녀에게 어렴풋
이 '자유에 대한 갈망과 자각'이 생겨나기 시작했다. 그즈음 그녀는
주변의 많은 흑인 노예들이 자유를 찾아 북쪽으로 도망치는 모습을 보
게 된다.

예민한 사춘기 시절인 열다섯 살의 어느 날, 해리엇은 도망치는 노
예를 돕기 위해 주인에게 반항하다가 커다란 둔기로 머리를 얻어맞고
쓰러진다. 해리엇은 이때의 폭력으로 이마의 뼈가 부서져 미간이 움푹
팬 흉터를 평생 안고 살아야만 했다. 더불어 수면발작이라는 치명적인
병도 함께 얻고 말았다.

---

*지금으로부터 150여 년 전 미국에서는 배로 아프리카의 흑인들을 이유 없이 잡아와
자신의 농장에 짐승보다 못한 대우를 하며 일을 시켰고 이러한 현상이 자식으로까지 대
물림 되는 노예의 삶을 뜻한다.

당시 미국 백인사회는 흑인 노예의 착취를 바탕으로 거대한 목화농장을 경영하는 남부와 산업자본주의를 바탕으로 임금노동자들의 노동력으로 지탱되던 북부의 공장 지역으로 나누어져 있었다. 남부 백인들은 자신의 부를 유지하기 위해 힘든 목화농장 일을 공짜로 해주는 흑인 노예가 절대적으로 필요했다. 반면에 북부의 공장주들은 적은 임금으로 열악한 공장노동을 수행해 줄 인력이 시급했다. 북부의 공장주들은 당장 급한 노동력 확보를 위해 남부의 흑인 노예들을 향해 '자유'라는 당근을 제시했다.

북부나 남부 모두 흑인의 삶이나 자유, 인권 자체에 대한 관심보다는 자신들의 경제적인 부를 위해서 흑인들을 이리저리 밀고 당기는 것이었지만, 그래도 적으나마 임금을 보장해주고 무엇보다도 자유로운 삶을 인정해주는 북부가 그야말로 낙원처럼 보였다.

그즈음 북부의 백인 일부와 노예 신분에서 해방된 흑인들이 남부의 흑인 노예들을 북부로 탈출시키는 일을 시작했다. 그 일은 '지하철로'라는 은어로 불렸다. 실제 철도나 기차는 없었지만, 북부에서 내려온 인도자가 남부의 흑인들을 이끌어 북부로 탈출시키는 일을 이렇게 불렀다.

남부의 고통스러운 노예생활 속에서 자유에 대한 갈망으로 살아가던 스물아홉 살의 해리엇 터브먼도 이 지하철로 인도자 손에 이끌려 북부로 탈출에 성공한다.

그녀는 탈출 후 주로 여름과 겨울에 잡역부나 청소부 일을 하면서 돈을 모았고 봄과 가을에는 그 돈으로 '지하철로의 차장(흑인 노예들을

| 자연을 느낄 때 행복이 움튼다 |

이끌어 북부로 안전하게 탈출시키는 인도자)' 역할을 하였다. 그녀는 1850년부터 1860년까지 무려 19차례, 300명이 넘는 흑인들을 탈출시켰으며 때로는 할머니로 변장하여 자유자재로 흑인들이 노동하는 농장으로 숨어들었고 심지어 고향의 농장에까지 숨어들어 가족들을 탈출시키는 대담함을 보였다. 그녀는 이러한 탈출과정에서도 단 한 명의 낙오자나 부상자 없이 탁월한 리더십을 발휘하였다. 그녀는 백인 농장주들에게는 악명이 높았지만, 흑인 노예들에게는 구세주와 같았다.

1861년 마침내 북부와 남부 사이에 전쟁이 발발했다. 이 전쟁은 흑인 노예들에게는 자신들의 생존과 인권, 운명을 결정하는 목숨을 건 중대한 전쟁이었다.

해리엇은 당연히 북부의 편을 들어 남북전쟁에 뛰어들었다. 그녀는 사우스캐롤라이나에 북부군 스파이로 잠입해 남부의 병력과 군사기지, 기밀 등 중요한 정보를 빼돌렸다. 이 정보로 북부군대는 큰 승리를 거둘 수 있었다. 그 당시 해리엇의 역할이 너무나 대단하여 한때 북부군 사이에서는 그녀를 '터브먼 장군'으로 부르기도 하였다.

4년에 걸친 전쟁은 1865년 해리엇과 많은 흑인의 바람대로 북부의 승리로 끝이 난다. 흑인들은 법적으로나마 자유와 평등을 보장받고 노예의 신분으로부터 해방되었다. 남북전쟁의 결과 남부의 농장주들은 미국경제의 주도권을 북부공장주들에게 넘겨주고 몰락했다.

법적으로 보장한 흑인의 자유와 평등은 사회적으로 그다지 실현되지 못했다. 미국은 오랫동안 '동등하게 대우하지만, 분리한다'는 애매한 정책으로 여전히 흑인들을 차별하였다.

해리엇은 남북전쟁에서의 혁혁한 공에도 불구하고 이후에도 오랫동안 가난한 노동자의 삶을 살아갔다. 그리고 1908년 여든여덟 살이 되는 나이에 그동안 노동과 자서전을 써서 번 돈을 모아 '해리엇 터브먼의 집'을 완성했다. 이 집은 해방된 흑인들의 안정된 정착과 경제적 자립을 도와주는 집이다.

영문도 모른 채 낯선 백인들에게 포획되어 머나먼 아메리카 땅으로 실려 와 노예의 삶을 시작했던 아프리카의 흑인들은 우여곡절 끝에 미국 땅에서 새로 '미국 흑인'의 역사를 시작하였다. 그 역사는 많은 흑인의 피와 땀, 생명 속에서 이루어졌다.

여성의 몸으로 아무런 교육도 받지 못했지만, 자유에 대한 갈망과 평등의 신념으로 흑인의 해방을 위해 마지막까지 혼신의 노력을 다한 해리엇 티브먼, 그녀의 힘들고 고통스러운 삶 덕분에 오늘날 미국의 흑인들은 그 나마의 자유와 평등을 누릴 수 있게 되었다.

－ 김정미 《역사를 이끈 아름다운 여인들》 중에서 －

■ 행복의 비결

「보리」는 늦은 가을에 파종하면 차가운 동장군 겨울이 오기 전에 2~5cm 정도 파릇한 새싹으로 자란다. 이 파란 새싹은 별로 차갑지 않은 찬바람을 맞으면서 나중에 다가올 동장군을 대비하여 적당하게 자기의 몸체를 단련시킨다. 본격적인 겨울이 되어 광활한 보리밭에 함박

| 자연을 느낄 때 행복이 움튼다 |

눈이 펑펑 하얗게 내리면 보리는 자기의 몸체로 모든 눈을 따뜻하고 포근하게 감싸 안는다. 세찬 눈보라는 보리를 꽁꽁 얼어붙게 만들고 숨을 옥죄이게 한다. 이렇게 보리는 차가운 한파를 참고 견디면서 곧 돌아올 따스한 봄의 양기만을 기다린다.

어느새 봄이 되면 확연하게 자란 푸른 잎들이 봄바람과 함께 춤을 추면서 활발하게 기지개를 켜고, 줄기는 하루가 다르게 쑥쑥 반듯하게 성장한다. 그사이 따뜻한 보리밭의 향수와 냄새를 감지한 나비와 종달새는 온종일 보리밭 위를 왔다 갔다 서성거리면서 봄의 아쉬움을 달래며 노래한다.

따가운 초여름의 햇볕은 어김없이 초록색의 보리밭을 노랗게 물들이고 흥에 취한 뜨거운 바람은 보리의 알맹이들을 무겁게 만들면서 서서히 풍성한 수확을 재촉한다.

「벼」는 따뜻한 봄에 볍씨를 파종하고 싹이 트여 모가 되면 이앙을 하고 논에 심게 된다. 논에 심은 모는 한여름 뜨거운 햇볕과 함께 쑥쑥 자라서 7~8월이면 벼꽃이 피고 이들은 열매를 맺기 시작한다. 그리고 선선한 가을이 오면 벼는 고개를 숙인 채 익어가 나락으로 열매를 맺는다.

보리는 비록 더운 여름에 그 열매를 수확하지만, 유년기 시절에 차가운 겨울의 모진 삭풍, 눈보라, 얼음과 서릿발을 이겨내면서 그 혼을 다 바친다. 또한, 벼도 비록 그 열매를 쌀쌀한 가을에 수확하지만 사실은 따뜻한 여름과 함께 그 모든 성장이 마무리된다. 하지만 보리와 벼는 한창 성장하고 혼을 다 바친 시기를 잊지 못하며 마지막 수확 시 그 열매는 성장 과정을 반영하여 보리쌀은 냉기, 쌀은 온기가 배어있다.

우리 사람의 경우도 유년기, 청소년기 등 한창 성장기 시절에 자기가 직접 보고, 느끼고, 생각하는 것 중에 가장 감명 깊고 인상적인 것은 평생 자신에게 자극을 주고, 뇌리에 영향을 미치면서 신념이나 가치관 형성에 결정적인 역할을 한다.

미국 메릴랜드의 한 농장에서 태어난 「해리엇 터브먼」은 사춘기 시절 '흑인들이 마치 짐승보다 못한 대우를 받아가면서 하루하루를 비참하게 살아가는 모습을 목격하고 평생 이들을 도와주어야겠다는 강한 신념'을 갖게 된다. 그녀는 이후로 주변의 많은 흑인 노예들이 자유를 찾아 북쪽으로 도망치는 모습을 보게 되는데, 15세 때의 어느 날 도망치는 노예를 돕기 위해 주인에게 반항하다가 커다란 둔기로 머리를 얻어맞고 쓰러져 얼굴에 커다란 상처를 입기도 하였다. 마침내 그녀는 북부로 탈출 후 여름과 겨울에는 잡역부나 청소부 일을 하면서 돈을 모았고 봄과 가을에는 그 돈으로 '지하철로의 차장(흑인 노예들을 이끌어 북부로 안전하게 탈출시키는 인도자)' 역할을 하였다. 그녀는 1850년부터 1860년까지 무려 19차례, 300명이 넘는 흑인들을 탈출시켰으며 때로는 할머니로 변장하여 자유자재로 흑인들이 노동하는

　　　| 자연을 느낄 때 행복이 움튼다 |

농장으로 숨어들었다. 심지어 고향의 농장에까지 숨어들어 가족을 탈출시키는 등 대담한 활동을 하였다. 이처럼 그녀는 여성의 몸으로 교육도 받지 못했지만, 사춘기 시절 흑인들에 대한 부당하고 비인격적인 처사를 목격하고 평생 흑인에 대한 자유와 평등을 추구하기 위해 혼신의 노력과 혼을 불어넣었다. 더 나아가 세계의 모든 나라에 모든 인간은 다 같이 자유롭고, 평등해야 한다는 것을 일깨워주었다. 또한, 지금으로부터 2,400년 전 맹자의 어머니는 유년 시절 정서의 중요성을 인식하고 처음에는 공동묘지에서 살았으나 맹자가 늘 상여가 나가는 것을 목격하고 곡(哭)하는 것을 따라 하자 곧바로 시장 근처로 이사하였다. 그러자 맹자가 이곳에서는 시장의 장사꾼 흉내를 내었고 곧바로 다시 글방 근처로 이사를 하였다. 그랬더니 맹자가 제사 때 쓰는 기구를 늘어놓고 절하는 법 등 예법에 관한 놀이를 하는 것을 보고 바로 이곳이 내가 맹자와 함께 살 곳이다 하였다(孟母三遷之敎).

이처럼 우리는 주변에서 초년시절에 미치는 조그마한 일이 매우 민감하게 반응하여 평생 그들의 신념과 정서, 가치관에 영향을 미치게 된다는 것을 알고 무척 신경을 써야만 한다. 이에 따라 우리는 어떻게 하면 청소년들이 초년시절에 주변의 환경에 대하여 보다 건강하고, 명랑하고, 아름답고, 긍정적이고 낙관적인 생각을 지니고 성장하게 할 것인가를 무척 중요한 과제로 여기고 꼭 해결해야만 할 사항으로 인식해야 한다.

이른 봄 들판에 무수한 초목은 자기를 표시하는 꽃을 활짝 피워야만 실체를 확실히 알릴 수 있다

《평범한 여성이었던 쯩자매, 베트남의 영웅이 되다》

■ 자연의 실상

이른 봄 들판에는 이름도 제대로 잘 알려지지 않은 무수한 초목의 새싹이 푸르스름하게 모습을 드러내면서 생명의 탄생을 알리고 있다. 하지만이 수많은 새싹은 그들의 존재가 미미하여 자기 존재에 대한 진가(眞價)를 알리는 꽃을 피우기 전까지는 그들의 이름을 알 수가 없다.

• 찬 겨울이 지나고 이른 봄이 되면 들판에는 이름도 모르는 많은 풀의 새싹이 자라난다. 처음에는 그 많은 새싹 중 새로 솟아난 새싹만 보아서는거의 다 비슷하여 구분하기가 쉽지 않다. 하지만 자기의 모습을 보여주는꽃을 활짝 피웠을 때는 새싹 본연의 이름을 알 수가 있다. 이른 봄 소리없이 수줍음을 마다하고 조용히 모습을 드러내는 봄맞이꽃, 꽃다지, 별꽃,동전초, 4~5월이 되면 척박한 땅에 쑥 나타난 노란 민들레꽃, 씀바귀 꽃,하얀 냉이 꽃 등이다.

■ 인간과의 관계

처음에는 평범한 여성이었던 「쯩자매(徵姉妹)」 나중에 '베트남 국민 영웅(英雄)이 되어 나라를 구하다'

베트남은 그 지정학적 위치로 인하여 외세로부터 끊임없이 침략을 받았다. 기원전 111년 한(漢)나라의 침략에서부터 제국주의 시대에 프랑스의 침략, 그리고 20세기 중반의 미국과의 전쟁 등 베트남의 역사는 언제나 외세와의 전쟁을 피할 수 없었다.

커다란 외세의 힘으로 때로는 굴복하고 속국이 되기도 하였지만, 베트남 사람들은 기본적으로 항상 자주독립과 주체성이 강한 민족이었다. 지난 3,000년의 베트남 역사에는 외세의 침략에 당당히 맞서고 도전하는 베트남 국민의 위대한 국민성이 배어있다. 외세에 대한 베트남의 첫 번째 응전은 중국 한(漢)나라의 침략에 대항하면서부터 시작되었다. 이 위대한 항전을 당당하게 시도하여 베트남의 국민적인 영웅으로 추앙받고 있는 두 명의 여성이 바로 「쯩자매」이다.

쯩자매는 기원후 14년 8월, 「빈푹성」 지방의 토호인 쌍둥이로 태어났다. 이들은 언니 「쯩 짝」과 동생 「쯩 니」이다. 그녀들은 처음부터 베트남 민족을 이끌 강인한 지도자로 성장한 것은 아니었다. 중국 한나라와 가까운 북베트남 지역의 토호의 딸로 자라면서 중국의 수탈과 압박을 지켜보기는 하였지만, 여자의 몸으로 감히 무엇을 할 수 있다고 생각하지 못했다. 다만 자매의 어머니가 현명하여 당시의 어수선한 시대에서 살아가기 위해 몸을 지켜나가야 할 여러 가지 교육을 직접 가르치기는 하였다. 두 자매는 어린 시절 매우 총명하고 건강하게 잘 자랐지만, 많은 대중 앞에 나서서 지도자가 될 생각은 하지 못했다.

이후로 자매의 맏이인 쯩 짝은 다른 지방 토호의 아들인 「티 삭」과 결혼하여 행복한 토호의 부인으로 살아가기 시작했다. 쯩 짝의 남편인 티 삭은 베트남을 독립시키려는 꿈을 가진 사람이었다. 티 삭은 주변의 토호세력들을 모아서 중국 한나라를 몰아낼 비밀계획을 세우기 시작했다. 티 삭의 아내 쯩 짝도 남편의 계획에 동조하여 그를 적극적으로 내조하기 시작하였다.

티 삭을 중심으로 한 지방 토호들의 계획은 비밀리에 조용히 진행되었다. 그러나 그 계획은 사전에 발각되어 쯩 짝의 남편 티 삭은 한나라군에게 잡혀가 무참히 살해되고 만다. 자기 남편의 목이 한나라군의 성 밖에 내걸린 것을 목격한 쯩 짝은 누군가 남편의 원한을 갚아주어야 한다고 생각했다. 하지만 남편과 같이 비밀계획과 작전을 진행하던 다른 사람들은 한나라군의 잔인한 처벌이 두려워 감히 나서지 못하였다.

주변 사람들에게 실망한 쯩 짝은 '자신의 개인적 불행이 베트남 민족 전체의 불행, 비극과 연결되어 있음'을 크게 깨닫는다. 이와 더불어 동생 쯩 니도 언니의 고통이 자신의 고통이고 베트남 전체의 불행이라는 것에 눈뜨고 한나라에 대항할 것을 다짐한다. 미망인으로서 상복을 입을 것도 거부한 두 자매는 사람들 앞에 나서서 한나라군을 무찔러 몰아내자고 설득한다. 그러나 베트남 사람들은 발달된 무기와 거대한 조직력을 갖춘 한나라군에게 대적하는 것을 두려워하였다. 게다가 쭝자매가 여자라 더 불신하였다. 이리하여 쭝자매는 고민 끝에 극약처방을 준비하였다. 즉, '그녀들이 직접 호랑이를 사냥하여 그 가죽으로 작전계획서를 만들어' 이를 사람들에게 보인 것이다. 그녀들의 확고한 의지와 강인함을 본 베트남 사람들은 쭝자매의 지휘 아래 한나라군을 몰아내기 위한 전투를 준비하였다.

쭝자매는 함께 나란히 코끼리에 올라 직접 전투를 지휘하였고 각 부대의 지휘를 모두 여성에게 맡겼다. 베트남의 뛰어난 여성 36명이 지휘하는 8만의 베트남 군대는 여성의 세밀하고 노련한 준비로 일사불란하게 움직일 수 있는 기동력을 갖추게 되었다.

드디어 기원후 40년, 중국 한나라의 군대에 맞서 베트남 군대는 봉기하였다. 정규군도 아닌 지원병으로 이루어진 베트남 군사들은 오로지 억압과 착취, 서러움 속에서 벗어나겠다는 강한 의지로 당당하게 한나라군에게 대항하여 마침내 승리를 거두었다.

한나라군을 몰아낸 베트남 사람들은 한나라의 지배 아래에 있던 65개의 성을 되찾고 새로운 나라를 세워 쭝자매를 왕으로 추대하였다. 이제 가혹한 중국의 착취와 억압 속에서 고통받았던 시대는 지나가고, 새롭게 베트남 사람들이 주인이 되어 참다운 자유와 행복을 누릴 수 있는 시대가 도래된 것이다.

하지만 불행하게도 이러한 베트남의 자유와 행복은 3년 만에 끝이 난다. 후한(後漢)의 광무제가 기원후 43년, 다시 대규모의 군사를 동원하여 베트남을 공격한 것이다. 쭝자매는 다시 전투에 나섰다. 베트남 사람들은 다시는 중국에 지배당하지 않겠다는 의지로 똘똘 뭉쳐 중국에 맞섰다. 하지만 후한은 「마원」을 대장군으로 한 거대한 병력으로 베트남을 무참하게 공격하였다. 이 전투에서 베트남 군사 수천 명은 산 채로 잡혀 목이 잘리고 1만 명 이상이 포로가 되었다. 쯩자매는 적군의 손에 들어가 능욕을 당하는 대신 강물에 몸을 던져 자결을 선택하였다. 그 후 베트남은 900년간 중국의 지배 아래서 고통받다가 972년이 되어서야 겨우 독립을 하게 된다.

쯩자매는 지금도 베트남에서 가장 존경받는 인물로 대접받고 있으며, 특히 베트남 여성들 가운데 쯩자매는 전설적이고 신화적인 영웅, 항상 존경받는 인물로 회자되고 있다.

- 김정미 《역사를 이끈 아름다운 여인들》 중에서 -

■ 행복의 비결

우리 인간은 누구나 태초에 포근한 어머니 품속에서 축복받으며 신비스럽고 고귀한 존재로 태어난다. 이러한 생명체는 모두 자기 부모로부터 타고난 천부의 자질과 성품, 존엄성을 이어받는다. 이제 그는 유아기를 지나 유년기, 청소년기, 성인, 장년기를 거쳐 노인이 되어 힘과 기력이 다하면 반드시 어느 때는 저승으로 돌아가게 되어있다. 이처럼 우리 인생은 각자가 태어나서 운명할 때까지 그 모습과 과정이 서로 비슷하다. 하지만 모든 개개인의 삶의 질과 내용은 자기가 처한 환경과 의지에 따라 다양한 여러 가지 모습의 삶으로 나타난다. 예를 들면 농촌에서 평생 자연과 함께 땀을 흘리며 시름을 같이한 농부의 삶, 특별한 기교와 재치, 열정과 혼으로서 평생을 바치는 예술인과 스포츠인의 삶, 모든 만민에게 필요한 재화와 욕구를 충족시켜주려고 최선의 노력을 다한 기업인의 삶, 국민을 보다 편안하고 안정적이면서 내일의 활기찬 삶과 비전을 심어주기 위해 노력하는 정치인의 삶, 수많은 중생이 현실 세계에서 자기 뜻을 제대로 풀지 못해 한이 맺혀 있는 삶을 훗날 미지의 세상에서라도 구제하기 위해 희망과 생명을 불어넣으려고 노력하는 종교인의 삶 등이다.

여기서 우리는 이러한 다양한 삶을 완성하기 위해서 각자가 자기 나름대로 타고난 소질을 찾아 발굴하여 자신 있고, 하고 싶은 것에 꼭 최선을 다하여야 할 것이다. 이것은 언제든지 자기가 처한 환경 속에서 쉽게 실천할 수 있고, 사소한 것이라도 다른 사람을 위하여 이로움을 주고, 즐거움을 주는 것이면 된다. 비록 그것이 거대한 황금알을 낳지 않아도 되고, 커다란 권력으로 연결되지 않아도 된다. 오로지 자기만의 노력과 열정, 즐거움, 희열 속에서 아름다운 꽃을 피우면 된다.

우리는 모두 우주 만물의 거대한 역사의 수레바퀴 속에서 시간을 같이하고, 함께 움직이고 있는 유일한 영장류 생명체의 주인공이다. 영웅이 아니어도 좋다. 위인이 아니어도 좋다. 다만 자신이 있는 자리에서 자기에게 주어진 역할을 충실히 하며 거대한 역사의 수레바퀴가 후퇴하지 않고 오로지 앞으로 나아가도록 미약하나마 힘을 보탤 수 있다면 그것으로 충분히 가치 있고 소중한 삶을 살아가는 것이라고 볼 수 있다. 농민은 농민으로서, 연예인은 연예인으로서, 기업가는 기업가로서, 정치가는 정치가로서 각자 맡은 일에 혼신을 다하여 역사의 수레바퀴가 힘차게 돌아가도록 일조하는 것이다.

찬 겨울이 지나 봄이 오면 이름도 모르는 수많은 초목이 자신의 모습을 확실히 나타내줄 수 있는 아름다운 꽃을 피운다. 즉, 노란 꽃다지, 봄맞이꽃, 별꽃, 민들레꽃, 씀바귀 꽃, 냉이 꽃 등이다. 이들은 각자의 잎 나름대로 진한 색과 연한 색, 줄기의 크기에 따라 높이가 크고 작은 것, 또한 꽃향기의 냄새에 따라 독특하고 다양한 꽃을 만들어 낸다.

우리 인생도 나름대로 짧다면 짧고, 길다면 긴 여정을 보내면서 거대한 인생의 수레바퀴 안에 자신이란 색깔의 점을 찍고 언젠가는 이 세상을 떠나게 될 것이다.

쯩자매도 처음에는 보통사람들처럼 평범한 여성에 불과하였다. 하지만 베트남이라는 환경이 그녀들 스스로 보다 강하고, 용맹스런 여걸로 만들어 주었고, 마침내 거대한 중국 한나라를 격파한 여성 지도자가 되었다. 우리도 현재 자기에게 주어진 여건과 환경 아래서 자기가 맡았던 일에 대해 늘 감사하게 생각하며 만족하고, 최선을 다한다면, 자기가 바라던 작품이 이루어질 것이며 자기가 그리던 꽃이 반드시 피워질 것이다.

| 자연을 느낄 때 행복이 움튼다 |

Part **5**

곤충, 조류, 동물

평화로운 들판과 숲 속의
이름도 모르는 곤충과 새들이
스스로 날아와
흥에 취해 우리를 부른다

뱁새는 바쁘게 움직이는 반면 시야가 좁고, 천천히 늦게 움직이는 붕새는 한번 날면 하늘 구만리 높이까지 올라간다

《한신, 집극낭관에서 대장군으로, 칸트의 신중함도 좋지만 때로는 과감한 결단을》

■ 자연의 실상

뱁새는 날쌔고 부지런하지만 시야가 좁고, 붕새는 느리지만 더욱 멀리 날기 위해 하늘 위 구만리까지 올라간다.

· 뱁새와 참새는 날쌔고 부지런하여 자기 주변에서 이쪽저쪽으로 이동하여 먹잇감을 구하고 포근한 안식처를 잘 찾아다니지만, 보다 큰 숲을 찾으려고 노력하지는 않는다. 반면에 붕(鵬)새는 더욱 멀리 날기 위하여 제자리에서 위로만 구만리를 올라가며 그다음 바람을 이용하여 날개를 활짝 펼쳐 천리만리 멀리 날아간다. 이 기간이 무려 6개월 정도 소요된다.

| 자연을 느낄 때 행복이 움튼다 |

■ 인간과의 관계

① 한신(韓信), 집극낭관에서 대장군으로 한(漢)나라 창업 일등공
신이 되다

한신은 초나라 회음 출신으로 원래 천민은 아니었지만, 진시황제의
천하통일로 신분체계가 멋대로 찢겨나가면서 몰락한 왕후장상의 자손
이었다. 일찍이 그는 어렸을 적에 아버지를 여의고 홀어머니 슬하에서
자랐다. 남겨진 유산이라고는 몰락한 껍데기뿐인 가문과 찌들은 가난밖
에 없었다. 이러한 가운데서도 어머니는 왕후장상이란 체통과 체면을
중요시하면서 한신이 푸줏간에서 먹고 사는 잡일을 용납하지 않았다.

그 당시 한신은 자기 동네의 남촌정장이란 어르신의 도움으로 미관
말직의 관직에 있었지만 적은 녹봉과 '낫 놓고 기역 자'도 모르는 원
숭이에게 씌어 놓은 관과 같은지라 그것을 팽개치지 않을 수 없었다.
그러던 어느 날 한신은 배고픔을 참지 못하여 동네 마을의 푸줏간에서
고기 잡는 일을 하여 품 삯으로 받은 고기 세 근을 집에 계신 어머니에
게 드렸는데 그것으로 인하여 어머니는 심기가 상하여 화병으로 끝내
는 운명하게 된다.

그 이후로 한신은 더욱 두문불출하여 나무 피와 초목으로 근근이 생
활하거나, 표모가 동네에서 구걸한 밥으로 무위도식한다. 이러한 모습
을 보다 못한 표모는 한신에게 양반행세를 하도록 고운 옷과 칼을 차
게 한다. 한편 동네 불량배들은 한신의 그 모습을 보고 질투하여 자기

들 가랑이 속으로 기어가게 하는 등 온갖 행패를 저지른다(과하지욕(袴下之辱). 이 사건이 관가에 전해지고 한신은 가혹한 형벌을 받는다(면산과하勉山袴下).

　한신은 이러한 벌을 받은 후 많은 것을 깨달아 어느 노인의 도움으로 덕양산 깊은 산골에서 2년여 동안 기와 담력, 정신과 육체적인 수련을 쌓는다. 한신은 이러한 수련기간을 통하여 '모든 두려움은 자신의 마음 먹기에 따라 달라진다는 것을 느끼고 무엇인가를 해야겠다는 강한 욕망'을 갖게 된다. 이후 남촌정장을 찾아가게 되는데 거기에서 자기 선조가 한(韓)나라의 왕손이라는 것을 알게 된다. 그 이후로 한신은 곧장 남촌정장이 소개한「전생」선생을 찾아가 그를 스승으로 모시면서 글과 병법, 심신의 도를 닦는다.

　그는 전생 스승으로부터 도를 터득한 후 첫 번째로 초나라의「항우(項羽)」장군 슬하에서 죄인을 처벌하는 '집극낭관(執戟郎官)' 직을 수행하게 된다. 그 당시 항우의 군사인「범증」은 한신의 재주가 비범함을 알고 향후 그에게 더 높은 직책을 부여하여 확실하게 자기 사람으로 기용하여 활용하든지, 아니면 그를 반드시 죽여 나중에 후환이 없게 해야 한다고 생각하고 있었다. 때마침 항우 장군은 이곳 수도인 함양을 버리고 수도를 자기 고향인 초나라 팽성으로 옮기자고 강하게 주장하였다. 하지만 한신은 수도를 옮기는 것에 대한 불만으로 상소를 올렸다가 곧 사형에 처할 위기에 몰렸다. 바로 이때, 유방의 군사인「장량」이 한신에게 접근하여 "지금까지 원흉검의 주인을 찾지 못하였으나 이제 새로운 주인을 찾았다"고 하면서 이를 표시하는 비표를 전달하고 초나라를 탈출하여 파촉의 땅인 한나라로 가는 길인 잔도를 비밀리에 전달한다.

한편 한신은 초나라에서 탈출에 성공하여 파촉 땅 한나라에 도착하였지만, 군사 장량이 준 비표를 꺼내어 대장군이란 직책을 바로 수여받는 것은 도리가 아니라고 보고, 한나라 재상 「소하」에게 일체 장량을 만났던 얘기를 하지 않았다. 당시 유방(劉邦)은 과거 한신의 행위가 무위도식, 과하지욕, 면산과하 등의 소문으로 보아 별로 쓸모없는 사람이라고 판단하여 처음에는 양곡을 수급 관리하는 '연오관'으로, 그 다음에는 양곡을 총괄하는 '치속도위'를 부여하는 것도 과하다고 업신여기고 있었다. 그렇지만 재상인 「소하」만큼은 한신의 비범한 행동, 뛰어난 정세관 등을 보았고 그를 반드시 대장군으로 추천하겠다는 마음을 굳게 간직하고 있었다.

한신은 그 이후로 한참의 시일이 지나고 나서야 비로소 군사 장량이 준 비표를 소하에게 보여주었고 놀란 소하는 곧바로 유방에게 아뢰어 그 즉시 한신을 '대장군' 직책에 보하게 한다.

그는 대장군 직책을 맡은 후 계교로서 철저히 봉쇄된 삼진으로 가는 길을 쉽게 돌파한다. 초나라 장수 장한에게 대승을 거두고 위, 하남, 제나라를 차례로 격파하여 마침내 70만 대군을 이끌고 초나라를 완전히 포위, 그 유명한 '해하(亥下)의 전투'에서 사면초가로 초나라 항우에게 승리하면서 유방이 천하를 통일하는데 실제적인 일등공신이 되었다.

- 오하일 《사기의 인간학 한신》 중에서 -

② 「임마누엘 칸트」 신중함도 좋지만, 때로는 과감한 결단이 필요'

독일의 사상가 임마누엘 칸트(Immanuel Kant, 1724.4.22 ~ 1804.2.12)는 젊었을 때, 한 여성과 사랑에 빠졌고 그 여성은 그가 청혼해 줄 것을 애타게 기다렸다. 그러나 칸트는 여자의 그런 속마음을 아는지 모르는지 만날 때마다 다른 이야기만 할 뿐 좀처럼 청혼을 할 기미를 보이지 않았다. 기다리다 못해 여자 쪽에서 먼저 말을 꺼냈다.

"당신하고 결혼하고 싶어요. 당신은 어떻게 생각하세요?"

그러나 칸트의 대답은 만족스러운 대답이 아니었다. 어렵게 먼저 말을 꺼낸 여자를 적잖이 실망하게 하는 내용이었다.

"내게 생각할 시간을 주십시오. 나는 생각하는 일을 거치지 않고는 아무것도 할 수가 없는 사람입니다."

그리고 칸트는 생각하는 일에 돌입하였고 어느 정도 시간이 지나 드디어 생각을 끝냈다. 칸트는 홀가분한 마음으로 그녀의 집 문을 두드렸다. 마침내 결혼하기로 마음을 결정한 것이었다.

하지만 칸트의 애인은 이미 결혼을 하여 아이까지 있었다. 칸트가 생각에 몰두한 지 7년이 흐르고 난 뒤였기 때문이다.

그가 생각한 끝에 얻어낸 결과는 이토록 허망한 결말이었다. 그의 일기장에는 결혼을 지지하는 354가지의 이유가 적혀 있었고 결혼을 반대하는 350가지의 이유가 적혀 있었다. 결혼에 찬성하는 이유가 4개 더 많았으므로 겨우 결정을 내렸던 것이다.

－ 손풍삼 《이야기 채근담》 중에서 －

| 자연을 느낄 때 행복이 움튼다 |

■ 행복의 비결

붕새는 더욱 높게, 멀리 날기 위하여 수많은 고난과 시련, 준비기간을 거쳐 드디어 거대한 날개를 펼치고 천리만리 날아간다. 하지만 시야가 작고 속이 좁은 매미와 참새, 비둘기는 붕새가 멀리 날기 위해 제자리에서 고통의 시간을 보내는 것을 보고 '우리처럼 이곳저곳 빠르게 움직이고, 먹잇감을 찾고, 확실하게 전진할 것이지 왜 붕새는 구만리나 높이 솟으려 애쓰면서 한 걸음도 앞으로 나아가지 못 하는 걸까?' 의아하게 생각하면서 조롱한다.

칸트는 사랑하는 연인이 있었고 그 연인으로부터 결혼하자는 청혼이 들어왔지만, 이를 결정하는데 너무 세심하고 신중했던 나머지 7년이라는 시간이 지나가 버렸고, 그 연인은 이미 결혼을 하고 아이까지 둔 상태였다.

한신 대장군은 표모가 얻어 온 찬밥을 먹는 등 무위도식하면서도 왕후장상이라는 체통과 체면을 지켜야 했다. 그는 자기 자신이 스스로 변화되어야 한다는 것을 느끼고 덕양산에 들어가 2년여 동안 초근피로 끼니를 때우고, 자연을 벗 삼아 보이지 않는 무수히 많은 것을 배우고 느끼며, 맹수와 더불어 강한 담력을 길러 마침내 '무엇인가를 해야만 하고, 배워야 한다는 강한 의지와 자신감'을 갖게 된다. 그는 그 당시 '낫 놓고 기역 자'도 몰랐지만, 무엇인가를 배우고 깨달아야겠다는 것을 느끼고 남촌 선생이 추천해 준 전생 선생을 찾아가 학문과 병법을 배워 터득하며 드디어 세상에 입문하기 시작한다.

하지만 그의 처음 시작은 그렇게 화려하지 못했다. 그는 초나라 항우 장군 밑에서 '집극낭관'이라는 초라한 벼슬부터 시작했다. 나중에 유방의 군사인 장량의 도움으로 대장군의 '비표'를 소지하고 유방 측으로 가게 된다. 하지만 현재로써는 자기가 유방 측에 아무런 도움도 주지 못하면서 곧바로 대장군의 직책을 받는 것은 경우가 아니라고 보아 비표를 보여주지 않은 채, 말단직인 '연오관', '치속도위' 등의 직무를 수행한다. 시간이 흐른 어느 날, 재상인 소하가 자기 능력을 알아보는 것을 느끼고 비표를 보여주어 마침내 대장군에 취임하게 된다.

이처럼 한신은 대장군 직책을 맡을 때까지 여러 가지 어려움과 시련을 극복하고 자기를 수련하는 많은 준비기간을 거쳤다. 대장군 보임과 함께 싸우면 이기는 커다란 전승을 거두어 마침내 유방이 천하를 통일하게 하는 일등공신이 되었다.

물고기 중에 '코이'라는 이름을 가진 고기가 있다. 이 물고기는 작은 어항에 넣어 기르면 5~8㎝ 정도로 자란다고 한다. 커다란 수족관에서 기르면 15~25㎝까지 크게 자란다. 그런데 이 물고기를 강에 방류하면 무려 100㎝가 넘게 자란다는 것이다. 노는 물에 따라 열 배가 훨씬 넘는 크기까지 성장할 수 있다니 생각할수록 놀랍고 경이로운 일이다.

우리 인생도 코이처럼 주변 환경에 따라 변화될 수 있다. 고만고만한 잔챙이로 남을 것인지 우람한 대어로 성장할 것인지는 어떤 물에서 노는가에 달려 있다. 대어는 큰물로 가야 한다. 스타가 되려면 스타를 품을 수 있는 넓은 시장에 발을 담가야 한다. 조그마한 것에 너무 집착

| 자연을 느낄 때 행복이 움튼다 |

하여 시간을 낭비하지 말고 보다 큰 것, 중요한 것, 자기가 하고 싶은 것을 찾아야 한다. 그런 후 그 목표를 위하여 철저하게 준비해야 한다. 우리 인생도 작고 평범한 삶은 고통과 번뇌가 덜 하지만, 보다 커다란 뜻을 이루려는 삶은 보통사람들보다 노력하고, 고민하고, 인내하고, 포용하고, 겸손한 자세가 필요하다. 비옥하고 기름진 토양에서 식물이 잘 자라나고 나중에 좋은 열매를 많이 맺듯이, 커다란 사람이 되려면 주변에서 많은 것을 보고, 느끼고, 배워서 밑바탕을 항상 튼튼히 잘 가꾸어 놓아야만 한다.

부지런함과 열정을 상징하는 '호박벌'은 큰 몸집에 비해 날개가 턱없이 작다. 하지만 호박벌만큼 일찍 일어나고 늦게 잠자리에 드는 곤충도 드물 것이다. 일주일에 보통 1,600㎞를 날아다닌다. 꿀을 찾기 위해 먼 거리를 온종일 날아다니며 꿀 따는 일에만 집중한다. 작은 날개로 커다란 몸집을 지탱하기 위해 쉴 틈 없이 퍼덕거리는 날갯짓도 보통 벌보다 요란하다. 몸에 비해 날개가 작고 가벼워 과학적으로 날 수 없다고 한다. 그런데도 호박벌은 다른 벌보다 더 많이 오랫동안 날아다닌다. 그 이유는 '단지 꿀을 채취하려는 그 열망 하나 때문이다.' 자신의 결함을 생각하지 않고 '꿀을 생산한다'는 목적으로 지금도 쉼없이 난다. '몰입'이라는 것은 무서운 힘을 발휘한다. 사람이든 곤충이든 자신의 목적에 대한 확실한 자신감과 굳은 신념이 중요하다는 것이다.

지렁이나 달팽이가 햇볕이 쨍쨍 내리쬐는 메마른 땅에서 기어 다니는 것은 아주 위험한 행위이다

《항우의 어리석은 신안대도살 사건》

■ 자연의 실상

지렁이, 달팽이가 태양 빛이 쨍쨍 내리쬐는 메마른 땅에서 기어 다니는 것은 아주 위태롭고, 위험한 행위이다. 또한, 거미가 넓은 대로(大路)에서 거미줄을 쳐 놓고 먹이를 기다리는 행위도 위태로운 짓이다.

• 지렁이는 통상 땅속 물기가 많고 비교적 습한 곳에서 서식하지만, 가끔 비가 온 뒤나 장마철 햇볕이 내리쬘 때, 마른 흙바닥이나 포장도로에 나와 기어 다니는 것을 볼 수 있는데, 이는 아주 위험한 행위이다. 또한, 들판이나 산을 거닐다 보면 거미가 나무와 나무 사이 등 비교적 공간이 넓은 틈새에 거미줄을 쳐놓고 먹이를 기다리고 있는 모습을 가끔 볼 수가 있는데, 이는 자기의 먹잇감은커녕 아주 위험한 행위로 오히려 사람과 적에게 발각되어 수명이 위태로울 수 있다.

| 자연을 느낄 때 행복이 움튼다 |

■ 인간과의 관계

「항우(項羽)」, '신안에서 어리석게도 진나라 군사 20만을 대학살 하다'

　진(秦)나라 장수 「장한」은 간신 「조고」에 의하여 진나라가 황제의 나라에서 「부소」의 아들 「자영」을 왕으로 강등시키는 등 와해와 붕괴의 조짐이 보이자 가장 힘이 센 서초패왕 항우에게 병사 20만 대군과 함께 투항해 버린다. 하지만 '진의 군사는 자기들이 정규군이라는 명목 아래 초의 군사를 우습게 보았고, 초의 군사는 진의 군사들이 패잔병 주제에 호락호락하지 않고 날뛰고 있다고 생각하며 서로 간에 심한 갈등이 내재되어 마치 이리와 범 떼를 한 우리 속에 가두어 놓은 것' 같았다. 이러한 상황을 심각하게 고민한 항우는 칼을 뽑았다.

　항우는 "애당초 고양이는 고양이요. 범의 새끼는 범이다. 저들을 그대로 놔두고 함양성을 진입하게 되면 저들은 거꾸로 창을 돌려 우리를 시해하려고 할 것이다. 먼저 화근을 도려내지 않고 인정으로 감싼다면 반드시 비접 하나가 팔을 자르게 될 종기와 같이 되고 말 것이다. 여기서 저들을 도륙해 버리고 나아가자. 그렇지 않아도 진의 군사라면 이를 갈고 있었는데 저놈들이 노골적인 반기를 들고 있다. 서둘러야 한다."고 지시했다.

　항우의 이야기를 들은 「범증」과 「계포」 등 참모는 얼굴이 샛노래지며 항우 앞으로 나갔다.

　"저들은 20만입니다. 그들을 죽이고 나면 천하의 민심은 유리되고,

백성들은 놀라 끌어갈 수가 없게 됩니다. 그들을 달래 새로운 초군의 기치로 모이도록 하고 순치시켜야 합니다. 절대로 죽어서는 안 됩니다."

항우의 군사 범증은 살육의 부당성을 간했다.

"군사께서는 '초나라가 망해 세 가구만 남는다 하더라도 진을 멸할 것이다' 라는 예언을 듣지 못하셨습니까. 저들은 진나라 군사들입니다. 저들로 인해 죽어가고 시달림을 받은 사람이 얼마나 많았습니까! 저놈들은 노역부를 감시 감독하며 조그마한 실수도 용납지 않던 놈들이 아닙니다. 그리고 어차피 망하게 되어 있는 진의 군사를 죽인다 해서 죄가 될 것은 없습니다. 저들과 우리가 전투로 맞붙게 되었다면 이미 죽은 목숨이나 다를 것이 없는 자들입니다."

항우는 말했다.

"그렇게 해서는 안 됩니다. 유방은 저들을 긁어모아 자신의 군사를 만들고 함양성의 관문에 육박해 있습니다. 너그러운 관용이란 덕과 다를 것이 없어 고루 비치지 않는 곳이 없게 됩니다."

"군사는 오십만으로 족합니다. 앞으로의 화근을 잘라내 버려야 합니다. 저놈들이 있고서야 천하의 평정이란 허세에 불과합니다."

항우는 단호하게 주장하고 나섰다.

"20만을 무슨 방법으로 죽인다는 것입니까?"

"그것은 걱정하지 않아도 됩니다. 신안의 침식 분상(粉狀)은 절벽으로 유명합니다. 그들을 그쪽으로 밀어 넣어 버리면 순식간에 해치울 수가 있습니다."

항우는 영포 장군에게 명령을 내렸다.

"한밤중에 그들의 막사에 침입하여 무조건 베어라. 그리고 도망을 나오는 자들을 침식지 쪽으로 유인한 다음 그들을 그곳에 밀어뜨려라! 어김없이 시행하라. 단 한 사람이라도 살아 돌아간다면 그 죄를 면치 못할 것이다."

그날 밤 삼경, 피곤함에 지친 진군의 막사로 들어간 군사들은 불문 곡직하고 그들을 베어나갔다. 놀란 진의 군사들이 막사 밖으로 도망쳐 나왔다. 밖에는 기병들이 그들을 포위하고 침식지의 계곡 쪽으로 몰아갔다. 진의 군사들은 그들에 밀려 계곡으로 떨어지니 눈을 뜨고 볼 수 없는 아비규환의 참상이 하룻밤 사이에 이루어지고 말았다. 이러한 참상은 일찍이 없었던 일이었고 또 중국의 역사상 가장 큰 규모의 학살로 기록되어 '신안대도살(新安大屠殺) 사건'으로 불리고 있다.

하룻밤의 이 신안대도살 사건이 외부로 알려지면서 미 점령지구의 성들은 성문을 봉쇄하고 결사적인 항거를 했다. 항우는 성을 불사르고 남녀노소를 불문하고 닥치는 대로 베어가며 진군했다. 이미 공성이나 다름없는 성들이 모두 죽기로 항거를 하고 나섰다. 항우의 진군은 지체되고 성은 초토화가 되었다. 반면에 유방군은 온화한 유인책과 덕망으로 싸우지 않고도 성을 하나씩 접수하여 항우보다 먼저 '관중'에 도착하여 약법삼장(約法三章)* 등을 공표, 커다란 민심을 얻었다.

— 오하일 《사기인간학 항우.유방(3,4권)》 중에서 —

---

* 첫째, 살인을 한 자
  둘째, 사람에게 상해를 가한 자
  셋째, 남의 물건을 도둑질한 자를 처벌하는 것이며, 이외의 법령은 모두 철폐하였다.

■ 행복의 비결

진(秦)나라 대장군 장한은 이미 간신 조고의 전횡으로 진나라의 대세가 기울어졌다고 보고 자신의 군사 20만을 데리고 초나라 항우에게 투항한다. 하지만 투항한 진나라 군사와 초나라 군사 간의 보이지 않는 자존심으로 알력이 시작되어 이 사실이 곧바로 초나라 항우에게 보고되고, 항우는 비장한 칼을 뽑는다.

항우는 군사 범증 등 여러 참모의 반대에도 불구하고 진나라 군사 20만을 '신안의 침식분상 절벽'으로 유도하여 떨어뜨려 죽게 만드는 '신안대학살'이란 살인행위를 단행하게 된다. 그 당시 초(楚)회왕은 "진나라 「관중」을 먼저 취한 자가 왕이 된다."고 선언, 한(漢)나라 유방은 가는 곳마다 적들을 포용하고, 용서함으로 먼저 쉽게 관중에 입성하였으며, 입성하자마자 '약법삼장'을 발표하는 등 민심을 재빠르게 얻었다. 반면 항우는 '신안대학살' 사건이 외부로 알려지면서 미점령지구의 백성들이 성문을 적극적으로 봉쇄하고 결사적인 항거를 하여 관중을 취하는 데 많은 장애가 있었고, 희생자들이 속출하였다.

'거미가 넓은 대로에 거미줄을 쳐서 먹잇감을 취하는 것은 오히려 사람이나 천적에게 발각되어 자기의 목숨을 위태롭게 할 수 있는 것처럼' 항우의 '신안대학살' 사건은 '왕'이 되려고 한 자기의 목표를 달성하는 데 오히려 강한 반발과 걸림돌이 되어버렸고, 끝내는 '해하전투'에서 적인 유방에게 대패하여 자기 스스로 비참하게 자결케 만드는 하나의 단초가 되었다.

우리는 역사에서 최고지도자의 잘못된 판단과 결정으로 수많은 백성이 아무런 죄 없이 무수하게 희생되어 목숨을 잃었던 사례들을 많이 배우고, 목격하여 왔다.

예나 지금이나 평범한 보통사람들은 인간으로 태어나 비록 풍족하지 않더라도 안분지족하면서 가족끼리 잘 먹고, 잘 입고, 즐겁게 살아가는 것이 삶의 염원이었다. 하지만 우리의 역사는 그렇지 못한 경우가 많았고, 지금도 세계 곳곳에서 힘없는 대다수 인간이 무모하고 경솔한 지도자에 의하여 강제로 가족과 헤어지거나 격리된 채, 목숨을 강요당하는 사례를 많이 접하곤 한다. 즉, 아직도 우리 주변에서는 인간의 존엄성과 가치, 인격 등을 무시당한 채 세상을 살아가는 많은 인간이 존재한다. 그 지도자 나름대로 여러 가지 사유가 있을 수 있지만, 무엇보다도 중요시해야 하고 우선시해야 할 것은 오직 하나, 사람의 생명이다.

현재 최고지도자는 과거의 잘못된 결정으로 수많은 죄 없는 인간들이 죽어갔던 사례를 반면교사로 삼아서 최대한 사람을 중요시하는 결정을 해야 할 것이다.

이처럼 지도자가 매사에 사람을 중요시하는 결정을 하려면 평상시부터 지도자로서 기본적인 인성교육, 인격수양, 겸양지덕 등 철저한 자기 수련을 해야 할 것이며, 더 나아가 자연을 중요시하고 하찮은 생명체도 존중하는 품성을 쌓아야 할 것이다. 그런 후에 주변 사물에 대하여 세밀히 살필 수 있는 신중하고 종합적인 안목, 비록 전면에는 나타나지 않았지만, 사물의 배후나 이면까지 투시할 수 있는 통찰력, 미래를 정확하게 예견할 수 있는 선견지명, 아울러 상대방의 의견을 이해하고, 존중하고, 경청할 수 있는 소통능력, 늘 상대방의 어려움을 감싸 안을 수 있는 따뜻한 포용력이 필요하다고 본다.

| 자연을 느낄 때 행복이 움튼다 |

거미는 거미줄 안에서만 열심히 먹잇감을 취하고, 뱁새는 조그마한 반경 안에서만 부지런히 먹잇감을 얻는다

《두더지의 혼인, 원소의 '관도결전' 의 패배》

■ 자연의 실상

「뱁새(붉은머리오목눈이)」는 사람이나 포식자의 눈에 잘 띄지 않게 철저히 경계하며 신중하고 민첩하게 움직인다. 또한, 항상 좁은 반경에서 먹잇감을 취하며 즐겁게 재잘거린다. 「거미」는 자기가 만들어 놓은 거미줄 안에서만 부지런히 움직이면서 먹잇감을 구하고 만족해한다.

- 「뱁새」는 체구가 작으며 주로 수풀이나 장애물이 많은 곳에서 주변 좌. 우를 철저히 경계한다. 또한, 신속하고 짧게 움직이며 가까운 주변에서 자기를 보호할 수 있는 나무나 수풀 등 방호막을 찾아간다. 뱁새는 참새와는 달리 들판의 나락을 노리지 않고, 작은 열매나 잡초의 씨앗을 즐겨 먹으면서 사람들의 눈에 자주 띄지 않는다. 「거미」는 자기가 쳐 놓은 거미줄 내에서만 먹잇감을 구하고 이에 만족한다.

■ 인간과의 관계

① '분수에 넘치는 욕심을 버리자(언서지혼(鼴鼠之婚)*)'

두더지(鼴鼠)가 자식을 훌륭한 곳에 결혼시키려고 생각했다. 처음에는 하늘이 최고 높다 하여 하늘을 찾아가 청혼했다. 하늘이 말했다.

"내 비록 만유를 포용하고 있으나 해와 달이 아니면 나의 위덕이 드러나지 않는다. 해와 달을 찾도록 하라."

두더지는 해와 달을 찾았다. 해와 달이 말했다.

"하늘의 말과 같이 하늘의 위덕은 내가 있으므로 빛이 나는 것이 사실이다. 허나 내 아무리 하늘을 위하여 빛을 밝히려 해도 구름이 한번 내 빛을 가려놓으면 방법이 없다. 나의 힘으로는 구름을 어쩌지 못하니 분명 구름은 나보다 위다."

두더지는 할 수 없이 구름을 찾았다. 구름이 말했다.

"나의 능력으로 해와 달이 빛을 잃는 것은 사실이다. 그러나 바람이 한 번 불면 아무리 움직이지 않으려 해도 불가능하다. 바람은 나보다 위다."

두더지는 그렇다 싶어 그 길로 바람을 찾았다. 바람이 말했다.

"구름의 이야기는 사실이지! 제까짓 것이 나의 힘을 당할 수 있나.

---

* 두더지의 혼인이란 뜻으로 높은 계층의 사람과 혼인하려고 하나 결국 같은 부류와 맺어짐을 뜻한다.

하지만 석불(石佛)은 당할 수 없단 말이야. 아무리 힘을 모아 세게 불어도 넘어지지 않는단 말이야. 아무래도 석불은 나보다 위에 있는걸."

두더지는 머리를 끄덕이며 석불을 찾았다. 석불이 말했다.

"바람이 나를 알아보기는 하는군. 여부가 있나. 바람이 아무리 센들 나는 끄떡도 않거든! 그런데 말이야. 두더지가 내 발밑을 들쑤셔 놓으면 넘어지지 않을 수가 없단 말이야. 나에게는 두더지가 참으로 두려운 존재거든! 두더지를 찾아가 보도록 하게."

두더지는 만족스러웠다.

"하늘, 해, 달, 구름, 바람, 석불보다 더 높은 것이 우리 두더지란 말이지! 짧은 꼬리 길쭉한 주둥이는 우리의 멋이거든."

이처럼 두더지는 자식을 훌륭한 계층에 혼인시키기 위하여 하늘, 해, 구름, 바람, 석불 등 다 찾아가 보았지만 결국은 두더지가 최고라는 것을 알고 그들 두더지 세계에서 상대를 구해 자식을 혼인시켰다.

– 홍혁기 《지혜》 중에서 –

② 「원소」의 '관도결전' 패배

「원소」는 삼국지 초반에 등장하는 당시 최대 실력자 중 하나다. 그때 「조조」는 황하 일대를 아직 손에 넣지 못했을 때이다. 유비도 이곳저곳 기웃거리다가 원소 밑에 빌붙어 있던 시절이다.

원소는 이 당시 황하 이북 네 개 주에 대한 지배체제를 굳히고 있었다. 다만 조조는 허수아비나 다름없는 한나라 황제를 곁에 두고 천하를 요리하는 명분만 있었을 뿐이다. 세력은 원소에 비해 훨씬 뒤떨어져 있었다. 동원이 가능한 병력규모는 원소가 10만, 조조는 2만 명 정도였다. 이 밖에 확보한 병참 물자나 인재 등에서도 엄청난 차이가 났다.

서기 2백 년 조조와 원소는 한판 대결을 벌인다. 원소가 부하 참모들의 건의를 뿌리치고 조조에게 싸움을 건 것이다. 이 결전이 유명해진 이유는 약세가 가장 강한 세력을 단 한방에 꺾었기 때문이다. 예상을 깨고 참패한 원소는 황하 건너 쪽으로 도망치는 초라한 신세가 되었고 이 패전의 쇼크로 2년 후 병을 얻어 죽는다.

원소는 그의 교만함에 졌다. 원소는 명문가 집안에서 태어났고 할아버지 때부터 한나라의 재상을 역임해왔다. 그는 엘리트 중 엘리트 교육을 받고 자랐다. 이런 집안의 배경 탓에 원소는 명문의식과 자만심 등으로 꽉 차 있었다. 부하들의 진언을 듣지 않거나 거의 무시했다.

원소는 조조와 싸움을 벌이기 전에 참모회의를 열고 의사결정을 내린다. 이 회의에서 핵심참모인 「허유」, 「전풍」 등이 모두 조조와 전면전에 반대 입장을 보였다. 동시에 전략적인 건의를 숱하게 올렸다. 그러나 원소는 이미 조조를 멋지게 부숴버리겠다는 생각에 빠져 있었다. 참모들의 건의는 귀에 들어오지도 않았다. 원소는 끈덕지게 전쟁을 반대하는 전풍을 감옥에 가두어버리기까지 한다. 원소의 핵심 참모인 허유는 조조의 대군을 한군데 묶어두고 한나라의 황제가 있는 허도를 급습해서 황제의 신변을 확보하는 구체적인 작전까지 제안했다. 하지만

| 자연을 느낄 때 행복이 움튼다 |

이마저 묵살된다.

원소는 자만심과 오만에 눈이 멀어 전쟁에서 전략과 전술보다는 멋지게 조조를 사로잡아 자신 앞에 무릎을 꿇리고 창피를 줄 생각만 했다. 그는 조조를 분수도 모르고 날뛰는 환관의 손자쯤으로 낮추어 보았다. 출신 성분부터 무시했으며, 조조를 사로잡는 것만 생각했다.

– 존K.클레멘스 외《고전에서 배우는 리더십》중에서 –

■ 행복의 비결

어리석은 두더지는 자기의 분수도 모르고 자식을 높은 계층과 혼인시키고자 '하늘, 해, 달, 구름, 바람 등 힘센 대상자'를 찾아갔다가 마지막으로는 자기와 같은 두더지 부류가 최고라는 것을 늦게 서야 알아차렸다. 또한, 원소는 자기가 태생적으로 명문가 집안이라는 자만심과 교만함으로 상대방의 의견을 경청하지 아니하고 철저하게 무시하였으며, 특히 환관 출신인 조조 정도는 우습게 여기고 매사 결정을 신중하게 처리하지 못하고 독단적으로 결정하였다. 결과적으로 그는 많은 군사와 좋은 여건을 갖고 있었지만, 조조에게 대패하고 만다.

'뱁새'는 자기의 체구가 작아 힘이 없다는 것을 알고 주변을 철저히 경계한다. 또한, 먹을 것도 먼 곳이 아닌 가까운 곳에서 얻으려 하고, 욕심내지 아니하고 나락보다는 작은 열매나 잡초의 씨앗을 먹잇감으로 먹고 살아간다. 아울러 '거미'도 자기가 부지런히 쳐 놓은 거미줄

안에서만 먹이를 구하며 즐거움을 느끼면서 살아간다.

우리 인간도 주변에 욕심내지 않고 성실하게 평범한 생활 속에서 열심히 즐거움을 느끼고, 안분지족하면서 생활하는 보통사람들의 모습을 많이 목격할 수 있다. 예를 들면, 나의 이웃에 살았던 평범한 30대 잉꼬부부의 '따뜻한 사랑 이야기'가 그것이다. 남편은 자기가 손수 마련한 커다란 트럭으로 화물을 수송한다. 그는 특별한 일이 없으면 하루 수송 일과를 마치고 저녁 식사 시간에 맞추어 집에 들어오는데, 주차는 주차시설이 좋지 못한 관계로 근처의 이웃집 유휴지 택지에 주차한다. 또한, 그의 아내는 매일 그 시간에 맞추어 온종일 고생한 남편을 이웃집 택지 주차장으로 마중을 나간다. 마중을 나간 그녀는 남편의 손목을 꼭 잡고, 남편의 고달픔과 무사함에 대하여 위로를 보내고, 반가움과 함께 나란히 손을 붙잡고 집에 들어가 즐거운 저녁 시간을 보낸다.

또 다른 예는 주택가나 거리의 인도에서 채소나 나물 등을 파는 할머니의 '꾸밈없고, 정직하고, 소탈한 모습'이다. 아침 일찍 할아버지가 물건을 팔 수 있도록 자리를 마련하여 주면 할머니는 온종일 그곳에 앉아 물건을 판다. 얼굴은 거무스레하고 이마에는 주름이 깊게 패였으며, 눈동자는 청명하고 순수한 모습을 띤 할머니는 어느 젊은 중년 아줌마가 가격을 낮추어 달라고 요구하면 약간의 미소를 띠고 "손해는 보면 안 되는 디" 혼자 중얼거리면서 기꺼이 가격을 할인하여 주고, "다음에도 꼭 와서 내 물건을 팔아 주어야제" 하고 부탁한다. 그 할머니는 비가 오나 눈이 오나 늘 그곳에 나와서 물건을 팔고 있다. 햇볕이 쨍쨍 내리쬐는 어느 무더운 날, 특히 손님의 왕래가 없는 어느 날에는 고단하여 자기도 모르게 파라솔 아래 깜빡 졸곤 한다. 이런 할머니의 모습은 우리가 삶이 피곤하고 지쳐있을 때 자기도 모르게 깜박 졸면서 모든 만사를 잊어버리고 그냥 조용히 휴식을 취하는 모습과 같다.

우리는 평소 사람들과 접촉하고 사귀면서 각종 이해관계와 유혹에 빠져들 때가 많다. 그때마다 마치 어린아이가 엄마에게 자기 가게의 분수도 모른 채, 무조건 눈에 보이는 것마다 모두 다 사 달라고 떼쓰듯이 욕심을 부린다면 다른 사람들에게 환영받기는 어려울 것이다.

또한, 우리는 가끔 자신의 욕망을 늘 다른 사람과 비교하면서 모든 수단과 방법을 써서라도 물질적 풍요를 누리고 싶어 할 때가 있다. 이러한 때 자기 분수도 모르고 달콤한 유혹에 빠져 자기 직분이나 권력을 남용해서 부정을 저지르는 경우가 많으며, 나중에는 결국 파멸의 수렁에 빠지고 만다. 그 원인을 자세히 들여다보면 무엇보다도 자기 자신의 잘못된 분수와 그릇된 욕심 때문일 것이다. 우리는 통상 만족할 줄 아는 사람은 비록 가난해도 마음만큼은 늘 풍족하고 걱정 없이 행복하기만 하다. 반면에 만족을 모르는 사람은 부유한 생활을 한다 하여도 그의 마음은 늘 가난하고 스스로 걱정거리를 만들며 불행하게 살아간다.

'뱁새'는 지금 이 시간에도 따뜻하게 빛나는 태양 빛과 함께 이리저리 잽싸게 날아다니고, 재잘거리면서, 즐거운 하루를 시작하고 있다. 우리 인간도 세상을 살아가다 보면 복잡하고, 어렵고, 힘들고, 더욱 고민 해야하고, 생각해야만 할 것들이 많이 있다. 하지만 이 모든 것들은 다 자기 자신 스스로가 어떠한 마음가짐을 갖고 있으며, 어떤 느낌으로 대하는가에 따라 달라질 수 있고, 수시로 바뀌어 갈 수 있다. 우리는 우선 어려울 때일수록 '두더지'와 같은 어리석고 허황한 꿈을 일체 버리고, 초연한 자세로 마음을 비우고 조금 쉬었다 가도록 하자. 그렇게 조금 시간이 지나다 보면 본연의 제 모습으로 되돌아와 바른길이 반드시 보일 것이다. 이렇게 조금 쉬었다가 자기의 길을 다시 가면 매사에 의욕이 생겨서 마치 '거미가 스스로 거미줄을 쳐 놓은 곳에서 먹이를 취하고', '뱁새가 따뜻한 태양 아래서 자기의 먹잇감을 찾아 이리저리 열심히 찾아다니는 것처럼' 모든 일이 순조롭게 다 이루어질 수 있을 것이며 앞으로 자기가 가야 할 길도 정확하게 예측 가능해 질 것이다.

이른 봄 가냘픈 뻐꾸기 울음소리는 주변을 유혹, 강한 애정과 연민의 정을 느끼게 한다

《유씨갓의 촌스러움, 그의 생명을 구하다》

■ 자연의 실상

이른 봄 뻐꾸기 울음소리는 가까운 곳에서 나지만 마치 먼 거리에서 우는 것처럼 지나가는 사람들의 발걸음을 멈추게 하여 연민의 정을 느끼도록 한다.

• 이른 봄 산기슭이나 들판 초목에서 뻐꾸기의 울음소리를 들어보면 여러 가지 뉘앙스를 풍긴다. 그 소리는 주변 가까이 있으면서 마치 먼 거리에서 들려오는 것처럼 가냘프게 들려온다. 지나가는 사람들은 그 가냘픈 소리가 들리면 연민의 정을 느껴 가던 발걸음을 멈추고 그 울음소리가 나는 곳을 향하여 두리번거리곤 한다.

■ 인간과의 관계

홍문지연(鴻門之宴)과 유방, '유씨갓의 촌스러움이 그의 생명을 구하다'

진(秦)나라가 거의 멸망할 무렵 초나라 「회왕」은 「항우」와 「유방」 중 먼저 관중에 입성한 사람을 '관중의 왕'으로 봉한다고 약속했다. 그 당시 항우는 50만, 유방은 10만의 병사를 거느렸다. 하지만 유방은 진나라 적들을 설득과 포용, 계교로서 가는 곳마다 쉽게 적 진영을 접수하여 먼저 관중을 취하였고, 그곳 관중지역을 안정시키기 위하여 약법 삼장까지 발표하였다.

하지만 유방은 항우 장군이 관중을 취하기 위하여 파죽지세로 힘을 과시하면서 힘겹게 여러 성을 격파하고 있는 전황을 제대로 간파하지 못한 채, 초회왕이 제시한 조건인 '먼저 관중을 접수한 자가 관중의 왕이 된다'는 것만 믿고 어리석게 관중의 입구인 「함곡관」을 봉쇄하고 항우 병력과 대치하는 우를 저지르고 만다.

한편, 항우 장군 진영에서는 군사인 「범증」과 항우가 유방이 그동안 '관중의 왕'이 되는 등 그의 행태가 아주 괘씸하고 배은망덕하다고 보고, 매우 분개하여 '유방을 「홍문」으로 불러들여 죽이려고 철저한 계획'을 준비한다. 그 계획은 첫 번째로 유방이 관중에 들어와 그동안의 지은 죄를 문책하여 적당한 때를 보아서 베어 버리자는 것, 둘째로 장막에 도부수를 매복시킨 다음 적당한 때에 베어버리자는 것, 마지막으

| 자연을 느낄 때 행복이 움튼다 |

로 취중에 잘못을 범하게 하여 그것을 빙자하여 베어버리자는 것이다.

드디어 유방은 홍문으로 호출을 당하여 항우와 피할 수 없는 자리를 갖게 되었다. 이때 유방은 군복을 벗어버리고 「유씨갓」에 여느 순수하고 촌스러운 농민처럼 옷을 입고 어수룩한 모습으로 항우를 맞이하였다.

"그대는 나에게 대죄를 지었음을 아는가?"

유방은 '유씨갓' 을 벗어들고 뒤통수를 만지며 당황한 표정을 지어 보였다. 그의 행동을 본 항우는 의외라는 듯한 표정이었다.

"그대의 죄를 아는가?"

항우가 소리를 쳤다.

"저는 패현에서 건달 노릇을 하며 지내던 보잘것없는 사내입니다. 우연히 정장노릇을 하면서 여러 사람들과 어울렸기로 그들은 나를 앞에 내세워 장군의 휘하에 들게 하였습니다."

"누가 그것을 물었던가!"

항우는 호통을 쳤다. 유방은 몸을 잠깐 움츠렸다.

"너의 죄를 묻지 않았는가?

"회왕을 비롯한 제후들이 저를 밀다시피 해 「함양성」으로 가라 하는 바람에 떠밀려 오다 보니 여기까지 이르렀습니다. 그리고 상장군 휘하에 예속된 저로서는 장군의 명령에 따라 나아가는 것이나 물러나는 것이나 그에 따르고자 했을 뿐입니다. 본시 용맹도 없고 지휘를 해본 적도 없는 사람인지라 무엇이 방자하게 되었는지 잘못된 것이 있다면 지적해주시기 바랍니다."

'말하는 태도나 유씨갓을 손으로 비틀며 놀란 눈으로 우물쭈물하는 그를 보고 항우는 애당초 신경조차 쓸 사람이 아니라는 느낌'이 들었다. 범증은 왜 저런 사람에게 신경을 쓰는지 모를 일이었다.

"내가 그대의 잘못을 지적할 테니 들어보라! 너는 함부로 '왕칭'을 하고 군왕의 행세를 하지 않았던가?"

"왕칭이라니요…. 언감생심 생각이나 해볼 수 있는 일입니까?"

유방은 두렵다는 표정으로 올려다봤다.

"무어라! 너는 첫째, 관중으로 들어가 자영(진왕)으로부터 항복을 받고 네 마음대로 그를 살려주질 않았는가. 그것이 왕의 행세가 아니고 무엇이던가!"

"그것이 어찌 제 마음대로 결정할 수 있는 일이겠습니까? 자영이 몰리다 별도리가 없음을 알고 투항을 하겠다 하기에 싸우는 것보다는 이득이 될 것 같아 일단 투항을 받아놓은 것뿐입니다."

"어찌하여 네 마음대로 그를 살려주었던가?"

"제 입장으로서는 그를 죽일 수도 살릴 수도 없는 처지인지라 장군께서 알아서 하십사 하고 기다리는 중이었습니다."

"무엇이라, 기다렸다! 너는 그의 항복을 받고자 남쪽으로 우회하여 발 빠른 내기를 하지 않았던가?"

"그것이 아니오라 관중을 넘자니 겁이 나 항우 장군께서 그 길로 진입하시라 하고 약한 곳을 협공하자는 속셈이었습니다. 그리고 어찌하다 보니 발 빠르다는 소리를 듣게 된 것입니다. 겁에 질려 그랬을 뿐이었는데… 그만 잘못되고 말았습니다."

항우는 속으로 웃음이 터져 나왔다.

"그대는 함양성으로 들어가 맨 처음 무엇을 했던가?"

"도성으로 들어가 궁궐을 보고 호화찬란함에 놀랐고, 많은 궁녀를 보고 입을 다물 수 없었습니다. 그리고 재화들을 보고… 처음 본 물건들인지라 겁이 나 얼른 봉인하라 하고 패상으로 나오려 했습니다. 그런데 겁을 집어먹은 부노들이 저를 찾아와 '어떻게 하겠느냐?'고 물었습니다. 그래서 일단 항우 장군이 오실 때까지 기다리라 하고 아무것도 손을 대지 않고 할 수 있는 일을 궁리하다 보니 법이라도 느슨하게 해주고 나면 항우께서 진입하시게 될 때 그 덕에 백성들이 감화될 수 있을 것이라는 생각으로 선심을 썼을 뿐입니다."

"법의 선심…. 그것이 약법삼장이 아닌가. 그대는 그것으로 백성들의 인심을 모으자는 마음이었음이야!"

"법에 대해서 아는 것이 없습니다. 다만 진나라의 법이 가혹해 몸서리를 쳤던 생각에 그만…."

"약법삼장으로 인심을 얻자는 속셈이 아니었는가!"

항우는 화를 내며 호통을 쳤다.

"사람으로서 해서는 안 된다고 부모님이 항상 가르치던 세 가지가 가장 큰 죄로 생각되었기에 그것을 내세웠습니다. 그랬더니 백성들은 '선봉의 장수가 저러하니 나중에 오시는 왕께서는 후덕한 덕인일 것이다'라고 오히려 기대하고, 장군이 입성하실 때만 기다리는 중이었습니다."

항우는 유방의 대답이 늘어감에 따라 그에 대한 노여움이 가셔갔다.

"그래, 그것은 나를 위했다고 하자. 그러나 그대는 나의 진군을 알고도 함곡관에 군사를 배치하고 봉쇄하려고 하지 않았는가."

"그것은 제가 오히려 걱정했던 바입니다. 방비를 않자니 잔당들의 발호가 걱정되었고, 또 지키자니 오해를 받을까 신경을 쓰고 장군이 들어올 때까지 철저한 수비를 하라고 했던 것입니다. 장군의 진입을 방어하자는 노릇은 오히려 산사태를 가래로 막는 것이나 다름이 없는 일입니다."

"산사태를 가래로 막다니…."

"그렇습니다. 제가 아무리 날뛴다 해도 뛰어봐야 벼룩이요, 바지에 호주머니밖에는 되지 않습니다. 그런 힘으로 어떻게 항우 장군의 진입을 막겠다는 생각을 할 수 있었겠습니까."

항우는 소리를 내어 웃었다.

"장군과는 형제의 의를 맺고 있는 처지기에 깊이 생각하고 모든 것을 이해해 주실 것이라 믿고 했던 일입니다. 이것을 거꾸로 의심하여 저를 꾸짖으신다면 서운할 뿐입니다."

나이로 보면 한참 손아래의 동생 같은 항우에게 유방은 사색이 되어 천진하게 대답했고, 항우는 그런 그를 꾸짖는다는 것이 미안스러웠다. 어디로 생각을 해보나 자신을 위한 일이었지 유방이 자기를 위해 한 일은 아닌 것 같았다. 항우는 자리에서 벌떡 일어나 뜰 아래로 내려가 유방의 손을 잡았다.

– 오하일 《사기인간학 항우.유방 3.4권》 중에서 –

| 자연을 느낄 때 행복이 움튼다 |

■ 행복의 비결

우리는 이른 봄 겨울 자락이 아직 채 가시지 않은 어느 봄날, 산기슭이나 숲 속을 거닐다가 주변 가까이에서 뻐꾸기가 '뻐~꾹, 뻐~꾹' 하고 울면 그 뻐꾸기 소리가 나는 곳을 향하여 가던 발걸음을 멈추고 한 번쯤 쳐다본다. 그 소리는 분명 아주 멀리서 들리는 것처럼 무척 가냘프고 외롭게 들려 사람의 마음을 동요시키고, 나중에는 감정이 동화되어 그에 대한 애처로운 미련과 연민의 정을 느끼게 한다.

보통 뻐꾸기는 어미가 다른 새집에 알을 낳아 다른 새에게서 부화하고, 그 다른 새가 10여 일 동안 어미 역할을 하여 먹이를 주고 나면, 그 후에는 홀로 독립하여 살아간다. 여기서 우리는 이러한 뻐꾸기의 특이한 성장 과정과 정체성으로 뻐꾸기에 대하여 알 수 없는 여러 가지 '복잡한 미련과 여운'이 생길 것이다.

뻐꾸기 울음소리가 우리 인간에게 여러 가지 미묘한 감정과 연민의 정을 느끼게 하듯이, 유방도 「홍문지연」에서 촌스러운 유씨갓을 쓴 채, 어리숙한 자세로 항우의 마음을 동요, 연민하게 하여 끝내는 홍문의 죽음의 사지에서 기사회생, 목숨을 구걸하면서 살아남게 된다.

이는 최근 우리 현대인에게 시사 하는 바가 크다고 볼 수 있다. 우리 인생에서도 어떤 사람의 외모가 자기에게 비록 가냘프고 애련한 모습으로 비추어지더라도 그의 모습이 오히려 자신에게 더욱 큰 매력 포인트가 되거나, 신임을 받을 수 있는 계기가 되는 경우가 많다. 또한, 상대방이 어느 특정인을 적극적으로 따르거나, 사모하게 되는 경우 그

특정인은 이와는 반대로 그 상대방을 오히려 싫어하는 경우도 많이 생긴다. 사람들이 일반적으로 이성적인 생활을 한다고 하지만 때로는 한 치 앞을 내다볼 수가 없는 어리석은 행동을 해버리거나, 전혀 엉뚱한 분위기에 휩쓸려 자기의 감정을 절제하지 못하는 경우가 많다. 이러한 복잡하고 미묘한 사람의 정 때문에 예로부터 역사는 길흉화복이 서로 뒤바뀌고 상호 간의 입장이나 처지가 바뀌며 음과 양의 위치가 서로 달라진 경우가 많았다.

하지만 우리는 이러한 감정을 아무 때나, 아무 곳에서나, 아무렇게나 사용해서는 안 되며, 이를 보다 적시에 어떻게 잘 활용하고, 조정할 것인가를 매우 중요하게 생각해야 한다. 이에 대한 답은 주변 환경이나 상황이 어떻게 주어지고, 여기에 따른 그때 그때의 감정과 이성을 어떠한 방법으로 슬기롭게 잘 조화시키고, 순발력을 발휘할 수 있는가 등이 매우 중요하게 적용된다고 본다. 예를 들면, 우리는 특정인이 비록 잘못을 저질렀다고 하더라도 너무 내몰 차게 학대하거나, 어려운 궁지에 몰리게 하면 안 될 것이다. 항상 주변 상황에 따라서 분위기를 잘 파악하고, 이성과 감정이 잘 조화를 이루도록 하고 때로는 이성적으로, 때로는 따뜻한 가슴으로 유연하게 사람과의 관계를 잘 대처해 나가야 한다.

상기의 뻐꾸기 성장 과정에서처럼 뻐꾸기는 태생적으로 복잡한 연민의 정을 갖고 태어난 새라고 본다. 그래서 그 울음소리는 항상 가련하고, 애처롭게 들릴 수 있다. 항우는 당초부터 뼈대가 있는 무인의 가문으로 힘이 강했다. 반면, 유방은 초라한 농민의 집안에서 태어나 유약하고, 겸손했다. 분명한 것은 태생적으로 당초 강함과 약함, 어려움을 갖고 있으면 그것을 어떻게 주변 환경과 잘 조화하여 자기의 것으로 활용하느냐가 무엇보다도 중요하다. 한마디로 말하면 '뻐꾸기는 주변에서 사람들에게 연민의 정을 얻는 데 성공하였고 유방도 자기의 특성과 주변 상황을 잘 활용하여 나중에 천하를 통일하는 한나라 황제'가 되었다는 것이다.

꿀벌과 나비가 꽃이 있는 곳이면 어디든지 찾아드는 것은 지극히 자연스러운 현상이다

《물의 흐름이 보여주는 교훈》

■ 자연의 실상

들판에 자연스럽게 먹이를 찾아 꽃에 몰려드는 꿀벌과 나비, 먹이가 있는 곳에 어김없이 나타나는 개미의 행동은 지극히 자연스러운 것이다.

• 꿀벌은 호박이나 오이가 꽃을 왕성하게 피울 때 새벽녘 일찍부터 어디선가 날아와 호박꽃의 꿀을 따러 열심히 모여든다. 또한, 개미떼들은 산이나 들판 등 어느 곳이라도 반드시 먹을 것이 있는 곳이면 달려간다.

| 자연을 느낄 때 행복이 움튼다 |

■ 인간과의 관계

물의 흐름이 보여주는 교훈

중국의 사상가 왕양명은 「수오훈(水五訓)」에서 물이 주는 다섯 가지 가르침을 통해 우리가 물에서 어떤 것을 배워야 하는지를 일깨워 주고 있다.

첫째, 물은 항상 자기가 나아갈 길을 찾아 멈추는 일이 없다. 그 앞에 바위가 놓여 있든 높은 언덕이 가로막혀 있든, 가다가 흐름을 멈추는 물줄기는 없다. 앞에서 물길을 막고 있는 바위의 틈새를 반드시 찾아내어 그 사이를 흐르거나, 안되면 앞에 놓여 있는 것의 둘레를 돌아서라도 아래로 흘러내린다. 바다로 가는 물줄기, 강줄기의 그 수없는 곡선들은 어떻게든 자신의 길을 멈출 수 없던 몸짓과 걸어온 흔적이기도 하다.

둘째, 물은 스스로 움직여 다른 것을 움직인다. 물은 언제나 살아 움직인다. 생명체로서 살아 있고 움직여 흘러가면서 살아 있다. 그래서 그 속에 살아 있는 것들을 키우고 그 곁에 온갖 풀과 꽃과 나무와 생명체들을 살아 움직이게 한다. 스스로 살아 움직여 다른 것을 살아 움직이게 하는 이 힘은 아무것도 아닌 것 같지만, 스스로 타올라 모든 것을 불에 타 죽게 만드는 불의 속성과는 또 다른 위대함이다.

셋째, 물은 장애물을 만나면 그 세력이 몇 배로 증가한다. 그래서 물의 힘을 인위적으로 막으려 해서는 안 된다. 물줄기를 막아 놓은 둑이나 저수지, 댐은 인간이 물을 다스리기 위해 지혜를 모아 쌓은 것이다. 그러나 댐도 물의 수위가 높아지면 아래로 물을 흘려보낸다. 물이 넘치도록 그냥 내버려 두면 터져 버리기 때문이다.

넷째, 물은 스스로가 맑아지려 하고 다른 것의 더러움을 씻어 준다. 또 맑고 더러움을 가리지 않고 받아들인다. 그래서 사람이 이런 물만큼만 된다면 고도의 경지에 들었다 할 수 있다. 물은 스스로가 맑지 않으면서 다른 이의 더러움만 손가락질하는 것이 아니라 더러운 것까지 받아들여 맑게 만드는 힘을 가지고 있다.

다섯째, 물은 넓은 바다를 채우고, 때로는 비가 되고 구름이 되고 얼음이 되기도 하지만 그 성질은 바뀌지 않는다. 물은 직선을 고집하지 않으며 바위를 만나면 뚫고 지나가려 하지 않고 유연하게 돌아간다. 그렇게 굽이굽이 흘러서 결국 바다로 흘러간다. 그리고 다시 하늘로 올라가 비로 내려온다. 가장 낮은 곳으로 가서 다시 가장 높은 곳으로 올라가 결코 오래 머무르지 않는다. 부드럽게 순응하면서도 절대 멈추지 않는 물, 성공했어도 자만하지 않고 끊임없이 흐르는 물, 바다에 이르렀으나 언제 그랬느냐는 듯 다시금 처음으로 돌아가 시작하는 것이 물이다.

이처럼 물은 빨리 흐를 때도 있고 멈춰 고여 있을 때도 있고 천천히 흐를 때도 있다. 좁은 길을 만나면 소리를 내며 물살이 빨라지고 넓은 곳에 도달하면 언제 그랬느냐는 듯 유유자적하게 흘러간다.

물은 그 형상이나 성질에서도 연약하고 유약하기 이를 데 없으나, 능히 강함을 이기니 불을 제압함이 그것이요, 물방울이 모이고 또 모여서 그것이 대하를 이루고, 때로는 가느다란 물방울이 바위도 뚫어내는 강하고 굳셈을 보여준다. 또한, 모든 사물에 생명력을 부여하면서도 그 대

| 자연을 느낄 때 행복이 움튼다 |

상을 소유하려 하지 않고, 권위나 권리를 탐하지 않으며, 기대하지도 아니하면서 홀연히 초탈함으로써 오히려 영원성을 갖고 있다.

물은 모든 만물에 이로움을 준다. 항상 사람들이 싫어하는 낮은 곳을 마다하지 않고 이렇다 할 모습을 드러냄이 없다. 둥근 그릇에 담기면 둥근 모습을 드러내고 네모난 용기에 담기면 네모난 모양을 낸다. 이처럼 장소에 따라 적응하고 변화하지만, 본래의 성질을 언제나 간직한다. 모든 생물이 살아가는 데 있어 없어서는 안 될 소중한 것이지만 욕심 없이 그냥 조용히 흐르고, 지켜보고 있을 뿐이다.

깊은 강물은 물이 차는 데 오랜 시간을 요하지만, 대신 많은 것을 수용하면서 소리 없이 도도하게 흘러간다. 또한, 천혜의 요새지역으로서 쉽게 흔들리지 않으며, 그 바닥과 실체를 쉽게 드러내지 아니하고 모든 것을 포용하고 아우르고 모든 만물에게 그냥 안식처만 제공할 뿐이다.

- 도종환 《도종환의 삶 이야기》 중에서 -

■ 행복의 비결

'호박과 오이에 꽃이 왕성하게 필 때면 새벽녘 일찍부터 어디선가 꿀벌들이 날아와 호박이나 오이꽃의 꿀을 따기 위해 열심히 모여드는 것처럼' 세상의 만물 이치는 모든 것이 순리대로 서로 간에 조화를 이루면서 자연스럽게 질서를 이루어가고 있음을 알 수 있다. 예를 들면, 밝은 것(陽)이 있으면 어두운 것(陰)이 있고, 아름다움(美)이 있으면 추(醜)한 것이 있으며, 선(善)한 사람이 있으면 악(惡)한 사람이 있다. 또한, 장점이 많은 사람이 있으면 단점이 많은 사람이 있고, 많이 가진 사람이 있으면 적게 가진 사람이 있다. 초식동물이 있으면 육식동물이 있고, 꽃이 있는 곳에는 곤충이 있고, 곤충이 있는 곳에는 새들이 있으며, 새들이 있는 곳에는 독수리 같은 맹금류가 있다.

　이른 봄 들판에 가보면 쑥이나 민들레, 클로버는 다른 초목이 접근하지 못하게 각자 자기들끼리 군락을 이루면서 왕성한 번식을 하고 역시 주변의 가까운 산을 가보아도 소나무, 아카시아, 도토리나무, 밤나무 등의 초목이 자기들끼리 군락을 이루면서 각자의 개성과 색깔을 띠고 자연스럽게 성장하고 있다. 또한, 장끼와 까투리는 겨울철 양지바른 묘지에서 휴식을 취하면서 평화롭게 새봄을 기다리고 두루미 떼들은 남쪽 아담한 산 아래의 소나무와 비자나무 숲 등 조용한 곳에서 둥지를 틀고 자연이 주는 축복의 은총을 만끽하고 있다. 반면 어리석은 거미는 사람이 많이 다니는 대로에 거미줄을 쳐 놓고 먹이를 기다리고 있고, 겁 없는 미꾸라지는 한여름 소나기를 맞으면서

시원한 흙탕물이 있는 농로의 물줄기를 따라 헤엄치며 즐거움을 만끽하고 있다. 때 늦은 늦가을에 자그마한 꽃을 피운 개나리와 진달래, 장미는 따스한 햇볕이 더욱 그리워 세월 가는 줄 모르고 있다가 삭풍이 불면 그때야 자기의 어리석음을 알아차리고 곧장 사라져버린다.

이처럼 자연의 모든 만물이 주변 환경과 더불어 순리적으로 활동하고, 움직이고 살아가는 것처럼 우리 인간도 부모로부터 선택받은 자신 고유의 성품과 특기, 무한한 잠재력을 잘 활용하여야 한다.

물은 모든 만물에게 이로움을 주면서도 서로가 다투지 않고 사람이 싫어하는 낮은 곳을 마다하지 않으며 둥근 그릇에 담기면 둥근 모습으로, 네모난 용기에 담기면 네모난 모습을 보이고 항상 자기 스스로를 낮추면서 순리를 따른다. 또한, 새들도 햇볕이 따뜻하게 비추거나 주변의 환경이 아늑하고 평온할 때는 언제 어디에서든지 나타나 스스로 흥에 겨워 지저귀고 노래하지만, 먹구름이 끼고 비바람이 몰아치는 폭풍우 속에는 노래는커녕 어디론지 도망가 몸을 숨기고 숨을 죽인다.

한여름, 갈 길이 바쁜 매미는 소낙비가 내리는
와중에도 커다란 울음소리로 못내
시간의 흐름을 아쉬워한다

《모든 것은 변화하며 이는 또 다른 새로운 것을 만들어 낸다》

■ 자연의 실상

**매미는 여름철 강한 소낙비가 내리는 가운데서도 커다란 울음소리로 못
내 시간의 흐름을 아쉬워한다.**

- 한여름 매미의 우렁찬 울음소리가 수컷이 암컷을 유혹하기 위한 사랑의
세레나데인지, 사람들에게 무더운 여름철 더위를 식혀주기 위한 노랫소
리인지 궁금해질 때가 있다. 매미는 7년이란 기나긴 인고의 준비기간을
무사히 거치고 탄생하여 밖으로 나온다. 그렇게 본 세상은 마음껏 즐기
기 위해서는 너무나 짧은 한 때의 시간이 아닌지 싶다. 그 울음소리는
그 짧은 한 때의 시간이 못내 아쉬워 몸부림치는 소리로 들린다.

| 자연을 느낄 때 행복이 움튼다 |

■ 인간과의 관계

모든 만물은 변화하며 이 변화는 새로운 것을 다시 탄생시킨다

모든 만물은 변화하지 않는 것이 없다. 항상 새로운 것이 생성하거나 태어나면 변화를 거듭하여 주변에 영향을 주고, 상호작용하며 또 다른 것을 잉태시키거나 기존의 것을 쇠퇴시킨다. 우선 숲 속의 죽어가는 나무가 여타 다른 생물에게 커다란 생명력을 불어 넣어주는 모습을 살펴보자.

나무가 새로이 태어나 오랜 시간이 경과하여 수명이 다 되었을 때는 여러 가지 증상을 보인다. 뿌리가 견고하지 못하여 나무의 맨 끝부분의 줄기를 제외하고 거의 모든 줄기와 나뭇가지가 하얀색이나 살색으로 변하여 따뜻한 봄이 돌아와도 새싹이 돋아나지 않는다. 그리고 생명력이 다되어 햇볕과는 무관하게 되고, 바람에 줄기가 쓰러지거나, 뿌리가 뽑히기도 한다. 그리고 다람쥐나 개미, 딱따구리 등이 먹이 또는 새로운 보금자리를 찾기 위하여 그곳을 부지런히 찾아다니곤 한다. 아울러 그곳에는 곰팡이나 버섯이 자라게 되어 서서히 나무로서 생명력을 잃어가거나 이미 잃었다고 볼 수 있게 된다. 하지만 이러한 죽어가는 나무는 이것으로 끝나는 것이 아니며 숲 속의 다른 수많은 생물에게 본격적으로 많은 혜택과 선물을 제공한다.

죽어가는 나무는 곤충과 애벌레에게 자신의 몸을 허락하여 곤충이 자신의 몸에 파고들어 집을 짓게 하고 그 안에서 애벌레가 편안하게 번식

할 수 있도록 안식처를 제공한다. 거미, 지네, 개미, 다람쥐, 딱따구리, 도롱뇽, 산개구리도 그 안에서 몇 년 동안은 서식할 수 있다. 아울러 죽은 나무 주변으로 뱀, 맹금류와 같은 생물들이 거미나 지네, 개미, 다람쥐 등을 포식하기 위해 나타나 새로운 숲의 모습을 형성한다.

다음은 동물과 곤충류, 식물과 공존모형 사례를 알아보자. 고고학자들이 밝혀낸 바에 따르면 서로 먹고 먹히는 약육강식의 역사는 수억 년 전 '너 살고 나 살기' 식의 생존 전략으로부터 시작되었다고 한다. 약 3억 년 전 곤충과 포유류는 자신에게 먹이를 공급해주는 식물과 '주고받음(giving and receiving)'의 관계를 창조하는 노력을 시작하였다. 벌과 나비, 곤충은 꽃이 피는 식물을 '고객'으로 정하고, 그들로부터 꽃가루와 꿀을 받으면서 그들을 위해 가루받이 서비스를 해주는 '주고받음'의 관계를 창조하는 데 성공했다. 벌과 나비는 자신의 몸에 꽃가루가 잘 묻어 가루받이가 되도록 몸을 진화시켰고, 꽃을 피우는 식물은 곤충이 자기에게 날아와 꿀과 꽃가루를 먹거나 가져가기 쉽도록 진화했다.

그뿐 아니라 다람쥐 같은 포유류는 열매 식물을 고객으로 정하고 그들의 열매를 식량으로 하면서, 그들을 위해 씨앗 이동서비스를 해주는 '주고받음'의 관계를 창조했다. 다람쥐는 나무 밑에 떨어진 열매를 그 자리에서 먹기만 하지 않고, 멀리 물고 다니면서 부지런히 그것을 땅에 묻어 둔다. 식물학자들에 따르면, 도토리 같은 열매는 땅속에 묻혀서 수분을 충분히 흡수해야 이듬해 싹을 틔울 수 있다고 한다. 만약 땅 위에 그대로 노출되어 있으면 건조해서 말라죽고 만다는 것이다. 신기한 것은 다람쥐들이 여름 동안 땅에 묻어놓은 열매를 그 후(겨울 동안) 다 찾

| 자연을 느낄 때 행복이 움튼다 |

아 먹지 않는다는 데 있다. 그 이유가 다람쥐의 기억력이 안 좋아서 묻은 곳을 잊어버렸기 때문이지, 아니면 자기에게 먹이를 '주는' 나무의 번식을 '도와주기' 위한 '주고받음'의 노력인지는 인간인 우리가 알 수는 없을 것 같다.

마지막으로 사람과 관계의 예로서, 진화론적 입장에서 진보를 제시한 영국의 생물학자 다윈(Darwin, Charles)의 변화론을 살펴보면, 그는 자신의 저서 《종의 기원》에서 아래와 같이 말했다.

첫째, 종(種)들 사이에는 수많은 다양성이 존재한다.

둘째, 주어진 종들의 집단은 그 개체의 수가 점점 증가하는 경향을 보인다.

셋째, 종들과 그들 사이에는 반드시 존재를 위한 투쟁이 있다.

넷째, 이 투쟁 속에서 가장 강하고 잘 적응하는 종만이 오랫동안 살아남으며, 약한 종은 멸종하여 버린다.

이처럼 그는 모든 생물의 발전은 주변 환경으로부터 철저한 경쟁과 싸움 속에서 살아있는 자는 번식하고 그렇지 못한 자는 도태된다는 '적자생존(適者生存)과 자연도태(自然淘汰)의 법칙'을 주장하였다.

— 김용규 《숲에게 길을 묻다》, 윤석철 《삶의 정도》 중에서 —

■ 행복의 비결

매미는 알로 약 10개월, 애벌레로 약 6년(때로는 2~17년), 성충으로

10~20일 정도의 긴 시간을 고통과 위험 속에서 보내고 매미로 탄생하여 보통 1~2주 정도 생활하다가 죽는다고 한다. 매미로 탄생하기까지의 준비기간인 7년에 비하면 실제로 매미가 되어 활동하는 시간은 너무나 짧다. 매미가 그렇게 큰 울음소리로 노래하고 즐기는 시간은 그 긴 준비기간의 약 1/256에 불과하다. 그래서 고귀하고 값진 시간을 제대로 알차게 보내기 위하여 밝은 빛이 비치는 곳이라면 시간의 구애됨 없이 노래하고 즐긴다.

우리 인간도 엄마 품에서 태어나 걷고, 말하고, 교육받고, 직장을 잡아서 결혼하고, 가정생활을 하면서 제대로 자기 스스로 사람답게 살게 되는데 그 시간은 그렇게 길지만은 않다고 본다. 따라서 우리는 각자가 현재 처한 현실을 제대로 주의 깊게 살펴보고, 자기 자신의 삶에 대하여 항상 고마워하고 감사하는 마음을 지녀야 할 것이다. 즉, '매미처럼' 매사의 짧은 시간을 고귀하게 느끼고, 늘 시간을 아끼면서 즐겁게 살아야 한다.

사람이 인생을 살아가는 방법은 여러 가지가 있을 수 있다. 첫 번째로 숲 속의 죽어가는 나무가 자기를 희생하여 주변의 여타 다른 생물과 초목에게 커다란 영양분을 공급하여 주어 많은 곤충과 동물, 초목이 그 나무의 도움으로 계속 번성하고 새로운 생명체를 탄생시키는 것과 같은 방법이다. 두 번째로 서로 공존하여 살아가는 방법이다. 벌과 나비가 아름다운 꽃들과 서로 '주고받음'을 통하여 수많은 열매를 맺도록 하여 새로운 생명체를 탄생시키는 것이다. 세 번째는 생물학자 다윈의 주장처럼 서로 간의 경쟁을 통하여 그 환경에 잘 적응한 자만

| 자연을 느낄 때 행복이 움튼다 |

이 경쟁에서 승리할 수 있는 방법이다. 이외에도 인생을 살아가는 방법에는 여러 가지가 있을 수 있겠지만, 무엇보다도 가장 중요시해야 할 포인트는 자기 자신이 주체가 되고, 주인공이 되면서 주변 환경에 잘 적응하여 살아가는 방법이다. 이렇게 하여 자기에게 기회가 돌아오면 이를 잘 포착하여 완전하게 자기의 것으로 만드는 것이다. 심리학자 「에이브러햄 매슬로(Abraham H. Maslow)」는 인생을 보다 잘 살아가고 자기의 뜻을 구현시키는 방법으로 '누구에게도 구애받지 않고 오로지 자기 자신이 소신 있게 확실하게 갈 수 있는 길, 진실 된 삶을 찾는 것'이라고 했다. 예를 들면 자기가 좋아하는 자연 속에서 아름다운 꽃을 찾아 시간을 보내고, 저물어가는 석양의 모습을 보고 자기 자신을 되돌아볼 수 있는 기회를 만들며, 천진난만하고, 순수하고, 귀여운 어린아이의 반짝이는 눈동자를 보고서 무한한 생명력과 가능성을 느끼면서 신비스런 경험과 '절정경험(Perk experiences)'을 자주 느끼는 것 등이다.

유명한 철학가 「플라톤(Plato)」은 평생을 '이데아와 아카데미아'를 위하여 자기 몸을 바쳤고 마지막까지도 '책을 쓰다가 펜을 쥔 채' 80세의 나이에 행복하게 생을 마무리했다.

지금 이 시간에도 매미는 '커다란 소리로 지나가는 시간이 아쉬워서 스스로 모든 것을 바쳐 즐거움을 만끽하고 있다.' 우리 인간도 마지막을 너무 두려워하지 말고 지금 내게 처해있는 이 시간, 이 순간 하나하나를 아끼고 감사하게 생각하면서 생을 즐겁게 보내자.

Part 6

사물의 이치

우리가 자연을 향하여
겸손한 마음과 사랑을 느낄 때,
자연은 심오한 진리와
강한 힘을 줄 것이다

유연성과 부드러움은 향후 커다란 성장과 강한 힘을 얻기 위한 준비과정이다

《대원군의 유연성, 경주 최부잣집 300년 부의 비밀》

■ 자연의 실상

유연성과 부드러움은 향후 크게 성장하여 보다 강한 힘을 얻기 위한 준비과정이며 수련과정이다.

- 새들은 나무 꼭대기의 부드러운 줄기 사이 이쪽저쪽을 유연하게 날아다니면서 다음을 준비하고, 갈대는 마디와 마디 사이가 여러 개의 잎으로 부드럽게 연결되어 있어 비바람이 불어도 자연스럽게 충격을 완화하여 쉽게 부러지지 않고 그다음 해 새로운 싹이 나올 무렵에야 그 줄기는 생명력을 다한다. 또한, 수양버들은 바람이 불면 부는 데로 가지와 잎새가 부드럽고 유연하게 움직여 그 충격을 자연스럽게 흡수한다.

| 자연을 느낄 때 행복이 움튼다 |

■ 인간과의 관계

① 흥선 대원군(興宣 大院君), 겸손함과 부드러움으로 참고 견디어 나중에 막강한 권력자가 되다

흥선 대원군 이하응(李昰應)은 고종의 아버지로 어린 임금의 뒤에서 막강한 권력을 휘두르며 나라의 운명을 좌지우지했던 인물로 누구나 알고 있다. 실제로 그는 나라의 권력자가 되기 위해 수많은 우여곡절을 겪고 인고의 세월 또한 감내하였다.

당시 조정은 온통 안동 김씨 세상이었다. 헌종 이래 철종 대에 이르기까지 외척인 안동 김씨들은 권력을 휘두르며 특히 왕족들에 가혹했다. 왕족들로서는 이 무렵이 일종의 공포시대와 같아서 행동거지 하나하나가 그야말로 생명과 직결되었다.

이하응 역시 영조의 증손 아들로서 어려서부터 총명하고 재주가 뛰어났으나 이러한 시대적 배경 때문에 철저하게 자신을 위장하지 않으면 안 되었다.

마음속으로는 몰락한 왕실의 재건을 꿈꾸고 있었으나 정치에는 전혀 뜻이 없는 것처럼 가장하고 풍류객이나 건달을 스스로 자처했다. 이하응은 또 김좌근(金左根)과 같은 당대의 권세가를 찾아가 장남 재면(載冕)의 취직을 부탁했고, 때로는 가세의 빈곤함을 내세워 금품을 구걸하기까지 하였다.

황현(黃玹)의《매천야록(梅泉野錄)》에 의하면, 그가 궁도령(宮道令)이

란 별명을 얻은 것도 이 무렵의 일이었다. 하루는 김좌근을 찾아 무언가 청탁을 하고 나오는데 김좌근과 동석했던 심의면(沈宜冕)이 "궁도령이 궁이나 지킬 것이지 어찌하여 신발짝을 질질 끌며 재상가를 찾아다니시오"하고 조롱한 데서 생긴 별명이었다.

이처럼 흥선 대원군 이하응이 얼마나 자신을 철저히 위장했는지 짐작하고 남음이다. 물론 이러한 이하응의 행적을 의심한 사람도 없지 않았으나 점차 왕통을 이을 종친의 범주에서 일탈한 관심 밖의 인물로 여겼던 것이 그 당시의 조정 분위기였다.

이렇게 안동 김씨 세력의 허를 찌른 이하응은 철종이 후사(後嗣)없이 세상을 떠나고, 안동 김씨가 후계자를 미처 정해 놓지 못한 틈을 타서 당시 대왕대비였던 신정왕후(神貞王后) 조씨(趙氏)를 움직여 둘째 아들 명복(命福)을 왕위에 오르게 했는데 이가 바로 고종이다. 이후로 흥선 대원군 이하응은 모든 국권을 손에 쥔 막강한 권력자가 되었다.

— 손풍삼 《이야기 채근담》 중에서 —

② 《경주 최부잣집 300년 부의 비밀》

《경주 최부잣집 300년 부의 비밀》은 부를 일군 경주 최씨 가암파 「최진립」으로부터 마지막 「최준」에 이르기까지 12대의 행적을 기록한 책이다.

경주 최씨에게는 대대로 전해 내려오는 가훈이 있다. 그것이 바로 부의 노하우이기도 하다.

| 자연을 느낄 때 행복이 움튼다 |

첫 번째는 '과거는 보되 진사 이상을 하지 말라' 이다. 권력이란 칼날 위에 서 있는 것과 같으므로 가능한 한 멀리해야 한다는 의미이다. 자칫 하다가는 집안이 몰락할 수 있다는 것이다. 지식과 최소한의 계급은 갖되 권력과는 일정 거리를 두는 것, 그것이 최 부자 집의 부를 지탱해 준 비결인 셈이다.

둘째는 인간관계에 바탕을 둔 노사관계의 실천이다. 최씨 가문 사람들은 최진립 장군을 그림자처럼 따라다니며 온갖 시중을 들다 마지막에 장군과 함께 죽은 충실한 노비 옥동과 기별의 제사를 지금까지 지내 주고 있다. 최근에는 「이조리 가암촌」에 이들을 위한 불망비까지 세워 주었다고 한다. 천대받던 노비에게 이런 대접을 해주는 것은 다른 가문에서는 찾아보기 힘든 일이다. 부하를 가족처럼 생각하는 최씨 가문의 이런 행동이야말로 따뜻한 선비 정신이며 부를 유지하게 한 원동력이 아닐까?

셋째는, 솔선수범과 승승의 정신이다. '함께 일하고, 일한 만큼 가져간다.' 임진왜란 이후 국가는 황폐해진 국토의 개간 작업을 국민에게 권했다. 하지만 노력한 것에 비해 가져가는 것이 적어 사람들은 별다른 관심을 보이지 않았다. 그런데 경주 최씨 집안은 '병장수반제'를 과감하게 도입해서 농사를 짓는 사람에게 수확물의 절반을 주었다. 그 당시 기존 지주들과는 엄청난 차이를 보여서 수많은 유랑인과 소작인들이 기꺼이 최씨 가문 사람들과 일하기를 원했고, 그들의 부는 계속 축적될 수 있었다. 또 당시 대지주들은 주로 한양이나 큰 고을에서 따로 살면서 소작료만 챙기는 사람이 대부분이었는데 최씨 가문 사람들은 그 동네에

같이 살면서 이른 새벽부터 솔선해 일터로 나갔다.

넷째, 그들은 겸손했고 함부로 부를 자랑하지 않았다. '내 돈 내가 쓰는데 왜?'라는 생각으로 어려운 사람을 염두에 두지 않고 자기 맘대로 물 쓰듯 돈을 쓰는 졸부와는 대조적이었다. 최씨 집안 며느리들은 결혼 후 3년간 무명옷만 입어야 했다. 대신 과객은 후하게 대접했다. 그 덕분에 좋은 정보도 얻고, 인심을 얻어 어려운 위기도 잘 극복하게 된다.

다섯째, 이들은 '노블레스 오블리주(noblesse oblige)'를 실천했다. 1671년 나라에 큰 흉년이 들자 경주 최씨는 곳간을 과감히 헐면서 이렇게 얘기했다.

"모든 사람이 굶어 죽을 판인데 나 혼자 재물을 갖고 있어 무엇 하겠는가. 곳간을 열어 모든 굶는 이에게 죽을 끓여 먹이도록 하라. 그리고 헐벗은 이에게는 옷을 지어 입히도록 하라."

경주 최씨 집 앞마당에 큰솥이 걸렸다. 그리고 굶주린 사람을 위해 연일 죽을 끓였다. 지금도 그 자리가 '활인당'이란 이름으로 남아 있다고 한다. 흉년에는 소작료도 대폭 탕감했다.

"사방 백 리 안에 굶어 죽은 사람이 없게 하라. 흉년기에는 땅을 사지 말라. 재산은 만 석 이상 지니지 말라."

— 한근태《잠들기 전 10분이 나의 내일을 결정한다》중에서 —

| 자연을 느낄 때 행복이 움튼다 |

■ 행복의 비결

흥선 대원군 이하응은 왕손이었지만 당시의 권세가인 김좌근 등에게 접촉하면서 신분을 최대한 숨기고, 참고 견디면서 기회가 왔을 때 결정적으로 권력을 장악했다. 또한, '경주 최부잣집의 겸손함과 인간성, 솔선수범하는 행동과 자세, 뜨거운 봉사정신 등이《경주 최부잣집 300년 부의 비밀》을 낳게' 하였다. 이처럼 자기를 낮추고 겸손하게 행동하다 보면, 나중에 기회가 왔을 시 보다 더 많은 것을 얻을 수 있을 것이다.

계곡에 흐르는 물은 돌에 부딪히면 돌아가고, 비탈에 이르면 세차게 떨어지며, 평평한 곳에 이르면 유유히 흘러서 마침내 망망대해(茫茫大海)로 흘러간다. 반면에 무척 강한 것처럼 보이는 화살은 곧바로 날아가다가도 딱딱한 바위 같은 것에 부딪히면 그 순간을 이겨내지 못하고 이내 곧바로 부러지고 만다.

우리는 버스나 지하철에서 말다툼이나 싸우는 모습을 많이 목격하게 된다. 자세히 그 내용을 살펴보면 아주 단순하고 사소로운 것들이 많다. 예를 들면 버스나 전철을 탑승하면서 상대편을 전혀 배려하지 않고 자기만 생각한 채 무심코 좌석에서 다리를 너무 쭉 뻗어 다른 승객에게 불편을 끼치는 경우이다. 사실 이런 경우 통상 상대방을 이해하고 감싸서 넘어가는 경우가 대부분이지만, 어느 정도 도가 넘어 상대방의 심기를 불편하게 하는 경우는 서로 간에 말다툼이나 시비로 진행된다. 이처럼 조그만 것이 화근이 되어 온종일 상호 간에 기분이 언

짧아질 수 있다. 우리는 가끔 들판이나 냇가에서 '수양버들'이 바람에 '산들산들' 이리저리 흔들리다 곧장 유연하게 다시 본래의 자리로 되돌아가는 모습을 볼 수 있다. 우리도 마치 '수양버들'이 바람에 자유롭게 흔들리다 본래의 모습으로 돌아가는 것처럼 '그러느니' 하고 본래 자기의 모습을 잃지 않고 살아가 보면 어떨까.

또한, 주변에서 늘 잘 자라고 있는 풀잎을 한번 생각해 보자. 풀잎은 아무리 거센 태풍에도 쓰러지지 않는다. 풀잎은 태풍이 불어오면 일단 몸을 굽히고 낮은 자세를 취하면서 바람과 함께 흔들린다. 풀잎이 빳빳하게 고개를 쳐들고 태풍과 맞서는 경우는 없다. 행여 쓰러진 풀잎이 있다 하더라도 태풍이 지나간 뒤에는 대부분 스스로 일어나 하늘을 다시 바라본다. 나중에 태풍이 지나간 자리를 걷다 보면 지상으로 뿌리를 드러낸 채 쓰러져 있는 존재는 왕벚나무, 플라타너스 등 대부분 키가 큰 나무들임을 알 수 있다. 고대 그리스인들 사이에서는 "인간이 너무 강해지고 부유해져 야망이 커지면 신이 꾸짖는다"는 생각을 갖고 있었다고 한다. 그리스 역사가 「헤로도토스」는 "너무 높은 건물이나 큰 나무는 반드시 벼락을 맞을 수 있다"고 했다. 즉, 신은 무엇이든지 너무 높아지면 넘어뜨리는 습성이 있다는 것이다.

사람이든 나무든 직선보다 곡선의 자세나 형태가 더 아름답다. 새들은 곧은 직선의 나무보다 굽은 곡선의 나무에 더 많이 날아와 앉는다. 함박눈도 곧은 나뭇가지보다 굽은 나뭇가지에 더 많이 쌓이며, 그늘도 곧은 나무보다 굽은 나무에 더 많이 만들어져, 굽은 나무의 그늘에 더 많은 사람이 찾아와 편히 쉰다. 사람도 직선의 사람보다 곡선의 사람의 품에 더 많이 안긴다. 직선보다 곡선의 나무나 사람이 고통의 무게를 견딜 줄 하는 넉넉하고 따뜻한 삶의 자세를 보여주기 때문이다.

「노자」는 《도덕경》에서 "유연한 것과 흐르는 것은 무엇이든지 성장하고 변화하는 경향이 있지만, 경직된 것이나 막힌 것은 머지않아 시들거나 죽을 것"이라고 했다. 「김수환」 추기경은 "자기가 진정으로 하늘에 닿고 싶으면, 자기 스스로가 땅이 되어 섬기라"고 했다.

'새가 부드러운 나무 꼭대기 정상에서 유연하게 앉아 다음 자리를 골라 찾아가는 것처럼' 우리도 스스로 조금 낮추고 겸손하게 살면서 음덕을 쌓아가다 보면 반드시 나중에 좋은 일과 행운이 따를 것이다.

모든 만물에는 상호 간에 보이지 않는 힘이 균형을 이루고 있으며, 이는 자연의 커다란 신비스러운 힘이다

《우주의 끌어당김의 법칙, 미천한 재주도 쓸모가 있다》

■ 자연의 실상

자연 등 모든 만물에는 상호 간의 보이지 않는 힘이 서로 작용하여 조화와 균형을 이루고 있으며, 이는 우주 만물 속에 자연만이 가지는 커다란 신비스러운 힘이다.

- 높은 산이나 계곡의 바윗돌, 큰 강이나 시냇가의 돌, 이러한 돌 주변에 쌓여 있는 흙, 주변에 같이 공생하고 있는 무수한 수풀과 수목, 각종 벌레와 동물, 이것은 상호 간에 수백 년 동안 서로 균형과 조화를 유지하면서 질서를 지키고 있다.

| 자연을 느낄 때 행복이 움튼다 |

■ 인간과의 관계

① 「우주의 끌어당김의 법칙 」

우주의 모든 만물은 주변 환경 속에서 상호 간 작용과 반작용 등 많은 영향을 미치며 여러 가지 변수 아래서 질서를 지키면서 안정된 생활을 하고 있다.

가장 커다란 것에서 가장 작은 것에 이르기까지 우주의 별이 그 자리에 떠 있게 하고 모든 원자와 분자를 구성하는 것이 바로 끌어당김의 법칙이다. 태양이 끌어당기는 힘은 우리 태양계의 행성들이 우주 공간으로 튕겨 나가지 않고 태양계 안쪽에 자리 잡을 수 있도록 해 준다. 중력이 끌어당기는 힘은 당신과 모든 사람, 동물, 식물, 광물이 지구 위에 자리 잡을 수 있도록 해 준다.

벌을 끌어당기는 꽃, 태양에서 영양분을 끌어당기는 씨앗, 저마다의 종에게 끌리는 모든 생물 종 등 끌어당기는 힘은 자연에서도 흔히 볼 수 있다. 끌어당기는 힘은 바닷속 물고기와 하늘을 나는 새 등 지구의 모든 동물에게 작용하며, 이들이 무리를 만들고 떼를 짓도록 한다. 끌어당김은 사람과 사람을 잡아당기는 힘이다. 이 힘이 사람들을 잡아당겨 도시와 국가, 집단과 클럽, 공동의 이익을 지닌 모든 모임을 만들고 이루어 가고 있다.

이처럼 산과 바다, 자연, 태양과 달 등 우주의 모든 것, 우리 주변의 동물과 식물, 이 모든 것들이 사람과 서로 균형과 조화를 이루면서 보이지 않게 체제를 유지하고 있다.

- 론다 번 《(The)secret : the power》 중에서 -

② 아무리 미천한 재주를 가진 사람이라도 쓰일 곳이 다 있다

「맹상군(孟嘗君)」 전문(田文)은 제(齊)나라 위왕의 손자요, 상국 전영의 아들이다. 맹상군은 재산을 아낌없이 풀어 유명 인사들을 초청하여 후하게 접대했다. 빈객이 날로 늘어 천하의 명사는 물론 망명객, 범죄자까지도 찾아들었다. 맹상군은 신분의 귀천이나 상하 구별 없이 찾아오는 사람은 모두 맞아들였고, 동등하게 처우하며 자신도 그들 속에서 생활했다. 식객은 3,000명을 헤아렸고, 명성은 온 천하에 널리 알려졌다.

제나라 민왕 15년(B.C 286), 맹상군은 진(秦)나라 소왕의 초청으로 식객 1,000여 명을 거느리고 진나라에 갔다. 소왕은 맹상군을 승상으로 임명하려 했으나 맹상군을 제거할 것을 건의하는 자가 있었다.

"전문은 제나라 왕족입니다. 진나라 승상이 되면 제나라 이익에 우선할 것이므로 진나라에 이익이 되지 못할 것입니다. 그 인물됨으로 보아 제나라로 돌려보내서는 안 됩니다."

소왕은 이 말을 듣고 맹상군을 연금하고 죽이려 했다. 맹상군은 비밀리 소왕의 애첩 연희에게 자신의 석방을 알선해 달라고 부탁했다. 연희는 백호구(白狐裘)를 주면 석방을 알선하겠다고 했다. 그러나 백호구는 단 한 벌뿐인, 값이 천금이나 나가는 희귀한 것이었다. 더구나

맹상군은 백호구를 소왕을 만날 때 이미 예물로 주었다.

맹상군이 백호구로 인해 고심하고 있을 때, 개로 변장을 잘하는 식객 하나가 진나라 궁으로 숨어들어 장롱 속에 들어 있는 백호구를 훔쳐왔다. 백호구는 연희에게 바쳐졌고, 연희는 소왕에게 요청하여 맹상군은 곧 풀려났다.

맹상군은 즉시 이름을 바꾸고 통행증을 위조하여 달아났다. 소왕이 맹상군의 석방을 후회하여 추격병을 보낼까 하는 우려에서였다. 맹상군은 밤중에 함곡관에 이르렀다. 관문은 첫닭이 울어야 열리게 되어 있었다. 추격병은 들이닥칠 것 같고, 관문이 열릴 시각은 멀었다.

이럴 즈음, 식객의 무리 가운데서 갑자기 닭 울음소리가 흘러나왔다. 이어서 닭이 무리를 지어 따라 울었다. 관문은 열리고 맹상군은 비로소 호구를 벗어나 제나라로 돌아갈 수 있었다.

– 홍혁기 《지혜》 중에서 –

■ 행복의 비결

가장 풍부한 생물자원이 번성하는 곳은 강과 강이 만나는 어구, 혹은 강물과 바닷물, 바다와 육지가 만나는 갯벌이다. 서로 상이하고 이질적이지만 이런 곳에 다양한 생물군이 자연스럽게 숨을 쉬고 동화하면서 왕성한 생명력을 갖고 활동하고 있다. 또한, 인류역사상 문화의 황금기라고 일컬어지고 있는 '르네상스' 시대 역시 여러 분야의 화가,

조각가, 과학자, 시인, 철학자 등 이질적인 요소들이 다양하게 얽히고 설키면서 큰 에너지를 분출, 찬란한 문화의 꽃을 피웠다. 최근의 '신지식', '창조경제' 분야 중에서 많이 주창되고 있는 것이 바로 '통섭(統攝, Consilience)' 이론이다. 이 이론은 1840년에 「윌리엄 휴얼(William Whewell)」이 처음 사용한 용어로 '지식의 통합'이라고 부르기도 하며 자연과학과 인문과학을 상호 연결하고자 하는 통합학문 이론이다. 이 이론의 뿌리는 고대 그리스 시절에 '우주의 본질적 질서'를 논리적 성찰을 통하여 이해하고자 했던 것에서부터 출발했다.

「우주의 끌어당김의 법칙」처럼 가장 커다란 것에서 가장 작은 것에 이르기까지 예를 들면, 산과 바다, 자연, 태양과 달 등 우주의 모든 것, 우리 주변의 동물과 식물, 사소한 풀 한 포기, 이 모든 다양한 것들이 사람과 함께 서로 균형과 조화를 이루면서 커다란 힘을 발휘하며 질서를 유지하고 있다. 또한, 기암괴석의 높은 산 정상은 각양각색의 수많은 능선이 하나로 모여 이루어져 있고 그 능선에는 많은 골짜기, 복잡하고 다양한 숲이 조화를 이루고 있다. 세계에서 가장 오래 산 나무인 '브리슬콘 (bristlecone, 4,862년 생존) 소나무' 는 입지조건이 척박한 해발 3,000m 이상의 고지에서 생육하면서 줄기 일부분에서는 검붉은 수피와 짙은 초록색을 보이고, 나무 일부에서는 파란 잎을 매달고 있다. 목질부에는 황금빛 속살을 보이면서 비록 척박한 땅이지만, 그 주변으로 붉은 야생화가 조화를 이루면서 피어나고 있는 것을 볼 수 있다.

날씨에서도 작용과 반작용으로 인한 조화와 균형이 이루어지고 있

| 자연을 느낄 때 행복이 움튼다 |

음을 알 수 있다. 예를 들면, 2012년 9월 '지구 평균 온도'가 1880년 이래 가장 높아서 한국의 여름 최고 온도가 섭씨 39도를 기록하는 등 매우 더웠고 그해 겨울, 큰 추위가 닥칠 수 있다는 분석 결과가 나왔다. 이를 뒷받침하듯이 그해 겨울에는 눈이 많이 오고 폭설이 심하였으며, 기온도 서울이 영하 17도 등(체감온도 영하 23도)을 기록하였다.

상기의 맹상군 식객 중에는 개로 잘 변장하여 주인에게 도움을 주거나 닭 울음소리를 흉내 내 주군이 위기에 처해 있을 때 커다란 도움을 주는 사례를 보았다. 비록 미천하고 사소한 재주일지라도 그것이 다 필요한 용도가 있고, 활용할 때가 있다는 것이다.

일상생활에서 하루라도 없으면 살아갈 수 없는 '소금'은 나트륨과 염소로 구성되어 있어 이를 개별적으로 먹으면 생명에 위협이 되지만, 두 가지 요소가 합하여지면 독특한 맛을 내며 우리의 입맛을 사로잡는다. 또한, 강력한 영구자석인 '알리코 자석'은 개별적으로는 서로 붙지 않는 알루미늄, 니켈, 코발트란 세 가지 요소로 구성되어있지만, 이것이 서로 결합하여 강한 자석이 된다. 이처럼 우리도 상대방에 대한 다양한 성격과 행태, 영역을 잘 파악하고, 이해하며 상호 존중하여야 한다. 그러다 보면 상대방도 나를 이해하고 끌어당겨 서로 간에 잘 통하게 될 것이다. 나중에는 이러한 것들이 무한한 생명력과 폭발력을 일으켜 개인과 개인, 개인과 조직, 조직과 조직 간에 엄청난 시너지 효과를 발생시킬 것이다. 이와 더불어 자기 주변에 있는 자연, 사소한 풀한 포기라도 무심코 지나치지 말고 관심 있게 보아준다면 나중에 그 자연으로 하여금 또 다른 값진 결과를 받게 될 것이다.

인간은 모든 만물과 무한한 관계를 만들 수 있으며, 또한 이 관계를 잘 활용하여야 한다

《한신 대장군, 자연과 사람을 잘 활용하여 조나라를 멸망시키다》

■ 자연의 실상

인간은 만물의 영장으로서 생각하고, 판단하는 능력을 갖추고 있다. 이러한 능력은 무한한 잠재적 가능성을 지닌 것으로 이를 주변 환경에서 잘 활용하고 이용한다면 여러 가지 관계를 만들어 낼 수 있고, 이로 인하여 보이지 않는 많은 힘을 얻을 수 있다.

• 숲 속의 소나무 길을 지나다 보면 큰 소나무의 모습을 여기저기에서 볼 수 있는데, 이때 소나무와 소나무 사이를 아무 생각 없이 무심코 지나면 특별한 감정을 느낄 수 없다. 하지만 우리가 주변의 소나무에 관심을 갖고 몰입 하다 보면 자신과 소나무 간에 서로 감정적인 관계를 맺을 수 있다. 또한, 주변의 다른 소나무와도 연관성을 갖게 하여 나중에는 여타 다른 소나무뿐만 아니라 다른 나무, 초목과도 많은 관계를 유지할 수 있다. 이처럼 인간은 자연과의 관계, 사람과의 관계에서 무한한 관계를 형성할 수 있고 잠재적인 능력을 얼마든지 활용하여 보이지 않는 초능력도 발휘할 수 있다.

⊙ 소나무 + 소나무

⊙ 소나무 + 사람

⊙ 소나무 + 식물 + 사람

⊙ 소나무 + 식물 + 사람 + 자연의 모든 것

☞무한한 관계 → 잠재적인 능력 활용 + 초능력 발휘

| 자연을 느낄 때 행복이 움튼다 |

■ 인간과의 관계

① 「한신 대장군 (韓信 大將軍)」, '자연과 사람을 잘 활용한 뛰어난
전략(戰略)으로 조(趙)나라를 멸망시키다'

한나라의 대장군 한신은 초(楚)와 한(漢)이 서로 패권을 잡기 위하여
자웅을 겨루던 당시 위나라를 정벌하고 초나라 세력인 조나라를 공격
하기로 전략을 세우고 있었다. 하지만 병력에서 한신군은 자체군 5만,

지원군 3만 등 8만이고, 조나라는 20만 대군이었다. 특히 조나라의 「정경성」은 「금만수」라는 강을 끼고 있어 천연의 요새일 뿐만 아니라 첩첩산중의 험로로 전차는 물론 수레, 기마병도 통과하기 어려운 곳이어서 군량 수송 등 한나라에 절대적으로 아주 불리한 여건이었다. 또한, 군사들은 위나라에 연승하여 사기는 높았지만, 피로가 누적되어 있었고, 계절도 동절기로 접어들어 가고 있었다. 하지만 한신 대장군은 이러한 불리한 조건을 역으로 잘 활용하여, 자기에게 유리하게 활용할 수 있는 작전을 수립한다.

첫째, 한신은 조나라의 왕 「조헐(趙歇)」과 적군의 장수 「진여」, 광무군 「이좌거」의 성향을 정확히 분석하여 이에 맞는 사람관리 전략을 세운다. 즉, 조왕은 유자(儒者)로서 고지식하고 철저한 원칙주의자였다. 진여는 원래 재주가 없고 옹졸하고 질투심이 많으며 이기주의적 성격의 소유자였다. 반면, 광무군 이좌거는 그릇이 크고 사려가 깊으며, 매사에 신중하여 계략에 능하고, 임전 경험이 많은 백전노장이었다. 하지만 조왕은 한신 대장군의 적동사지책*에 말려들어 진여의 군사전략에 동조하게 된다.

둘째는 '적동사지책'이란 미끼를 이용하여 조군이 철옹성인 정경성 수비에서 공격으로 전환하게 유도한다. 이좌거와 진여는 한신의 적동사지책으로 인하여 서로 견해를 달리하였다. 이좌거는 먼저 은밀한 곳에 매복하여 적을 공격하고, 한편으로는 정경성 보루에서 적의 동향을

---

*적동사지책(敵動伺之策) : 자기의 전략을 미리 적에게 알려 적이 향후 어떻게 대응하는지 알아냄.

감시하면서 작전을 감행하면 적은 꼼짝없이 굶주림 등으로 자멸하게 된다고 말했다. 반면에 진여는 자신들의 많은 병력을 적극 활용하여 전면전으로 적을 승부해야 한다고 말했다. 끝내 조왕은 진여의 손을 들어주어 정경성에서 나와 한나라 「한신·장이」 군사 1만을 공격하다가 뒤에서 추격한 3만의 「번쾌」 장군에게 협공을 당하고 만다. 아울러 한신은 조군 주력군이 정경성을 빠져나간 사이에 2천 명의 정예병으로 성과 보루를 점령하여 한나라의 깃발을 꽂아 버린다.

셋째는 '배수의 진(背水의 陳)' 전략이다. 조나라 진여 장군은 한신 대장군이 1만여 군사들과 금만수 강물을 등지고 포진하여 있는 것을 보고 더는 도망갈 곳이 없다고 판단, 대대적인 공격명령을 지시하여 한신 부대를 공격하였다. 이에 한신 부대는 싸우는 척하다가 후퇴하여 더는 갈 곳이 없는 강물 근처까지 왔다. 하지만 장이 장군을 비롯하여 모든 병사는 '죽기 아니면 까무러치기' 전술로 조군의 포위망을 공격하며 뚫어갔고 그 사이 조군의 후미에서 3만의 한나라 부대가 협공을 해오기 시작하였다. 조군은 당황했고 전선에 혼동이 생기어 대오가 흐트러지기 시작, 진퇴양난에 빠지며 아비규환에 이르렀다. 이들은 후퇴 도중에도 마지막으로 자기 진영인 정경성과 보루를 향하여 도망가려 하였지만, 이미 그곳에 한나라의 깃발이 꽂혀있어 전의를 완전히 상실하고 항복하고 만다.

- 오하일 《사기인간학 한신》 중에서 -

② '250명의 법칙'

　미국의 전설적인 자동차 판매왕 「조 지라드(Joe Girard)」는 12년 동안 기네스북의 연속 판매왕 자리에 올랐다. 그는 가난한 집안에서 주정뱅이의 아들로 태어나 어렸을 때는 아버지의 구타에 못 이겨 고교를 중퇴하고 구두닦이로 첫 직업을 갖게 된다. 그 후 35세까지 40여 가지의 직업을 전전했다. 그러다 자동차 판매에 뛰어들어 전설적인 대기록을 세우게 된다.

　그가 주목한 것은 '250'이라는 숫자였다. 어느 친지의 결혼식장에 갔더니 모인 사람의 숫자가 250명이었다. 또한, 장례식장에 갔을 때도 250명 정도의 사람이 모였다. 그는 통상 애경사에 모이는 사람의 수가 모두 비슷하게 250명 정도인 것에 의문과 관심을 두었다. '왜 그럴까?' 그가 나름대로 생각에서 내린 결론은 평범한 사람이라도 250명 정도의 인간관계는 가지고 있다는 것이었다.

　이를 세일즈에 적용하여 한 사람의 고객에게 확실한 신뢰를 얻으면 250명의 잠재고객이 생긴다는 의미가 된다. 반대로 한 사람에게 신뢰를 잃으면 250명을 잃은 거나 마찬가지다. 그때부터 그는 한 사람의 고객을 250명 대하듯 했다. 대부분의 세일즈맨들은 일단 판매한 고객은 소홀히 하기 쉽지만, 그는 판매한 이후를 훨씬 더 중요하게 생각했다. 그 결과 12년 연속 기네스북에 오를 정도로 경이적인 실적을 쌓을 수 있었다. 판매보다 사후관리를 훨씬 중요시한 것이다.

－ 이영직 《세상을 움직이는 100가지 법칙》 중에서 －

■ 행복의 비결

우리가 산속의 숲을 거닐다 보면 큰 소나무를 여기저기에서 볼 수 있는데, 아무 생각 없이 무심코 지나가면 못 느끼지만 '소나무'의 나무뿌리, 줄기, 푸른 잎 등에 감정을 갖고 몰입하면 신기하게도 그 모습 하나하나가 눈에 크게 띄게 되어 자세하게 보이고, 나중에는 서로 동화되어 보이지 않는 어떤 관계가 맺어지게 된다. 시간이 지나면 숲 속의 소나무뿐만 아니라 여타 다른 식물의 모습도 눈에 들어오게 되고, 마침내 사람과 숲 속 자연 모든 것들이 일치되어 '무한한 가능성'을 보여준다. 우리는 자연과의 관계뿐만 아니라 주변 사람과의 관계에서도 '사소하고 경미한 것, 보이지 않는 것에 꾸준히 관심을 갖고 관계를 유지한다면 무한한 힘을 발휘할 수 있을 것'이다.

상기의 조나라는 자연적, 지리적으로 유리한 천혜의 철옹성인 정경성이 있었고, 병력으로도 한나라보다 약 3배가 많은 20만 대군을 거느리고 있었다. 하지만 한신은 불리한 자연적인 조건과 열세한 군사적 여건을 역이용하는 전략을 구사한다. 우선, 사람 관계 차원에서 적의 장수인 이좌거와 진여의 사이가 서로 앙숙이라는 점과 원칙주의자인 조왕은 항상 진여 장군을 두둔한다는 심리적인 정세를 면밀하게 간파한다. 그런 후에 '적동사지책'이란 전략을 활용하여 경험이 많고 신중한 이좌거 장군을 배제하고 옹졸하고 질투심 많은 진여 장군에게 모든 작전권을 갖게 한 다음, 한신 스스로 어리석은 작전의 미끼가 되어 금만수라는 강을 마지막 보루로 진지를 구성하는 등 커다란 허점을 보여

준다. 이를 어리석게 본 진여 장군은 결국, 정경성 수비에서 성 밖으로 나와 공격으로 전환하여 군사를 움직인다. 마지막으로 한신은 죽기 아니면 까무러치기 전술인 '배수의 진' 전법을 사용하여 번쾌 장군과 함께 양쪽에서 협공하여 대승을 거둔다. 이처럼 한신 대장군이 조나라를 멸망할 수 있었던 것은 '무엇보다도 주변의 자연과 사람에 관심을 갖고 철저하게 연구하고 분석한 뒤 사물을 종합적으로 보고 판단하여 전략과 작전을 구사하였기' 때문이다.

상기의 미국 자동차 판매왕 「조 지라드」는 주변에 있는 고객 한 사람 한 사람에게 성실하게 믿음을 주면서 자동차 판매 후에도 자기를 다시 꼭 찾아올 수 있도록 철저한 사람관리에 성공했다.

우리도 주변의 하찮은 풀 한 포기라도 소홀하게 그냥 넘기지 말고 주의 깊게 관찰할 필요가 있다. 자기가 지금까지 열심히 노력했으나 아직 완성하지 못한 것에 대하여 포기하지 말고 인내심을 갖고 마지막 1%를 다시 점검하여 보고, 아울러 자기가 과거에 혐오했거나 싫어했던 것에 대하여도 다시 한 번 생각해 보는 마음의 여유가 필요하다.

아울러 우리는 자연과 사람의 관계, 사람과 사람의 관계가 당초 우리가 생각한 것 이상으로 더욱더 무한한 가능성과 시너지효과를 낼 수 있다는 것을 알고 이를 주변에서 세심하게 관찰하고 잘 활용할 필요가 있다.

진(秦)나라는 역사적으로 보면 춘추전국시대 변방의 소국에 지나지 않았다. 하지만 진(秦)나라가 한, 초, 연, 제, 조, 위 6개국을 혁파하여 천하를 통일할 수 있었던 것은 바로 주변국의 상황을 정확하게 파악하고, 강함과 약함에 따라서 적절한 관계를 잘 조정하며, 대응했던 것에 있다. 예를 들면 장의의 '연횡책'과 소진의 '합종책'을 교묘하게 조정하였다. 아울러 인재를 영입함에 있어 출신과 성분, 배경을 가리지 않고 다양하고 폭넓게 등용했다. 참고로 진나라 통일의 중추 역할을 한 「이사」는 당초 초나라 사람으로 목숨을 걸고 진시황에게 인재 등용의 중요성에 대하여 건의한다.

"태산불양토양(泰山不讓土壤), 하해불택세류(河海不擇細流)*"

이에 진시황은 곧바로 건의를 받아들여 출신 성분을 구분하지 아니하고 인재를 등용하였다.

또한, 스티브 잡스(Steve Jobs)는 리드대학 철학과를 중퇴하고 서체를 공부했다. 서체 공부를 할 당시, 이게 자신에게 어떤 도움이 될지 전혀 생각하지 못했다. 단지 서체 공부를 좋아했기 때문에 시작한 것이었다. 그런데 정확히 10년 후 그가 '매킨토시'를 디자인할 때 서체를 공부한 게 결정적으로 작용했다. 잡스는 2005년 6월 12일 스탠퍼드대학교 졸업식 축사에서 출발과 시작, 노력의 중요성을 '점을 연결하는 일(connecting the dots)'이라고 표현했다. 자신의 서체 공부와 매킨토시의 경우처럼 연관되지 않을 듯 보이는 일들이 실은 서로 밀접하게 관계를 맺으며 좋은 결과를 만들어 낼 수 있다는 내용이다. 잡스를 위대하게 만든 2%는 서로 연결되지 않은 '점을 잘 연결한 일'이었다.

---

*태산은 조그마한 흙더미 하나라도 마다치 않으며, 큰 강과 바다는 조그마한 물줄기 하나라도 그냥 보내지 않는다.

활활 타오르는 강한 불길, 힘차게 흐르는 거센
강물은 우리에게 '열정'이라는
가장 귀중한 선물을 보여 준다

《희망을 안겨 준 경부고속도로 건설, 항우 의미 없는 자결》

■ 자연의 실상

'활활 타오르는 강한 불길'은 연기가 피어나지 않으며, '힘차게 흐르는
강물'은 주변을 쳐다볼 겨를 없이 곧장 망망대해(茫茫大海)로 흘러간다.

- 활활 타오르는 강한 불길에는 연기가 피어나지 않으며, 쏜살같이 흐르는
강물의 물줄기는 주변을 쳐다볼 겨를 없이 우렁찬 소리와 함께 곧장 망
망대해를 향해 돌진한다. 또한, 물줄기가 약한 강물은 혹한기에 주변 변
두리부터 얼기 시작하지만, 강하고 힘차게 흐르는 물의 중심부는 그 물줄
기의 흐름이 멈추지 않는다.

| 자연을 느낄 때 행복이 움튼다 |

■ 인간과의 관계

① '어려운 조건 속에서도 희망을 심어 준 박정희 대통령의 「경부 고속도로 건설」'

1964년 서독을 방문한 박정희 대통령은 사통팔달로 뚫린 고속도로 '아우토반'을 구경하고 이에 매료되었다. 그는 이처럼 전국 어디든 쉽게 갈 수 있는 교통시스템이야말로 '라인강의 기적'을 일으킨 전후 서독의 경제 성장 원동력이라고 판단했다. 그 이후로 박정희 대통령은 귀국하여 고속도로 프로젝트를 추진했고, 3년 뒤인 1967년 경부고속도로 건설 계획을 발표했다.

하지만 건설계획은 순조롭지 않았다. 처음에는 외국의 금융기관에 차관을 요청했으나 중도에 포기할 사업이라며 모두 거절했다. 하는 수 없이 내자로 충당할 수밖에 없었고, 총연장 428㎞의 도로 건설에 429억 원 예산을 세웠다. 정치권에서는 야당을 중심으로, 그리고 학계에서는 보수주의 경제학자들이 "재정이 파탄 날 것이다", "가진 자들만을 위한 유람 도로가 될 것이다" 등 한목소리를 내어 반대했다. 그러나 박 대통령은 1968년 2월 1일 기공식을 갖고 고속도로 건설을 밀어붙였다. 박 대통령은 도로 건설 관련 책을 읽고 직접 공부했으며, 건설 현장도 자주 방문했다.

1969년 겨울 어느 날, 박 대통령은 건설 현장을 방문하여 공사 상황을 살피던 중 한 불도저 기사가 손에 장갑도 끼지 않은 채 일하고 있는 모습을 보았다. 당시의 상황에서는 '추운 겨울에도 장갑 없이 일하는 사람이 많았는데, 이에 연민을 느낀 박 대통령은 자신의 장갑을 그 기사에 벗어주며 격려했다. 주위에 있던 사람들이 모두 감동' 했다.

박 대통령의 이런 리더십이 기술도 경험도 경제적 능력도 없이 무모한 일에 도전한다는 비난을 물리치고 한국 최초로 고속도로 건설을 성공시킨 힘이다. 이런 리더십 덕분에 서울부터 부산까지 428㎞의 대공사가 불과 2년 반 만에 완성되었고, 1970년 7월 7일 준공식을 가질 수 있었다. 수도권과 영남 공업지역을 연결하는 경부고속도로가 개통되면서 본격적인 자동차 시대가 열렸고, 곳곳에 공업단지가 건설되면서 국가 경제 발전의 원동력이 되었으며, 교통 편의가 증진되면서 국민의 삶이 한층 더 향상되기 시작했다.

- 윤석철《삶의 정도》중에서 -

② '권토중래(捲土重來)해서 다시 재기를 노려야 할 항우! 어린 마음으로 그만 자결을 택하다'

초패왕(楚覇王)「항우(項羽)」는 한(漢)나라 군대에 패하여「해하」란 곳에서 마지막까지 저항했다. 병력은 거의 도망가서 소수만 남았고, 군량은 바닥이 났다. 한나라 왕 유방은 대군을 이끌고 해하를 이중 삼중으로 포위하고 있었다.

마침 이날 밤, 항우는 시름을 달래기 위해 부인「우미인」과 술을 마시고 있었다. 그때 한나라 군중에서 초나라 노래가 들려왔다. 가을 밝은 달밤에 고향의 정취를 달래게 하고, 고향에 두고 온 부모 형제와 자식을 생각나게 하는 '사면초가(四面楚歌)'였다. 항우는 깜짝 놀라 술잔을 내려놓고 장막을 나서 사방을 둘러보았다. 한나라 군대가 포위한 사면 곳곳에서 초나라 노래가 들려왔다.

"한나라 군대가 초나라를 모두 점령했단 말인가? 한나라 군중에 웬 초나라 사람이 저리도 많단 말인가?"

항우는 땅이 꺼질 듯 한숨을 내쉬었다. 항우는 밤중에 한나라 군대가 초나라 노래를 부르는 것이 전의를 상실한 초나라 병사의 사기를 꺾으려는 계략임을 짐작하지 못했다.

항우는 유방과 함께 진(秦)나라를 멸하고 스스로 서초(西楚)의 패왕이 되었으나, 유방과 5년여에 걸친 패권 다툼에서 끝내 패하여 해하에 포위되고 말았다. 만사가 끝났다고 생각한 항우는 사랑하는 우미인을 돌아보니 애처롭고 안쓰러운 생각이 들어 더욱 가슴이 미어지는 것 같았다. 항우는 우미인을 품에 안고 눈물을 흘렸다. 우미인은 항우의 목을 끌어안고 몸부림치며 흐느끼다가 슬며시 장도를 빼 스스로 자결을 선택하였다. 항우는 우미인의 시신을 안고 한동안 넋을 잃었다가 정신을 수습하여 800여 장병을 거느리고 이중삼중으로 쳐진 적군의 포위망을 뚫고 달아난다. 회수를 건너 음릉을 거쳐 「오강(烏江)」에 이르니, 병사는 겨우 28기였다. 오강정장이 강 언덕에 배를 대기시켜 놓고 항우를 맞이했다.

"강동(江東)은 비록 작으나 지역이 천 리요, 주민은 수십만 명이니 족히 왕 노릇을 할 수 있습니다. 대왕은 서둘러 배에 오르십시오. 신만

이 배를 가지고 있으므로 한나라 병사가 도착하더라도 당장 건너지는 못할 것입니다."

항우는 공허한 웃음을 지었다.

"하늘이 나를 망하게 하는데 건넌들 무엇 하겠는가? 나는 강동의 자체 8,000명과 이 강을 건너 서쪽으로 향했다. 지금 그 한 사람도 돌아가지 못하니 무슨 면목으로 강동의 부형을 만날 수 있단 말인가? 강동의 부형이 나를 어여삐 여겨 왕으로 받든다 하더라도 내 마음에 찔리는 바가 없겠는가? 강을 건너 고향으로 돌아갈 면목이 없네."

항우는 명마 오추를 오강정장에게 부탁하여 고마움을 표시하고 '스스로 자결하여 31세의 젊은 나이로 생을 마감' 하였다.

당나라 시인 두목(杜牧)은 항우가 다시 힘을 길러 세력을 펴지 않고, 오강에서 자결한 것을 매우 애석하게 생각하고, 아쉬워하면서 다음과 같이 시를 읊었다.

승패는 기약하기 어려운 병가의 일　　　　(勝敗兵家事不期)
수치를 참고 견뎌야 사나이라네.　　　　(包羞忍恥是男兒)
강동의 자제에 인재가 많아서　　　　　　(江東子弟多才俊)
흙먼지 일으키며 다시 나타날지 그 누가 알랴. (捲土重來未可知)

- 홍혁기《지혜》중에서 -

■ 행복의 비결

1964년 박정희 대통령은 서독을 방문하면서 사통팔달로 뚫린 고속도로 '아우토반'에 매료되어, 국내에 귀국하자마자 고속도로 프로젝트를 추진했고, 3년 뒤인 1967년 '경부고속도로' 건설 계획을 발표했다.

그 당시 국내·외의 경제적 여건은 그렇게 호락호락하지 못했다. 우선 재정적, 경제적 여건으로 보아 고속도로를 건설할 돈이 없었고 정치권에서는 가진 자를 위한 사업, 재정 파탄 등으로 강력히 반대하였다. 하지만 박 대통령은 이러한 반대와 비난을 과감하게 무릅쓰고 한국 최초로 고속도로 건설에 착수, 불과 2년 반 만인 1970년 7월에 경부고속도로를 완성하여 대한민국 산업화와 근대화의 획기적인 견인차 역할을 하였다.

반면에 초나라 왕 항우는 한나라 유방과 함께 진나라를 멸하고 스스로 서초패왕(西楚覇王)이 되었지만, 유방과 5년여에 패권 다툼에서 끝내 패하여 해하의 전투에서 포위되고 사면초가의 위기에 몰리게 되었다. 마지막으로 쫓기고 쫓기어 28명의 병사로 오강(烏江)에 이르렀다. 그때 마침 오강정장은 강 언덕에 배를 대기시켜 놓고 항우를 맞이하면서 내일을 기약하고 오강을 건널 것을 건의하였다. 하지만 서초패왕 항우는 종전의 천하를 호령하던 패기는 다 어디 가고, 과거의 슬픈 상념에만 잠기어 여린 마음으로 강을 건너지 못한 채, 싸우다가 스스로 자결을 선택한다.

우리는 여기서 항우가 다음을 위하여 '재기의 선택'을 하지 아니하고 '자결'을 선택한 점에 많은 아쉬움이 남는다. 그는 젊었을 때부터 영민하고 용맹스러웠고, 의리와 호연지기가 매우 강했다. 그는 오강정장의 건의에 따라 오강을 건너서 강동에서 내일을 기약했어야 했다. 당시는 비록 그가 약하여 힘이 다하였지만, '나중에 힘을 길러 적당한 때를 보아 반드시 다시 재기했어야만 했다.' 전쟁이란 병가지상사로서 질 수도 있다. 하지만 패전 이후 다음이 더 중요하다. 역사적으로 보면 패전 후에 다시 재기하여 철저하게 복수를 했던 사례가 많이 있다. 예를 들면, 월(越)나라 구천(句踐)은 오(吳)왕 부차(夫差)에게 「회계산」 전투에서 철저하게 패하고 오왕의 신복으로 소변과 대변 수발을 다 하면서 오왕의 선심을 산다. 그런 후 그는 다시 월나라에 귀국하여 유능한 인사를 널리 구하고 백성과 고락을 같이하며 몸소 밭갈이를 하고 부인은 베를 짜도록 했다. 고기와 비단은 멀리하고 소, 돼지의 쓸개를 방에 걸어놓고 수시로 맛을 보며(嘗膽), 오나라에 보복할 기회를 노렸다. 그는 10여 년 후에 드디어 오나라를 공격하여 오나라 부차에게 항복을 받아 철저한 복수를 하였다. 분에 못 이긴 부차는 마지막에 스스로 자결을 선택하였다.

"활활 타오르는 강한 불길에는 연기가 피어나지 않고, 힘차게 흐르는 강물의 물줄기는 주변을 쳐다볼 겨를 없이 곧장 망망대해(茫茫大海)를 향하여 흘러간다." 또한, 혹한기에 "세차게 흐르는 물의 심장부는 얼지 않고, 힘이 약한 주변부터 얼음이 얼기 시작한다." 박정희 대통령의 '경부고속도로'는 '주변의 여러 가지 반대와 악조건에도 불구하고' 이를 관철하여 마침내 준공, 내일의 발전과 희망을 주었다. 반면에 천하의 서초패왕 항우는 끝내 '여린 마음으로 과거의 슬픈 상념에만 잠기어' 내일의 희망을 기약하지 못하고 자살하였다.

우리의 과거 지나온 역사를 보면 '힘 있는 자가 모든 것을 이끌고, 변화시키고, 새로운 것을 창조시켜 온 사례를 보아왔다. 우리도 자기가 늘 하고 싶은 것, 노력하고 싶은 것, 열정을 바치고 싶은 것, 다르마(Dharma) 또는 사명감이 있는 것을 찾아서 열심히 매진한다면 주위의 모든 것들이 원하는 대로 바뀌고, 뜻하는 대로 이루어질 수 있을 것이다. "대행(大行)은 사소한 세근(細謹)을 돌아보지 않는다"는 말처럼 누가 뭐라 하더라도 흔들림 없이 자기가 세운 목표를 위하여 더욱 한곳에 집중하고 묵묵히 꾸준하게 매진한다면 반드시 좋은 결실을 맺을 것이다.

높고 넓은 하늘이란 공간도 냉·온 기운이 신비스럽게 조화와 균형을 이루고 있다

《무용지물이 된 마지노선 법칙, 전단 장군은 강·온 전략으로 승리를 취하다》

■ 자연의 실상

높고 넓은 하늘 공간도 '냉·온(冷·溫) 기운이 신비스럽게 조화와 균형'을 이루고 있다.

- 하늘이란 공간은 대체로 지상으로부터 가까운 12㎞까지는 위로 올라갈수록 기온이 내려가지만, 그다음 50㎞까지는 기온이 다시 상승하기 시작한다. 또 그다음 80㎞까지는 다시 기온이 하강하는 등 거대한 하늘이란 공간도 서로 조화와 균형을 이루고 있다. 또한, 혹독한 겨울철 동장군이 어느 정도 지속되면 반드시 포근한 날씨로 바뀌면서 눈이 오는 경우가 있고, 한 여름철 심한 더위 뒤에는 반드시 더위를 식혀 줄 소나기가 내리는 경우가 많다.

| 자연을 느낄 때 행복이 움튼다 |

■ 인간과의 관계

① 완벽하게 믿었던 「마지노선의 법칙」 쉽게 무너지다

제1차 세계대전은 참호전이었다. 신병기로 등장한 기관총을 주로 사용했기 때문이다. 병사들이 참호를 파거나 요새에 숨어서 총을 겨눈 채 적이 나타나기만을 기다리는 단순한 총격전 전쟁이다. 당시 프랑스가 독일군의 대포를 막아낼 수 있었던 것도 근대적인 요새 덕분이었다.

제1차 세계대전이 끝나자 프랑스의 육군 장관 「앙드레 마지노」는 프랑스-독일 국경 사이에 설치한 기존의 요새를 획기적으로 보강하는 거대한 시멘트 방벽을 쌓자고 제안했다. 독일의 침략을 쉽게 분쇄할 수 있을 거라는 판단에서였다.

그래서 쌓은 것이 길이 750km에 달하는 콘크리트 방벽의 마지노선으로 서울-부산 길이의 2배가 넘는 엄청난 규모였다. 공사 기간도 거의 10년이나 걸려 당시로서는 세계적인 커다란 공사였다. 이렇게 만들어진 마지노선을 따라 개인용 참호를 파고 중 · 장형 대포를 촘촘히 설치했다. 이렇게 마지노선을 쌓고 나자 독일군의 어떤 공격에도 흔들림 없이 완벽하게 방어할 수 있다는 분위기가 프랑스 전역에 팽배했다.

그러던 중 독일에 히틀러가 등장하고 서서히 전쟁의 기운이 감돌았지만, 프랑스는 군 병력의 일부를 예비군으로 돌릴 정도로 여유만만했다. 이것은 마지노선을 철석같이 믿었기 때문이다.

그러나 실제로 제2차 세계대전이 발발하자 독일군은 예상을 뒤엎고 벨기에를 가로질러 마지노선을 우회, 프랑스로 침공해 들어갔다. 그러자 프랑스군은 제대로 힘 한 번 써보지 못하고 허무하게 무너지고 말았다. 이는 모든 방어 전략을 마지노선 중심으로만 대응하고, 만일의 다른 유사시의 환경 변화에 대한 작전 변경을 전혀 준비하지 못한 결과라고 볼 수 있다. 독일군은 프랑스군이 그토록 완벽하고, 자신만만해 하던 마지노선의 근처에는 오지도 않았다. 여기서 '마지노선의 법칙'은 여지없이 무너졌다. 너무 완벽한 것처럼 보이는 것은 그 완벽함 때문에 그것을 믿고, 다른 대안을 전혀 고려하지 않아서 쉽게 그 견고한 방어선이 무너진다는 것이다.

- 이영직《세상을 움직이는 100가지 법칙》중에서 -

② '부드러움과 강함으로 전쟁을 승리로 이끈 「전단」 장군'

전국 시대에 제나라는 걸핏하면 주변국인 연나라를 공격하였다. 이에 훗날 즉위한 연나라 소왕은 황금지대를 만들어 인재를 모으고 복수를 준비했다. 아울러, 연나라는 소진의 계략으로 제나라 민왕으로 하여금 송나라를 공격하게 하는 등 주변 여러 제후국을 위협하도록 했다. 드디어 연나라는 이 기회를 틈타 조나라, 한나라, 위나라와 손을 잡고 제나라를 공격하기 시작했다. 마침내 제나라는 단 6개월 만에 거성과 즉묵을 제외한 7개 성 모두 연나라에 함락당하고 만다. 이때 즉묵을 지키던 제나라 장수는 「전단(田單)」이라는 지략이 아주 뛰어난 인물이었다. 그는 병사들과 성안의 백성들을 지휘하며 성을 굳건히 지켰고, 이 때문에 연의 장수 「악의」는 3년이 넘도록 즉묵을 손에 넣지 못했다. 얼마 뒤 연 소왕이 세상을 떠나고 혜문왕이 즉위하자 전단은 '반간계'를 쓰기 시작했다. 혜문왕을 부추겨 악의 대신 「기겁」이란 자를 총지휘관에 임명하도록 한 것이다.

이와 더불어 전단은 강함과 부드러움, 긴장과 이완의 계책을 함께 쓰기로 했다. 우선 그는 '부드러움'을 이용하여 연나라 병사들을 방심하게 하고, 경계심을 최대한 늦추도록 했다. 성안의 늙은 병사에게 황금을 주어 기겁이란 장군을 만나게 했고 그 병사는 기겁을 만나 이렇게 말했다.

"성안에 비축해 둔 식량은 이미 바닥을 드러냈고, 병사들도 많이 줄어서 성안에는 거의 늙은이와 부녀자들밖에 남아 있지 않습니다. 전단 역시 조만간 투항을 준비하는 중입니다."

한편, 전단은 몰래 소 천 마리를 준비했다. 그는 사람을 시켜 소의 몸통에 기괴한 그림을 그리고 뿔에는 날카로운 칼을 묶어두었으며 꼬리에는 기름을 묻힌 갈대를 매달았다. 그리고 날랜 장수 5천을 뽑아 배불리 먹인 다음 조용히 명령을 기다리도록 했다. 반면 제나라가 곧 투항할 것이라 생각한 연나라 병사들은 해이해져 방심할 수밖에 없었다.

그러던 어느 날 밤, 전단의 병사들은 몰래 성문을 열고 소의 꼬리에 묶어 놓은 갈대에 불을 붙였다. 그러자 뜨거움을 견디지 못한 소들이 무서운 기세로 성 밖으로 돌진했고, 한참 단잠을 자다가 별안간 괴상한 모습의 소 떼를 본 연나라 병사들은 크게 놀라 이리저리로 급히 도망쳤다. 그리고 소 떼의 뒤를 따른 날랜 제나라 장수 5천이 도망가는 연나라의 병사들을 마구 베어버렸다. 결국, 연나라 병사들은 제대로 한 번 싸워 보지

도 못하고 참패하고 말았다. 이렇게 해서 전단은 제나라가 잃었던 7개의
성을 단번에 되찾고 나라를 위기에서 구해냈다.

- 왕경국, 장윤철 《나를 망치는 것은 나 자신뿐이다》 중에서 -

■ 행복의 비결

독일의 아우토반(Autobahn)은 보는 사람을 압도할 정도의 광활하
고 끝없는 고속도로다. 그래서 여행자들은 이 정도의 넓고 광대한 도
로라면 평온하고 안전해서 교통사고가 일어나지 않을 것이라고 생각
한다. 하지만 실제로 종종 커다란 교통사고가 발생한다고 한다. 사고
원인은 도로가 너무 반듯하고 단조로워서 운전기사가 깜빡 조는 사이
에 충돌사고가 발생하는 등이다. 이러한 따분함과 지루함을 덜기 위해
서는 약간의 변화가 필요하다. 예를 들면 나들목을 만들고, 가로수를
심거나, 특이한 광고판이나 홍보 전시물을 세우는 등 여러 가지로 사
람의 정신을 자극케 하거나, 맑게 하는 것이 필요하다.

중국의 진(秦)나라는 천하를 통일하고 흉노족 등 외적의 침입을 막
기 위하여 경계선에 철저한 방호벽인 '만리장성' 을 쌓기 시작했다. 하
지만 이로 인하여 수많은 백성이 강제로 동원되고, 경제는 핍박되어
민심은 갈수록 어려워졌다. 또한, 내부에서 간신 「조고」 같은 환관이
나타나 국정을 마음대로 전횡하게 되어, 결국 진나라는 천하를 통일한
후 15년, 진시황 사후 3년을 넘기지 못하고 내부로부터 무너져 붕괴되

고 말았다. 외적을 막으려던 '만리장성'이 오히려 내부의 적을 만들어 낸 격이 되고 만 것이다.

제1차 세계대전이 끝나자 프랑스의 육군 장관 「앙드레 마지노」는 독일 국경 사이에 거대한 시멘트 방벽을 쌓아 독일의 침략을 막고자 전략을 구사했지만, 막상 제2차 세계대전이 발발하자 독일군은 예상을 뒤엎고 벨기에를 가로질러 마지노선을 우회, 프랑스를 침공함으로써 프랑스군은 완벽하게 믿었던 '마지노선 전략'의 힘 한번 제대로 써보지 못하고 쉽게 무너지고 말았다. 반면에 전국시대 '제나라 장군 「전단」은 괴상한 모습의 소 떼 천 마리와 기만술, 강한 군사 오천 명 등, 부드러움과 강함의 양면전략을 잘 구사하여 연나라와의 전쟁을 승리로 이끌 수'있었다.

거대한 자연 중 하나인 하늘도 '차가운 기운과 뜨거운 기운이 서로 반복되면서 모든 만물을 창조하고, 변화시키고, 쇠퇴시키면서 조화와 균형을 이루어가듯이' 우리 인생도 '어떤 사람에게 중대한 사명을 내리려 할 때는 반드시 그 사람의 마음을 고뇌로 가득 차게 하고, 그 사람의 몸을 수고롭게' 만든다. 또한, '어떤 사람이 높은 지위에 있을 때는 그 지위가 대단히 높고 위태롭다는 것을 모르지만, 낮은 곳에서 올려다보면 그곳이 위험한 곳이라는 것'을 알게 된다. 「노자」는 "사물에는 반드시 양면이 있다"고 했다. 선한 점이 있으면 악한 점이 있고, 어려운 일이 있으면 쉬운 일이 있고, 긴 것이 있으면 짧은 것이 있으며, 높은 곳이 있으면 낮은 곳이 있다. 삭풍도 정면으로 맞으면 무척 차갑지만, 등 뒤에서 맞으면 추위가 덜하다. 햇볕이 쨍쨍 내리쬐는 곳이 있으면 반드시 음지가 있고, 가파른 산등성이 있으면 내리막 길이 있다. 이처럼 세상의 이치는 한쪽으로 너무 치우치지 않고 서로 조화를 이루면서 균형을 이루고자 한다.

지금 이 시간에도 광활한 하늘에는 냉·온(冷·溫) 기운이 서로 교차하면서 만물을 지배하고 있다. 우리는 세상을 살아가면서 사물의 양면을 바라볼 줄 알아야 하고, 이에 대하여 보다 심오하고, 넓고, 자세하게 관찰하면서 더 나아가 보이지 않는 사물의 이면도 살펴볼 줄 알아야 한다. 예를 들면 지금 현재는 사물의 어느 한쪽이 너무 일방적으로 강하고 완벽하다고 할지라도 어느 정도 시간이 지나면 상황에 따라 언제든지 틈이 생기고, 변수가 생겨 힘의 변화가 곧 나타날 수 있다는 것을 명심해야 한다. 아울러 우리는 매사에 겸손한 자세로 임하면서 주위를 살펴보고, 항상 너그러운 마음과 혜안을 지니고서 슬기롭고 행동해야 할 것이다.

| 자연을 느낄 때 행복이 움튼다 |

햇볕은 사물의 모습을 그대로 비출 수 있지만, 사물내면의 진면목은 제대로 투시하지 못한다

《간신 조고, 조작된 유서로 태자 부소를 죽이다》

■ 자연의 실상

햇볕은 사물의 모습을 그대로 비출 수 있지만, 사물 내면의 진면목(眞面目)은 제대로 투시하지 못한다.

• 햇볕이나 빛에 의해서 비추어진 사람이나 사물에 대한 그림자는 항상 빛의 맞은편에서 그 모습 자체를 사실 그대로 비추어 주지만, 진정한 그 내면은 제대로 투시하지 못한다.

■ 인간과의 관계

간신 「조고」, 조작된 유서로 태자 「부소」를 죽이다

진시황은 영원히 늙지 않고 죽지도 않는 '진인(眞人)'이 되기 위해 오랫동안 정성을 다하였지만 수포로 돌아가자 모든 정사를 포기한 채 오랜 시간을 궁 안에서만 보냈다. 때마침 간신 「조고」가 제3차 순행을 건의하여 진시황은 순행 길을 떠나게 된다. 하지만 이 순행은 간신 조고의 치밀한 계획에 따라 짜인 각본이었다. 우선 순행길이 가을부터 시작하여 다음 해 여름이 되기 전에 「함양궁」으로 귀환을 해야 했지만 당초의 계획에 없던 「소주」와 「항주」를 추가하여 당초보다 일정이 길어지도록 만들었다.

먼저 진시황은 운몽, 구의, 단양을 거쳐 회계산에 이르러 황제를 위한 거대한 '송덕비' 제막식에 참석하여 커다란 환대를 받았다. 하지만 이 행사에 참여한 십여 만의 백성들은 모두 다 동원되고 각색된 채로 시황을 우러러보았으니, 백성들의 원성과 고통은 이루 말할 수 없이 커갔다. 다음 일정은 여인들의 미색으로 뛰어난 소주로 향했다. 조고는 온갖 방법을 동원하여 시황을 정사에서 멀어지게 하고 여색에 빠져들게 하였다. 간신 조고는 방종술을 익히고 특별하게 훈련을 받은 절세미인의 궁녀들을 십여 명씩 한 조를 이루게 하고, 이들로 하여금 온갖 기교와 교태로써 시황을 사로잡게 하는 방법 등을 가르쳤다. 시의로 하여금 아침저녁으로 방사와 관계되는 양기를 보하게 하고, 온갖 진미가 곁들인 음

| 자연을 느낄 때 행복이 움튼다 |

식과 약초들로 기력을 보하게 하니 황제는 그만 황홀경에 빠져 밤낮을 구분치 못하고 미색에 빠져들었다. 이렇게 하여 진시황의 순유일정은 예정보다 늦어지게 되어 한 여름철로 접어들었다. 게다가 간신 조고는 시황이 좋아하는 소주 미녀 2명을 참승*도 없이 그냥 마차에 태운 채 마차를 운행하는 계략을 꾸몄다.

드디어 진시황은 기력이 다한 채 헛소리를 하고, 헛꿈을 꾸면서 마차에서 거의 의식이 없는 상태로 눕고 말았다. 진시황도 이제는 자기의 운명이 얼마 남지 않았다는 것을 직감하고, 나지막한 목소리로 승상을 비롯한 상경들에게 짐의 유지를 받들도록 지시를 했다.

"짐의 대통을 이을 이세 황제를 태자 「부소」에게 계승케 하고, 군사는 상군의 「몽염」으로 하여금 지휘케 하며, 속히 상군으로 인마를 보내서 호해를 불러오도록 하라."

황제는 조고가 기록한 유지에 옥새를 봉인케 했다. 태자 부소인지, 둘째 아들 호해인지 혼동을 불러일으키고 있는데 순간 승상 이사가 들어왔다.

황제가 힘없는 손으로 이사를 잡았다.

"승상, 부소를 받들어……."

허공에 손을 휘저으며 조용히 눈을 감고 말았다.

이때가 기원전 210년, 시황 삼십 칠 년, 신묘년 칠월이었고 향년 50세였다.

---

*마차가 가는 데 흔들리지 않도록 고정해주는 역할을 하는 장수

하지만 이미 순행 전부터 다른 간계를 꾸미기 시작했던 간신 조고는 패륜의 찬탈, 유서 변조를 위한 역적의 음모를 꾸미기 시작하였다.

"시황 삼십칠 년 칠월 병인일, 시황제 조하여 가로되, 짐은 통일천하를 순유하면서 천하의 안녕을 위하여 명산의 제신들에 참배코자 하였는바 사구에 이르러 기력이 쇠해지니 여기에 유조(遺詔)를 남기노라. 제이세 황제의 보위는 「호해」로 하여금 선양케 하고, 군사는 신장 「왕리」에게 맡기노라. 장자인 부소는 일찍이 태자의 자질을 갖추었기로 그를 신임하였던바, 불충스럽게도 감히 아비의 뜻을 거역하고 비방하는 직언과 상소로서 짐을 괴롭히며, 상군에 주둔함이 십여 년이 넘건만 한 치의 전진도 없이 국비를 소모하는 불충을 저질렀고, 여기에 감군의 임무에 대한 불만을 품고 아비를 원망하고 있다. 이는 자식 된 도리가 아니요, 천하의 기강을 세워야 할 효도의 근본을 버리는 것이다. 이로써 칼을 내려주노라. 그것으로 자결하여 그 죄를 씻으라. 장군 몽염은 부소와 함께 변방의 상장군으로 있으면서 부소가 꾀하는 바를 알고 있었음에도 그것을 시정치 않고 오히려 옹호하였으니 이는 신하로서 불충한 죄, 죽어 마땅하다. 몽염을 파직하노라."

한편, 변방에서는 태자 부소와 몽염 장군의 최근 꿈자리와 별자리가 이상하여 진시황에 대하여 걱정을 하는 상황에 드디어 황제의 근위사관이 들어오며 황제의 조서를 읽어 내려갔다.

"……자식 된 도리가 아니요……자결, 그 죄를 씻으라!"

조서를 받은 태자 부소와 몽염은 생각지도 못했던 청천벽력 같은 내용에 그만 입을 다물지 못했다. 하지만 몽염은 진시황의 유고일로부터

8일이 경과되었고, 여기까지 유서가 도착하려면 3~4일이면 되는데 사흘이나 늦어진 이유가 이상함을 느끼고 태자 부소에게 반드시 진위를 확인한 후에 자진해도 늦지 않으며, 그것을 확인하지 않고 자진해버린다면 돌이킬 수 없는 회한을 남기게 된다고 건의하였다.

"유조는 아버지가 자식에게 내리는 것입니다. 일단 아버지가 내린 조서를 의심한다는 것은 가장 큰 불효에 해당합니다. 설사 그것이 변조된 허황한 것이라고 해도 자식이 아비를 확인하겠다는 것은 그 자체가 도리가 아닙니다. 이 부소는 차마 그런 짓으로 잔명을 보존하기보다는 스스로 죽음을 청하려고 합니다. 그것이 자식 된 도리로 아버지를 두 번 죽이지 않는 길입니다. 저는 그것을 따를 것이니 칙사는 어명을 집행토록 하시오!"

부소는 사구를 향해 두 번의 큰절을 올린 다음 무릎을 꿇고 자진했다. 그때 그의 나이 삼십 삼세이다. 아울러 몽염도 스스로 대장의 인을 끌러주고 양주의 땅에 갇히는 몸이 되었다.

– 오하일《사기인간학 진시황》중에서 –

■ 행복의 비결

진시황은 당초 태자「부소」를 황제로 옹립하게끔 유서를 내렸으나, 간신 조고의 간계로 그 유서는 변조되어 둘째인 호해로 바뀌었다. 평소 태자 부소는 성격이 강직하여 바른말을 하고, 충성심도 강하며, 정치력 등 경험도 풍부하여 진시황의 가장 적합한 후임자라는 것을 잘 알고 있었지만, 다루기가 쉽고 만만하게 여긴 호해를 이세 황제로 옹립하여야만 국정을 자기 마음대로 좌지우지할 수 있었다.

우리는 비록 결과론적이기는 하지만 여기서 과거의 중요한 역사적 사실에 대한 과오를 지적하고자 한다. 즉 '간계에 의하여 조작된 유서를 너무 쉽게 믿고 자진을 해버린 태자 부소에 대한 아쉬움'이다. 물론 태자 부소의 부친에 대한 지극한 효성과 충성심도 중요하지만, 그 당시 진시황이 정사를 포기하고 진인이 되려고 한 복잡한 내면의 태생적인 가정적, 문화적, 정치적, 사회적인 배경과 함께 그 중심에 서 있던 승상 「이사」, 간신 「조고」, 역인 「송무기」라는 사람 등 주변 인물의 내면적인 관계를 분석해 보는 통찰력이 필요했다고 본다. 당초에 부소가 흉노족을 방비하기 위하여 변방으로 쫓겨 간 것도 현실을 무시한 이사의 「법가정치」와 「분서갱유」를 비판한 것이 빌미가 되었다. 즉 그 당시 진시황이 철저하게 중요시 한 '법가정치'를 태자 자신이 비판하였다고 하여 이사가 진시황에게 알현한 것이 빌미가 된 것이다. 또한, 진시황은 부소를 비록 변방으로 쫓아내기는 하였지만 그래도 그의 총명함과 명석함을 고려하여 그 당시 가장 용맹하고 믿음직한 「몽염」 장군을 태자와 동행하게 하였다.

만일 '태자 부소가 진나라 앞날을 생각하여 보다 큰 대의를 바라보고 몽염 장군이 의심한 대로 유서가 늦게 도착한 배경과 진위를 알아본 뒤 운명의 결정을 했었다면, 「진나라」 역사는 완전히 바뀌었을 것'이다. 왜냐하면, 태자 부소는 분서갱유 등 민심의 어려운 고비를 일찍

| 자연을 느낄 때 행복이 움튼다 |

부터 경험해왔고, 총명하고 강직하고, 원칙적이었으며, 변방에서 흉노족과 많은 전쟁을 치르는 등 대외적인 정치력과 외교력이 뛰어났다. 아울러 몽염 장군도 진시황이 평상시에 가장 아끼고 신임하던 장수로 용맹심과 충성심이 아주 강하고 뛰어난 장수였다.

하지만 진나라는 호해가 집권한 이후 모든 정사는 간신 조고에 의하여 좌지우지되었으며, 각 지방에서는 진승, 오광 등 농민의 반란군이 끊이지 않았고, 결국 민심은 완전히 돌아서는 등 왕권을 유지할 수 없을 지경이 되었다. 마침내 호해는 모든 국정 혼란과 민란의 책임을 다 뒤집어쓴 채 조고에게 비참하게 피살되고 만다. 이렇게 하여 어렵게 육국을 통일한 천하의 진나라는 시황이 운명한 지 5년 만에 쉽게 망하고 만다.

'햇볕이 사물이나 인간의 모습을 사실대로 비추어 주기는 하지만, 사물안의 진면목은 제대로 비추어 주지 못하는 것'과 같이 태자 부소가 진나라의 먼 장래를 바라보고, 보다 신중하고 차분하게 큰 결단을 내렸어야 했지만, 진위를 제대로 파악하지 않고 아쉽게도 너무나 쉽게 자결을 해버린 것은 진나라의 역사에 두고두고 커다란 아쉬움과 후환으로 남을 일이다.

'강한 폭풍우가 몰아치면 소용돌이와 혼란 때문에 수많은 피해 상황을 제대로 파악되기가 어려운 것'처럼 우리도 위기상황이나 변란, 혁명, 역사의 왜곡 등 돌발 상황이 발생할 시 대세의 흐름과 권력의 부침에 따라 객관적인 사실과 진실한 진면목이 가려지거나 감추어져서 커다란 우를 범하는 역사적 경우를 많이 보아왔다. 그렇지만 그런 때일

수록 위대한 지도자는 대승적인 큰마음을 갖고서 냉정하고 초연한 자
세로 보이지 않는 내막과 음모를 파헤쳐 그 진실한 실체를 명확히 밝
히고, 규명하여 위기를 돌파할 수 있는 대안을 마련해야만 한다. 물론,
그것을 알아내고 밝혀내려면 보다 많은 어려움과 난관이 있을 수도 있
겠지만, 나중에 시간이 지나고 나면 그 진면목의 가치가 모든 어려움
과 고통을 해결해 주고 치유해 줄 것이다.

거미는 강한 폭풍우 속에서도 부지런히 거미줄을 치지만, 병든 나뭇잎은 신록의 계절일지라도 노랗게 병들어 있다

《톨스토이, 그의 열정으로 러시아 역사를 바꿔 놓다》

■ 자연의 실상

거미는 강한 폭풍우를 맞아가면서도 자기의 거미줄을 하나씩 하나씩 지어나가지만, 병든 나뭇잎은 한창 성장해가는 6월 신록의 계절임에도 벌써 노란 단풍으로 병들어 있다.

• 거미는 '한여름 강한 폭풍우 속에서도 쉬지 않고 부지런하게 거미줄을 치면서 먹잇감을 찾아 분주히 움직이지만, 병든 나뭇잎은 왕성한 6월 신록의 계절이라 할지라도 벌써 노랗게 단풍으로 시들어 생명력이 다하여 가고 있다.'

■ 인간과의 관계

「톨스토이」의 '러시아 발전을 위한 열정과 강한 집념'은 훗날 세상을 바꾸어 놓았다

'전쟁용 수단매체인 대포와 총의 무기는 그 나라 국력 여하에 따라 그 힘이 한계를 만들어 낸다.'는 사실을 통렬하게 느낀 위인 중 한 사람이 바로 유명한 러시아 대문호이자 사상가인 「톨스토이(Leo Tolstoy, 1828~1910)」다. 그는 1855년에 조국 러시아의 장교로 크림 전쟁(영국 간호사 나이팅게일이 종군하여 전시 간호의 역사를 연 전쟁)에 참전했다. 크림 전쟁은 러시아와 오스만투르크 · 영국 · 프랑스 · 프로이센 · 사르데냐 연합군이 크림반도 · 흑해를 둘러싸고 벌인 전쟁이다. 당시 영국과 프랑스는 이미 100여 년에 걸친 산업혁명을 마치고, 그 결과로 얻은 경제 및 기술발전에 의한 신식 대포와 소총을 가지고 있었다. 이들의 사정거리는 러시아군이 사용하는 구식 대포와 소총에 비해 3배 이상의 성능을 가지고 있었다. 러시아군은 전쟁에서 지리적으로 유리한 위치에 있었으나 수단매체의 수준에서 영 · 불 연합군의 상대가 되지 못했다. 그 결과 계속 '연패하는 조국 러시아의 국력의 한계를 온몸으로 느끼고' 돌아온 톨스토이는 그 후 러시아가 보다 잘 살고 부강하기 위한 '잘 사는 법'을 연구하기 위해 죽는 날까지 집요하게 생각하고 고민하는 사상가가 된다.

당시 러시아는 일부 극소수의 황족과 귀족들만이 넓은 농토를 점유하

며 많은 농노를 거느리고 있었다. 당시 농노들은 인권이 없었으며 노예 신분으로 매매의 대상이 되었고, 인간 이하의 처참한 삶을 살고 있었다. 톨스토이는 그의 '강의와 저술'을 통하여 러시아가 후진국에서 탈피하여 서구 선진국과 같은 산업 국가로 발전하려면 귀족들이 농토를 산업 용지로 내어놓고, 농노들을 해방해 산업 역군이 되게 해야 한다고 주장했다.

러시아 상류층도 톨스토이의 생각이 옳다는 데는 동의했으나, 자신이 소유한 농토와 농노들을 내놓는 데는 동의하지 않았다. 오랜 사색과 고뇌를 거듭하던 톨스토이는 말년에 이르러 '자기가 소유했던 농토를 농노들에게 배분하였고 농노들을 해방' 했다. 톨스토이의 결단으로 톨스토이 가족들은 하루아침에 가산을 상실하게 되었다.

이에 대하여 톨스토이의 부인 「소피야 베르스」 여사의 반발은 당연하고 자연스러운 것이었다. 성자의 반열에 오른 톨스토이였지만 부인의 반발을 참지 못하여 1910년 10월 28일 가출을 감행하였고, 가출 후 20여 일 만에 러시아 서부의 한적한 간이 기차역 「아스타포보(현 톨스토이역)」의 역장 관사에서 객사했다. 그러나 위대한 사상가의 죽음은 단순한 '객사' 이상의 것이 되었으니, 러시아를 비롯한 세계 여러 나라 언론이 '80대 대문호의 가출' 이라는 희대의 사건을 톱뉴스로 보도, 그가 임종을 거둔 아스타포보 역장 관사 밖은 톨스토이를 보기 위해 모여든 인파로 붐볐다.

그 이후 톨스토이가 죽고 불과 7년 뒤인 1917년, 러시아에는 사회주의 혁명이 일어났다. 러시아 황실과 귀족들은 재산을 강제로 몰수당했고,

그들이 소유하고 있던 농노들은 스스로 해방되어 혁명의 주체 세력으로 등장했다. 그러나 혁명이 성공한 지 90년이 넘어 오늘에 이르도록 러시아는 여전히 산업혁명을 성공시킨 서유럽 나라들만큼 잘사는 나라가 되지 못하고 있다. 왜 그럴까? 이 질문에 대한 답은 간단하다. 산업혁명은 산업용 토지, 생산설비, 설비를 돌릴 에너지 등 산업용 수단매체의 수준을 높이는 혁명이었다. 그러나 사회주의 혁명은 수단매체의 수준은 그대로 둔 상태에서 수단매체의 주인들만 바꾸는 혁명이었기 때문이다.

– 윤석철《삶의 정도》중에서 –

■ 행복의 비결

우리 인간은 자기가 낳고 키운 자식은 그동안 모든 관심과 정성, 열정과 땀, 눈물 등 많은 사연을 간직하고 있어, 늘 보아도 또 그립고, 귀하고 아름답기만 하다. 마치 프랑스 유명한 작가 「생텍쥐페리」의《어린왕자》에서 '주인공이 많은 여타 장미꽃 중에 자기가 좋아하고 사랑한 단 한 장미꽃에만 눈을 맞추고, 관심을 주어서 예쁘게 가꾸는 것처럼' 말이다.

아프리카 나미비아 사막의 「베 짜는 새」는 특이하게도 공동으로 집을 지어서 집단으로 같은 둥지에서 서식한다고 한다. 그들은 사막의 극심한 더위와 추위를 이겨내기 위해 커다란 둥지를 짓는데, 그 무게가 약 1톤 정도라고 한다. 그들이 황무지인 사막에서 자기들의 둥지를 만들기 위해 재료를 찾아 입에 물고, 운반하고, 짓고, 완성하기 위한 시간과 노력, 희생과 열정이 얼마나 크고, 갸륵하고, 신비한가!

　최근 「포스코(POSCO)」는 세계에서 최초로 하루 쇳물 1만 5,000톤을 넘어서는 기록을 세우고 연간 500만 톤의 생산체계를 구축하였다. 이처럼 포스코가 세계 굴지의 철강사로 성장하게 된 배경에는 '고(故) 박태준 명예회장 같은 철인(鐵人)'이 있었기에 가능했다. 그는 박정희 전 대통령으로부터 '종합제철소 건설'이란 임무를 부여받게 되지만, 그 당시 자본이나 경험, 기술이 전무한 상황에서 이러한 임무를 수행하기는 쉽지 않았다. 당시 제철소 건설 지원을 위한 외국의 차관공여가 철회되면서 한때 건설계획이 무산될 위기에 놓이기도 했지만, 고인은 대일청구권 자금을 제철소 건설 자금으로 전용하게 하여 드디어 1970년 착공하게 되었다. 고인은 이때부터 "이 제철소 건설은 일제 식민지에 대한 보상금으로 받은 조상의 혈세로 짓는 것"이라고 강조하면서, 만일 우리가 실패하면 우향우해서 영일만 바다에 빠져 죽을 각오로 일해야 한다고 했다. 드디어 1973년 포항제철소 제1기를 준공하였고, 1992년 2,100만 톤 생산체계를 구축, 그는 세계철강업계로부터 신화창조자(Miracle-maker)라고 칭송받게 되었으며, 고인이 된 그를 우리는 '쇳물보다 뜨거운 열정과 집념, 창조력을 겸비한 불도저 같은 추진력의 사나이'로 부르고 있다.

　우리는 최근 짧은 근대화 과정을 거치면서 주변 지역의 개발로 인한 부동산차익, 투기, 행운 등으로 갑자기 부자가 되어 그 2세까지 유산을 넘겨받아 물질적으로 부유하게 된 사람들을 주변에서 많이 볼 수 있다. 반면에 옛날부터 '대대손손 가문과 체통을 지켜오면서 물질보다는 강한 도덕성과 염치 등으로 자존심을 중요시하면서 물질적으로는 그렇게 풍족하지는 못하지만, 그런대로 살아가는 가문'도 있다. 중요한 것은 우리의 오랜 선조들이 과거의 수많은 외세의 침략으로부터 어려운 수난과 고난을 겪으면서도 스스로 혈통과 자존심을 지키고 흔들리지 않는 열정으로 조상의 전통과 혼, 가풍을 이어왔다는 점을 꼭 명심해야 한다. 예를 들면, 우리의 조선시대 의병은 임진왜란 당시 두 달 만에 왜군에게 평양성까지 점령당한 위급한 상황에서도 일본군의 발목을 잡아 어려운 위기에서 나라를 구했다. 그 당시 일본 왜구들이 갑자기 삽시간에 경상도를 거쳐 충청도와 서울을 점령하자, 전국 방방곡곡 각 지역에서 그들 지역민의 존경과 지지를 받았던 유지를 중심으로 수많은 의병이 저변에서 창궐, 자기 가족과 고향을 지키고, 더 나아가 위급에 처한 나라를 구하기 위하여 자율적으로 의병활동에 참여했다. 이러한 '뜨거운 애향심과 애국심'은 하루아침에 형성될 수 있는 것이 아니며, 수백 년 또는 수천 년 동안 '강한 기질과 혼이 내재'되어 분물처럼 터져 나타났다고 보아야 옳다.

유명한 사상가인 톨스토이는 '귀족들이 농토를 산업용지로 내어놓고, 농노들을 해방해 산업 역군이 되게 해야 한다고 주장했다.' 비록 현세에서는 그의 뜻이 실현되지는 못하였지만, 그가 죽고 나서 얼마 후, 드디어 러시아는 그가 원하던 대로 바뀌게 된다. 또한 '거미는 강한 폭풍우 속에서도 거미줄을 꾸준히 지어 자기의 먹잇감을 착실하게 취하지만, 병든 나뭇잎은 한창 신록의 계절임에도 벌써 노란 단풍으로

| 자연을 느낄 때 행복이 움튼다 |

병들어버린다.' 이처럼 우리 인생도 주변의 여건이 아무리 어렵고 고달프더라도 난관을 잘 극복하여 항상 자기가 원하는 것을 향하여 성공하는 사람이 있는가 하면, 아무리 좋은 여건을 갖추어 줄지라도 활용할 의지가 없어 그냥 주저앉아 버리는 사람도 있다. 무엇보다도 명심해야 할 사항은 우리에게 모처럼 절호의 좋은 기회가 찾아왔음에도 이 기회가 자기에게 찾아왔는지도 모르고 아무 감각 없이 그냥 시간을 무의미하게 보내버리거나, 이를 제대로 활용하지 못하는 우를 범하지 말아야 할 것이다.

'찬 서리'는 파랗게 열린 방울토마토와
왕성한 호박벌을 마냥 기다려주지 않는다

《때를 놓친 항우, 천추(千秋)의 한으로 남다》

■ 자연의 실상

'찬 서리'는 주렁주렁 열린 방울토마토와 왕성하게 계속 활동하고 싶은 호박벌을 마냥 기다려주지 않는다.

• 방울토마토는 뜨거운 여름철 가지마다 파란열매가 주렁주렁 왕성하게 열리지만, 차가운 가을이 되어 찬 서리가 내리면 열매는 소리 없이 땅으로 떨어지고 만다. 또한, 호박벌은 6~7월경 새벽녘이나 아침 꽃이 있는 곳이면 이곳저곳 어디든 사방팔방 활발하게 옮겨 다니면서 꿀을 찾는다. 하지만 기온이 떨어지고 찬 가을이 되면 호박벌의 팔팔한 모습은 다 어디로 가버리고 그냥 잎 속에서 초라하게 조용히 숨을 멎고 만다.

| 자연을 느낄 때 행복이 움튼다 |

■ 인간과의 관계

타이밍(Timing)을 놓친 「항우(項羽)」, 천추(千秋)의 한(恨)으로 남다

중국 역사에 기록된 최대의 경쟁자로 「항우」와 「유방(劉邦)」이 손꼽힌다. 기원전 2세기에 진나라가 망한 후, 두 사람은 중국의 패권을 놓고 겨루었다. 처음에는 항우가 모든 면에서 유리했다. 그는 최정예 군사와 가문, 명성, 대부분의 중국 영토까지 손에 넣은 위대한 전사이자 뛰어난 전략가로서 전투에서 항상 승리하였다. 이제 패권은 항우가 손만 뻗으면 유방을 쉽게 잡을 수 있었다. 하지만 그는 적수인 유방을 촌스럽게 보고 관대하게 대하다가 나중에 단 한 차례 전쟁의 실패로 절호의 기회를 놓치고 만다. 또한, 다시 재기할 기회가 있었지만, 그 꿈도 쉽게 포기하고 스스로 자결하고 만다. 우선 항우가 적수인 유방을 제거할 좋은 기회가 있었지만 이를 놓쳐버린 경우를 살펴보자.

그 당시 진(秦)나라가 거의 멸망할 무렵 초나라 회왕은 항우와 유방 중 관중에 먼저 입성한 사람을 '관중의 왕'으로 봉한다고 약속했다. 그 당시 항우는 50만, 유방은 10만의 병사를 거느렸다. 하지만 유방은 진나라 적들을 설득과 포용, 계교로서 쉽게 적 진영을 접수하여 먼저 관중을 취하였고, 그곳 관중지역을 안정시키기 위하여 '약법삼장'까지 발표하였다. 그리고 관중을 취하기 위하여 파죽지세로 힘을 과시하고, 힘겹게 여러 성을 격파하고 있는 항우 장군의 대세를 간파하지 못하고, 초회왕이 제시한 먼저 관중을 접수한 자가 관중의 왕이 된다는 것만 믿고 어리석

게 관중의 입구인 「함곡관」을 봉쇄하고 항우병력과 대치한다.

이에 항우는 유방이 자기 스스로 관중의 왕이 된 것처럼 행동하는 등 그의 행태가 아주 괘씸하고, 배은망덕하여 매우 분개해 '유방을 「홍문」으로 불러들여 죽이려고 철저한 계획'을 세운다.

하지만 항우는 유방이 유씨갓을 쓰고 촌스럽게 홍문에 나타나 어리석은 행동을 보여 주는 등 그의 임기응변 계교에 넘어가 그냥 유방을 놓아주는 엄청난 실수를 저지른다.

다음은 항우가 장강에서 향후 다시 재기할 수 있는 마지막 기회에도 불구하고 스스로 쉽게 목숨을 버리고 자결해 버리는 사례를 보자.

항우는 유방과 5년여간의 전투에서 계속 승승장구하여 스스로 서초패왕이 되었지만, 마지막 「해하(垓下)전투」에서 사면초가로 완전히 포위당하고 커다란 위기에 몰린다. 마지막으로 쫓기고 쫓기어 28명의 병사로 오강(烏江)에 이르니, 오강정장은 강 언덕에 배를 대기시켜 놓고 항우를 맞이하면서, 내일을 기약하고 오강을 건너갈 것을 건의하였다.

하지만 항우는 공허한 웃음을 짓는다.

"하늘이 나를 망하게 하는데 건넌들 무엇 하겠는가? 나는 강동의 자체 8,000명과 이 강을 건너 서쪽으로 향했다. 지금 그 한 사람도 돌아가지 못하니 무슨 면목으로 강동의 부형을 해할 수 있단 말인가? 강동의 부형이 나를 어여삐 여겨 왕으로 받든다 하더라도 내 마음에 찔리는 바가 없겠는가? 강을 건너 고향으로 돌아갈 면목이 없네."

종전의 천하를 호령하든 패기, 내일을 위한 큰 대의를 생각지 못한 채, 작은 것에만 얽매이고 과거의 슬픈 상념에만 잠긴 여린 마음으로 강

| 자연을 느낄 때 행복이 움튼다 |

을 건너지 못한 채 싸우다가 스스로 자결하고 만다.

– 오하일 《사기인간학 항우.유방》 중에서 –

■ 행복의 비결

방울토마토는 따뜻한 봄 5월 초순쯤부터 잎이 나와 6월이 되면 본격적으로 줄기가 나오고 성숙하여 열매를 맺기 시작한다. 그리고 7~8월, 따가운 햇볕이 내리쬐면 열매가 익기 시작하여 분홍색 또는 빨간색으로 변하기 시작한다. 하지만 조금이라도 더 오래 남아서 성장하고자 10월이 될 때까지 줄기에 마냥 파랗게 주렁주렁 열려있는 토마토는 갑자기 닥친 한파로 인해 찬 서리가 맺혀 열매가 우수수 떨어져 버린다. 호박벌도 6~7월 새벽녘이나 아침이면 일찍 나와 꽃이 있는 곳이면 이곳저곳 어디든지 사방팔방 활발하게 옮겨 다니면서 꿀을 찾는다. 하지만 기온이 떨어진 찬 가을이 되면 호박벌의 팔팔한 모습은 다 어디로 가버리고, 그냥 잎 속에서 조용히 초라하게 숨이 멎어 버린 것을 볼 수 있다.

방울토마토와 왕성한 호박벌은 각자가 빨갛게 익은 열매와 풍성하게 꿀을 모을 수 있는 최적의 시기가 있다. 하지만 그 최적의 시기가 지나고 때를 놓치면 따스한 햇볕은 사라지고 갑자기 찬 서리로 인하여 그들의 생명을 빼앗아 가고 만다.

동물 중의 왕이라고 부르는 사자와 호랑이도 그들이 마음껏 힘을 발휘할 수 있는 넓은 평야와 공간이 있어야 맹수의 힘을 써서 먹잇감을 취할 수 있는 것으로 좁은 숲 속이나 비좁은 공간에서는 맹수의 기질도 별 의미가 없어진다. 또한, 미네르바의 부엉이도 캄캄한 밤이 되어야 귀가 밝아지고, 눈이 번쩍거려 먹잇감을 포획할 수 있다.

초나라 항우는 용맹성과 호탕함, 의협심, 투지력이 천하에서 제일이었으며 전쟁의 상황도 자기의 적수인 한나라 유방보다 훨씬 좋은 여건이었다. 하지만 그 좋은 기회를 살리지 못하고 유방의 「유씨갓」 계교에 넘어가 유방을 살려주면서, 오히려 단 한 번의 전쟁 패배로 유방에게 무릎을 꿇고 마는 커다란 천추의 한을 남기고 만다.

당장 우리의 생명이 언제, 어떻게 될지 누구도 정확히 예측하고 장담할 수 없다. 아무리 훌륭한 역술가나 의사라고 할지라도 자기 자신의 생명이 언제, 어느 날, 어떻게 될 것인지 알 수가 없다. 지금 이 시간에도 예측할 수 없는 교통사고와 자연재해로 수많은 사람이 죽어가고 있으며, 심장마비, 중풍, 뇌졸중 등으로 전날에는 멀쩡하던 사람이 아침에 일어나보면 이 세상을 운명한 것도 많이 볼 수 있다.

그래서 우리는 평상시에 내일을 확실하게 준비하는 자세가 필요하다. 이러한 자세는 바로 우리가 '인간이라는 한계'를 느끼고 사전에 마음을 비워 언제든지 「공수래(空手來), 공수거(空手去)」의 자세로 모든 것을 훌훌 털어버리고 보다 큰 것을 위해 여유롭고 초연한 자세가 필요한 것이다. 이러한 겸허하고 낮은 자세가 오히려 생활에 활력소가 되고 자기의 생명을 더 연장하여 줄 수 있기 때문이다.

또한, 이러한 자세로 살다 보면 자기가 가고자 하는 길이 어느 길인

지도 확실하게 알게 될 것이다. 더불어 주변에서 생기는 징후도 정확히 예단할 수 있어 무슨 일을 먼저 해야 할 것인지의 일에 대한 '선·후와 완·급 조절'이 되면서 나중에 자기가 하고자 하는 일에 전력투구할 수 있을 것이다.

다만, 대자연의 경우도 천재지변이 발생할 수 있듯이, 우리의 인생살이도 때로는 순리대로 되지 않는 경우가 있다는 것을 항상 유념해야 한다. 예를 들면 '거대한 장강'도 어느 날, 어느 시기가 도래되면 메마를 수 있고, 우렁차고 힘센 '나이가라 폭포'도 언젠가는 힘을 다하여 질 때가 있다는 것을 헤아려 항상 내일을 준비하는 자세로 인격도야와 격물치지를 터득하는 마음 자세가 필요하다.

햇볕에 따라 달맞이꽃은 수줍어하고, 해바라기는 웃는다

《평생 사람을 알기 위해 노력한 소크라테스, 시대를 앞서간 링컨》

■ 자연의 실상

여름철 달맞이꽃은 저수지 둑이나 들판 언덕바지, 기찻길 등에서 햇볕이 비추지 않는 아침이나 밤에 주로 꽃을 피우고 활동하지만, 해바라기는 마냥 햇볕이 그리워 온종일 햇볕을 쫓아다니면서 하루를 즐긴다.

• 달맞이꽃은 한 여름철에서부터 추석 전·후로 들판 언덕바지나 저수지 둑 등에서 햇볕이 없는 아침이나 밤에 노란 꽃망울을 피워 자기의 모습을 드러내지만, 해바라기는 햇볕이 마냥 좋아 햇볕을 따라다니며 방긋방긋 하루를 즐겁게 보낸다.

| 자연을 느낄 때 행복이 움튼다 |

■ 인간과의 관계

태양 아래 지구에서는 각양각색의 다양한 사람이 커다란 업적을 남기고 있다

① 평생 '사람을 알기' 위해 몸 바친 철학가 「소크라테스(Socrates)」

소크라테스는 기원전 469년경에 아테네에서 조각가인 아버지 소프로니코스(Sophroniscus)와 산파인 어머니 파이나레테(Phaenarete) 사이에서 태어났다. 그는 어렸을 때부터 이마는 약간 벗겨졌고, 눈은 툭 튀어나왔으며, 코는 크고 넓적했고, 양쪽 볼은 늘어졌다. 남루한 옷차림으로 마치 오리처럼 뒤뚱거리며 걸어 다니면서 '사람은 어디서 와서 어디로 가는지'에만 골몰하였다.

어느덧 25살이 되어 그는 직접 펠로폰네소스 전쟁에 참전하고 난 이후로 사람들 속에서 사람을 알고, 또 그들을 통해 무엇인가를 얻으려 열심히 노력했다. 그는 '사람은 사람을 올바르게 알아야 사람이 될 수 있다'고 믿은 나머지 모든 사람을 빼놓지 않고 연구하면서 배우고 싶은 강한 욕망을 키웠다. 그래서 그는 욕심을 부리고 거짓말을 잘하는 사람들과도 사귀어 보고, 욕심이 죄를 부른다는 사실도 느꼈다. 게으르고, 욕심 많고, 거짓말 잘하는 사람들을 단순히 사귀는 것만으로 그치지 않고 그들과 문답식으로 대화하면서 부드럽게 깨우쳤다.

그 당시 소크라테스의 친구이자 제자이기도 한 「카이레폰」이 델포이

신전에서 기울어 가는 아테네인의 정신을 깨우쳐 일으킬 현인이 누구냐고 묻자 '그 사람은 오직 소크라테스뿐이다' 라는 대답을 들었다. 이 기쁜 소식을 접한 그는 곧바로 아테네로 달려가 소크라테스에게 전달하였다. 하지만 깜짝 놀란 소크라테스는 진정 자신은 아무것도 아는 것이 없고, 또 아테네에는 자기보다 훌륭한 정치인, 예술가들이 많은 데 신전에서 그렇게 말했다는 것은 도무지 이해할 수가 없다고 여겼다. 그래서 소크라테스는 기쁘기보다 커다란 의문에 싸여 이 의문을 풀어보려 유명한 정치가, 문학가, 예술가 등을 만나보았다. 그러나 소크라테스는 그들을 만나본 뒤에 모두가 자신의 명예와 명성과 이익을 위해서만 신경을 곤두세우는 것에 큰 실망을 하게 되면서 오히려 유명하지 않은 사람일수록 더 현명하다는 사실을 깨닫는다.

그 뒤로 자신이 직접 델포이의 아폴로 신전을 찾아가서 이 문제를 물어보기로 하고 신전을 들어가는데 그 입구에 '글귀' 를 보고 발걸음을 멈추었다.

'너 자신을 알라'

소크라테스는 이 글귀를 보고 비로소 자기가 다른 사람과 다른 점을 깨닫게 되었는데, 그것은 자기가 자신을 잘 알기 때문에 많은 사람 중에서 가장 현명하다는 것이었다.

그는 그 당시 아테네 백성들이 무지를 깨닫지 못하여 도덕적으로 망가져 있었으므로 그들을 깨우치기로 결심하고, 교만과 부패, 명예와 권력, 사치와 허영에 깊이 빠져 있는 사람들을 만나면, 서슴지 않고 '자신을 알라고' 충고하였다.

| 자연을 느낄 때 행복이 움튼다 |

그렇지만 소크라테스의 악을 멀리하고 도덕과 선을 중요시하는 철학과 사상은 아테네의 정치인들에게는 커다란 장애물이었다. 그들은 소크라테스를 시기하고 질투하여 마침내 그를 국가가 정하는 신을 믿지 않는다는 등의 터무니없는 구실을 빙자하여 고발하고 사형에 처하게 한다. 플라톤 등 제자들이 끊임없이 탈옥하도록 수차례 권고하지만 이를 거절하고 끝내는 친구와 제자들이 지켜보는 가운데 독약을 마시고 세상을 떠난다.

② '초연한 자세와 인내심'으로 시대를 앞서간 위대한 정치가 「에이브러햄 링컨」

미국의 제16대 대통령이 된 에이브러햄 링컨(Abraham Lincoln, 1809~1865)은 1809년 미국 켄터키주에서 가난한 농민의 아들로 태어났다. 그는 22세까지 아버지 슬하에서 가축과 같은 비참한 어려운 생활을 하였다. 그래서 그는 이러한 생활은 결코 자신에게 도움이 되지 못하고, 향후 커다란 비전이 없다고 판단, 과감하게 아버지와 결별을 하게 되며, 이후로 다시는 아버지와 만나지 않는 삶을 살아간다.

그 이후로 그는 뱃사공, 가게 점원, 장사꾼, 측량기사, 우체국장 등을 거치면서도 늘 책을 소지하고 다녔으며, 나중에 기필코 성공하겠다는 강한 의지와 희망을 버리지 않았다. 드디어 그는 인생의 산전수전, 풍찬노숙 등 혹독한 고통과 경험을 거치면서 미국의 대통령이 되었고, 대통령이 된 후 그는 인류 역사상 최초로 '인간은 존중되어야 하며, 평등해

야 한다는 빛나는 노예해방선언(Emancipation Proclamation)'을 하였
다. 또한 "모든 권력은 국민으로부터 나온다"는 평범하고 당연한 민주
주의 이론을 선언, 오늘날 민주주의 발전에 커다란 시금석이 되었으며,
이에 공헌하였다.

③ '땀과 노력'으로 이룩한 천재의 발명왕 「에디슨」

토머스 에디슨(Thomas Alva Edison, 1847~1931)은 오하이오주 밀
란에서 제재소를 경영하던 아버지 새뮤얼의 셋째 아들로 태어났으나 가
정형편이 매우 어려워 초등학교도 제대로 다니지 못한 채 주로 신문팔
이, 과자팔이 등을 하면서 어렵게 고학으로 공부하고 연구하였다. 하지
만 그는 여러 가지 역경과 난관을 이겨내면서 수많은 발명과 1,000여
종의 특허권을 획득하였으며, 나중에 유명한 전구를 발명하게 된다.

그는 무엇보다도 '무엇이 만들어지고 있는 과정이 중요하다는 것을
강조하였으며', "자기 자신은 발명을 계속하기 위하여 돈을 얻고, 돈을
얻기 위해 계속 발명을 한다."고 했다. 또한, 그는 "천재는 1%의 영감과
99%의 땀으로 만들어진다."는 말을 남긴 것으로 유명하다. 아울러 그는
이 세상 사람들에게 이렇게 말했다.

"용기를 내십시오. 나는 사업하면서 많은 어려움과 좌절을 맛보았습
니다. 미국은 늘 어려움을 딛고 일어서 더욱 강해지고 더욱 번영하게 되
었습니다. 뭔가 더 나은 방법이 반드시 있습니다. 그걸 찾으세요. 열심
히 일하는 걸 대체할 수 있는 건 세상에 없습니다. 끊임없는 노력과 지

금에 만족하지 않는 태도야말로 진보의 필수 조건입니다. 무엇인가를 포기했을 때가 사실은 성공의 문턱 바로 앞이었을 때가 많습니다. 실패란 바로 그런 것입니다. 포기하지 마세요. 당신의 조상들이 그러했던 것처럼 용감해지세요. 굳건한 신념을 갖고 전진하십시오."

④ 마라톤왕 「손기정」, 평생 억장(億丈) 속에 묻어 둔 '태극기의 한'

손기정(孫基禎, 1912~2002)은 1912년 신의주의 가난한 집안에서 태어나 어린 시절부터 장사하며 16세 무렵에 중국단동에 있는 회사에 취직하였다. 그 당시 차비가 없어 신의주~압록강, 철교~단동에 이르는 20여 리 길을 매일 달려서 출·퇴근하였다. 이것이 어릴 때부터 도움이 되어 운동에 소질을 보였고 달리기에 커다란 계기가 되었다. 그는 소학교 6학년 때 '안의전(중국 안동과 신의주 간 달리기경기)' 5,000m 경기에 출전하여 어른을 제치고 우승하였으며, 1931년 10월에는 5,000m 전국체전 평안북도 대표로 출전하여 2위, 1932년 동아일보 주최 하프 마라톤에서 2위를 하면서 이 인연으로 양정고보에 입학하게 되어 중단했던 학업을 계속할 수 있는 기회를 얻었고, 본격적으로 마라톤 훈련을 할 수 있게 되었다. 그 이후로 여러 가지 종류의 마라톤 대회에 참가하여 발군의 실력을 발휘, 드디어 일본의 올림픽 국가대표 선수로 발탁된다.

1936년 8월 9일 오후 3시, 베를린 올림픽 스타디움에서 마라톤 경기가 시작되었다. 세계 각국에서 56명의 선수가 참가하였고, 양정고보의 선배인 남승룡 선수도 같이 출전하였다. 손기정 선수는 처음 출발은 늦

었지만, 철저하게 자기 페이스를 잃지 않고 꾸준히 달렸고 30㎞ 지점에
서부터 영국의 하퍼 선수와 1, 2위를 다투기 시작했다. 드디어 31㎞ 지
점에서 경쟁자인 하퍼를 따돌리고 1위로 나서 남은 레이스를 1등으로
도착, 영광의 주인공이 되었다. 아울러 남승룡은 3위로 입상하였다. 하
지만 손기정은 결승선 통과 후 만세도 하지 않았고 환호도 부르지 않았
다. 그리고 고개를 숙인 채 탈의실로 퇴장했다. 역시 시상대에서도 손기
정은 은메달리스트인 하퍼와는 달리 전혀 기쁘지 않은 우울한 표정으로
고개를 숙인 채, 월계수 나무로 입고 있던 옷의 일장기를 가렸다. 자신
이 고통스럽게 발로 뛰어 얻은 이 영광이 조국의 것이 아니라 조국의 국
권을 피탈한 일본의 것이었기 때문이다.

　비록 손기정이 일본 국적으로 나가서 딴 올림픽 금메달이었지만, 마라
톤 우승소식은 식민지 조선인들에게 한없는 기쁨과 희망이었다. 그래서
국내 언론(조선중앙일보, 동아일보)은 이 사실을 보도하기 시작하였는데,
그 당시 보도사진은 일장기를 지운 사진을 보도했다. 이 일장기 말소 보
도사건이 있었던 이후로 손기정은 항상 감시를 받았고, 경기출전도 금지
를 당했다. 손기정은 해방 이후, 마라톤 코치로 활동하면서 서윤복, 함기
용 등의 후배가 보스턴 마라톤 대회에서 우승할 수 있도록 견인차 역할을
해 주었다.

　어느덧 세월은 흘러서 1992년 8월 바르셀로나 올림픽에서 황영조 선
수가 마라톤에서 역사적인 금메달을 땄을 때, 손기정은 자기의 우승처
럼 기뻐하면서 이런 말을 남겼다.

　"오늘은 내 국적을 찾은 날이야. 내가 노래에 소질이 있다면 운동장

한복판에서 애국가를 우렁차게 불러보고 싶다."

⑤ 열정과 검소, 결단력의 사나이, 사업의 왕 「정주영」

현대그룹의 창업자인 정주영(鄭周永, 1915~2001)은 강원도 통천군 송전리 아산마을에서 아버지 정봉식씨와 어머니 한성실씨의 6남 2녀 중 장남으로 태어났다. 1930년 송전소학교를 졸업했으나 가난 때문에 상급학교에 진학하지 못하고 유년 시절에는 아버지의 농사일을 도왔다. 1937년 9월 경일상회라는 미곡상을 시작으로 사업을 시작, 1940년 아도서비스라는 자동차 수리공장을 인수하고, 그 뒤 1946년 현대자동차 공업사를 설립하였다. 1947년 현대토건사를 설립하면서 건설업을 시작, 1950년 현대건설주식회사를 설립, 1971년 현대그룹회장에 취임하였다. 그 이후로 해외건설시장 개척과 울산 조선소 건설, 서산 앞바다 간척사업 등을 성공적으로 추진하면서 대기업으로 성장한다. 특히 1988년 6월 16일 판문점을 통하여 '통일소'라고 불린 소 500마리와 함께 판문점을 넘는 이벤트를 연출한 내용은 세계에서 커다란 주목을 받았던 사건이 되었다.

이러한 정주영 회장의 훌륭한 사업가로서의 리더십은 과연 어디서 나오고, 유래되었는지 알아보도록 하자.

첫 번째는 그의 성실성이다. 강원도 산골 아산에서 태어난 그는 항상 부지런하고 근검절약했다. 매일매일 새로워야 하고 어제와 같은 오늘, 오늘과 같은 내일을 사는 것은 사는 것이 아니라 죽은 것이라고 생각하였다. 그래서 그는 하루마다 더 발전해야 한다고 생각하고 더욱 부지런하기 위해 노력했다. 또한, 30여 년 전에 지은 그의 집엔 20여 년이 넘은 소파와 10년이 다 된 17인치 TV가 전부였다. 17년 전 작업복을 죽기 전까지 입고 다녔을 정도로 아끼는 것이 몸에 배어있었다.

두 번째는 특유의 추진력과 결단력이다. 그의 자서전에서 '시련은 있어도 실패는 없다'라고 말했다. "건강하게 살아있는 나한테 시련은 있을지언정 실패는 없다. 낙관하자, 긍정적으로 생각하자." 이러한 그의 특유의 '할 수 있다' 정신의 근저에는 위험을 감수하는 정 회장의 기업가적 정신의 근성이 있었다. 예를 들면 1970년 조선 사업에 진출하기로 결정한 후 거북선이 그려져 있는 500원짜리 지폐를 보여주며 외국은행 등에서 차관을 얻고, 조선소와 배를 동시에 만드는 커다란 위험을 감수한 일화가 대표적인 케이스이다.

세 번째로는 신뢰성과 함께 뜨거운 열정과 따뜻한 가슴의 소유자였다. 16세에 농촌에서 가출한 그는 막노동판을 전전하다가 서울의 쌀가게에 취직하게 되는데, 오로지 자신이 가진 것이라고는 몸과 신용밖에 없다고 생각하여 누구보다도 성실하게 일하며 쌀가게 주인과 주위 사람들로부터 인정을 받게 된다. 그 이후로 27세 때 빚을 얻어 자동차정비공장을 설립하여 운영하는데, 문을 연 지 한 달도 되지 않아 화재로 모든 것을 잃게 된다. 하지만 그는 사업을 포기하지 않고 오뚝이처럼 재기하는 끈질긴 의지와 용기가 있었다. 또한, 평소에 신용을 잃지 않았던 그에게 주위 사람들은 다시 재기의 발판을 마련해주었다. 특히 그는 70이 넘은 나이에도 신입사원들과 어울려 씨름을 벌일 만큼 소박하고 부하들

| 자연을 느낄 때 행복이 움튼다 |

에게 가슴이 따뜻한 사업가였다.

■ 행복의 비결

「노자」는 "사물에는 반드시 양면성이 있다"고 강조했다. 아름다움
(美)이 있으면 추함(醜)이 있고, 선(善)함이 있으면 악(惡)이 있으며, 어
려운(難) 일이 있으면 쉬운(易) 일이 있고, 긴(長) 것이 있으면 짧은(短)
것이 있으며, 높은 곳(高)이 있으면 낮은 곳(低)이 있다. 즉 모든 만물
은 음(陰)과 양(陽)이 서로 대립한 것이 아니라 그 기질이 저마다의 나
름대로 차별성으로 각자가 상호 연관성을 갖고, 나중에 어느 정도의
균형과 통일을 이루어 간다는 것이다.

평생 사람을 알기 위해 몸을 바친 철학가 「소크라테스」는 '사람은
어디에서 와서 어디로 가는지'에 대하여 연구하고, 사람들의 속성을
제대로 알아보고자 욕심쟁이, 거짓말쟁이, 정치인, 예술인, 문학가 등
다양한 사람들과 대화를 나누며 그들의 행태를 파악하였다.

위대한 정치가 「에이브러햄 링컨」은 가난한 농민의 아들로 태어나
뱃사공, 가게점원, 장사꾼, 측량기사, 우체국장 등 산전수전을 거치면
서 드디어 미국의 16대 대통령이 되어 인류 역사상 최초로 '인간은 존
중되어야 하며, 평등해야 한다는 노예해방선언'을 하였다. 또한 '모든
권력은 국민으로부터 나온다.'는 민주주의 이론을 선언하여 오늘날의
민주주의 발전에 커다란 공헌을 하였다.

천재 발명왕 「에디슨」은 모든 성공은 끈질긴 노력과 투지, 인내력 속에서 얻을 수 있다고 강조하고, 무슨 일이든지 시작한 일은 끝까지 마무리해야 한다고 역설했다. 또한, 마라톤왕 「손기정」은 한국인으로서 처음으로 올림픽에서 금메달을 획득하였지만, 그 금메달은 일본 국적으로 나가서 딴 금메달로 평생 가슴 속에 한으로 남아 후진들을 가꾸기 위해 계속 노력하였고, 마침내 황영조 선수가 1992년 바르셀로나 올림픽 마라톤에서 금메달을 땄을 때 그 감격의 눈물 속에 태극기에 대한 한을 풀었다.

사업의 왕 「정주영」은 강원도 산골에서 태어나 오로지 맨몸으로 사업을 시작하여 우리나라의 자동차, 건설, 조선 등 전 산업을 선도하는 굴지의 대재벌 회장 총수가 되었다. 그는 특유의 추진력과 결단력, 남다른 친화력, 열정과 정열, 끈기와 성실성으로 후세들에게 두고두고 기억에 남을 인물이 되었다.

'달맞이꽃은 햇볕이 싫어 주로 밤에 밝은 달과 함께 환하게 노란 꽃을 피워 자기의 모습을 활짝 드러내고, 해바라기는 햇볕이 마냥 좋아 온종일 햇볕을 따라다니며 즐거움을 만끽한다.' 이처럼 달맞이꽃과 해바라기가 똑같이 태양과 달을 맞이하고 있지만, 그들이 태양과 달을 대하는 모습은 전혀 다른 모습으로 각자가 나름의 즐거움을 만끽하고 있다.

우리도 같은 태양 아래서 다양한 형태의 사람들이 저마다의 다른 고유의 삶을 영위하면서 열심히 살아가고 있다. 철학가, 정치인, 과학자, 운동선수, 종교인, 사업가, 예술인 등 저마다 자기가 선택한 고유의 영역, 색깔 속에서 자기를 가꾸고 다듬어가면서 살아가고 있다.

고사목과 담장이 넝쿨의 만남, 바닷물과 민물이 교차하는 곳에서 서식하는 우어는 조화의 극치를 보여 준다

《장량, 조용히 때를 알고 그냥 물러서다》

■ 자연의 실상

늦은 가을 「담장이 넝쿨」은 죽은 「고사목」과 함께 공생하면서 그 숨어있는 아름다운 모습을 더욱 화려하게 돋보이게 하고, 이른 봄 한때만 나타나는 「우어」는 바닷물과 민물이 서로 만나는 곳에서 생의 절정을 이루어 달콤하고 담백한 맛으로 조화의 극치를 보여 준다.

- 「담장이 넝쿨」이 파릇파릇한 나무와 같이 공생하고 있다면 그 모습은 서로 희석되어 별로 돋보이지 않지만, 늦가을 「고사목」과 같이 공생하고 있는 모습은 더욱 화려하면서 고귀하게 보인다. 또한, 갈치처럼 생긴 「우어」는 바닷물과 민물이 만나는 군산 웅포 포구에서 서식하는데, 그 달콤하고 담백한 맛은 봄철 벚꽃이 필 무렵에 특히 절정을 이룬다.

■ 인간과의 관계

한(漢)나라 고조 유방(高祖 劉邦)의 군사인 「장량」, 조용히 때를
알고 물러서다

한나라 유방은 촌스럽고 하는 일 없이 빈둥빈둥 놀거나 술을 즐기는
서민 출신이었다. 반면에 항우는 원래부터 명문 귀족의 집안으로 무예
등이 출중한 출신이어서 그 성향이 근본적으로 달랐다. 항우는 일찍부
터 기선을 제압하고 초의 상장군으로 구전 구승하며 천하의 기치를 올
리고 있었다. 반면에 유방은 본인의 능력도 부족하지만, 주변에 탁월한
전략을 가진 군사나 인재가 거의 없었다.

마침 이때쯤 유(儒)자인 「역이기」가 한(韓)나라의 장량(張良)이라는 현
자를 소개하였다. 원래 장량은 한나라의 5대 정승 집안의 후손으로 진
시황 시절에는 진시황을 암살하기 위한 거사로서 활동한 적이 있는 한
나라의 충신으로 때와 도리를 잘 아는 뛰어난 전략가였다. 그 당시 약체
국인 한나라는 강국인 초나라 초회왕(楚懷王)이 진(秦)나라를 타도하기
위하여 유방 장군을 통해 '오만 석의 식량을 빌려줄 것'을 요청받았다.
하지만 한나라는 자기 나라도 식량이 부족한 형편이라서 유방에게 식량
을 선뜻 빌려주지 못하였다. 이처럼 한나라의 약점을 잘 알고 있는 역이
기는 한나라 장량을 유방의 군사로 활용하기 위한 고도의 계교를 쓴다.
드디어 한나라 왕은 장량을 식량 대신에 유방에게 어쩔 수 없이 군사로
서 빌려주게 되었다. 이렇게 하여 장량은 유방군의 전략을 총괄하는 군

사가 되어 유방을 돕기 시작한다.

한편, 그 당시 초회왕이 '먼저 관중을 취한 자가 왕이 될 수 있다.'고 선언하여 항우와 유방은 서로 먼저 관중에 진입하기 위한 치열한 경쟁을 하고 있었다. 항우는 가는 곳마다 진나라 병사를 무참하게 죽이고 대학살을 감행하였다. 반면에 유방은 될 수 있으면 진나라 군대와 싸우지 않고 덕치로서 진나라의 진영을 하나씩 하나씩 접수하여 나갔다. 마침내 그는 쉽게 항우보다 먼저 관중을 취한 후 '약법삼장'을 발표하는 등 진나라의 민심을 수습하고 나중에는 '관중의 왕'까지 된다. 하지만 나중에 이러한 소식을 접한 초패왕 항우는 '유방이 먼저 관중에 입성하여 마치 자기가 왕이 된 것처럼 처신하는 것'에 대하여 몹시 격분하고 그를 죽이고자 한다. 항우는 그의 군사인 「범증」의 계교에 따라 '홍문지연'을 베풀어 유방을 그곳에 끌어들여 그를 죽이고자 철저한 계략을 마련한다. 하지만 군사인 '장량은 이러한 항우의 계략을 미리 간파하고 사전에 철저히 준비하여 유방을 커다란 위기에서 모면하게' 만든다. 이렇게 간신히 목숨을 면한 유방은 변두리 땅인 촉으로 쫓겨나가게 된다. 그 이후로 장량은 변방에서 조용히 군대를 체계적으로 가꾸고 힘을 키워야겠다는 전략을 세운다. 그는 힘 있는 군대를 육성하려면 무엇보다도 이를 지휘할 마땅한 대장군이 필요하다는 것을 느끼고, 마침 주변에서 거론되고 있는 비렁뱅이 장수 초나라 「한신」이란 인물을 찾아간다. 그는 한신에 대하여 극진한 예우를 갖추고, 현재의 유방군의 열악한 군대 상황과 자초지종을 설명한 뒤 유방 밑에 대장군 직책을 맡아 줄 것을 간청한다. 이에 한신도 장량으로부터 대장군의 증표를 받고 촉 땅으로 가서 대장군 직책을 수행하게 된다. 나중에 한신 대장군은 차례로 위나라, 제나라를 평정하는 등 유방이 천하를 평정하는 데 일등공신이 된다.

드디어 군사 장량은 유방이 항우를 격파할 수 있는 때가 왔다고 보고 유방의 수하 장수인 영포, 팽월, 한신 등 70만 대군을 해하(垓下)의 전투에 참여시켜 드디어 항우를 해하로 끌어들인다. 맹장인 항우는 이 해하의 전투에서 꼼짝없이 포위되어 사면초가(四面楚歌)로서 끝내는 자기 스스로 목숨을 끊고 자결한다.

유방은 이제 항우도 격파하고 천하를 통일하였다. 전쟁은 끝나고 논공행상 등이 남았다. 한고조인 유방은 군사인 장량, 재상인 소하, 대장군인 한신의 공로를 제일 높이 평가하고 각각 장량에게는 유후(留侯)에 봉하고 삼만 호의 식읍을, 소하에게는 가장 큰 찬(贊)을 봉지로, 한신에게는 초왕으로 봉하였다. 하지만 장량은 유후만 받고 삼만 호의 식읍은 고사하였다. 하지만 그 이후로 한고조 황후인 여태후의 욕심과 질투심은 더욱 심해져 한신을 토사구팽(兎死狗烹)시키고 만다. 장량은 이제 자기 스스로 물러설 때가 왔음을 직감적으로 느낀다. 그래서 그는 일체 밖으로 나가지 않고, 집으로 찾아오는 사람도 만나지 않았다. 그런데 때마침 한고조가 그를 입조하라고 찾는 것이었다. 장량을 본 황제는 만면의 미소를 지으며 그를 맞이했다.

"선생에게 일을 드려야 하는 것을… 삼만 호의 식읍까지 마다하시고 사양을 하셨습니다. 이제 영지를 드려 소일거리를 만들어드릴까 합니다."

"이미 유후의 복장을 내려주셨거늘 더 무엇을 바라겠습니까? 청이 있다면 이제 조용히 지나온 일이나 생각하며 정리를 해보고 싶은 심정입니다. 북망산이 멀리 있지 않고 살아온 날들이 험했는지라 돌이켜 정리를 해야 할 것 같습니다. 고대광실에 진미를 맛보며 사는 인생도 나쁠 것은 없지만 긴 세월로 본다면 길겠으나 사람의 일생이란 한낱 하루해가 동에서 떠 서산으로 지는 촌음에 불과한 일입니다. 그 사이를 이리저리 뛰며 해가 진다는 사실마저 미처 알지 못하고 있을 때 밤이 되어 버립니다. 그때야 하루해가 짧다는 것을 알게 되지만 다시 돌이켜 놓을 수야 없는 일이지요."

장량은 담담하게 이야기했다.

그 이후로 장량은 모든 것을 포기하고 다시 자기의 고향 땅인 한나라로 가서 초야에 묻혀 농사를 지으면서 조용히 생을 마감했다.

■ 행복의 비결

「담장이 넝쿨」이 파랗게 살아있는 나무들과 공생하고 있다면 그 모습은 별로 돋보이지 않지만, 죽어 있는 「고사목」과 어울려 유달리 빨간색, 노란색 등의 특이한 색깔로 뒤엉켜 있는 모습은 더욱 아름답고 고귀하다. 아름다운 장미꽃도 잎보다 꽃망울이 너무 많이 피어 있는 경우 오히려 그 모습이 흉하고 추하게 보이지만, '잎과 꽃이 적당히 섞여 조화'를 이루는 모습은 더욱 우아하고, 고귀하게 보인다.

우리 인생의 황혼기에도 어느 정도 균형과 조화로운 삶이 필요하다.

하지만 우리는 대부분 이러한 조화와 균형의 인생을 살아가지 못하고 너무 한 곳에 집착하거나 미련을 가지고 있다가 말년에 비운에 처하여 비극적으로 생을 마감하는 경우를 역사적으로 많이 보아왔다. 예를 들면 오나라의 충신 「오자서」는 오나라 왕인 「부차」를 도와 부친인 오왕 「합려」가 월나라에 패망한 오나라를 다시 굳건하고, 강한 나라로 키워 나중에 월나라 왕 「구천」을 항복시키는 등 오왕 부차를 위하여 충성을 다하였다. 하지만 나중에 부차는 월나라 미모의 여인 「서시」의 미색에 빠져 총기가 흐려진 나머지 충신 오자서를 스스로 자결하게 하였다. 또한, 초나라 「항우」는 「범증」이라는 현인을 군사로 모셨는데, 그는 나이가 70이 넘었지만 냉철하고, 뛰어난 전략가로서 특히 천문, 지리 분야에서 그 실력이 탁월하였다. 하지만 나중에 항우는 적의 간계에 말려들어 3년 동안 같이 전쟁터에서 충성을 다하여 몸 바친 범증 군사를 강제로 낙향시켜 버렸다. 그 이후로 범증은 얼마 되지 않아 화병으로 비참하게 스스로 목숨을 거두고 만다. 유방 밑에서 대장군 직책으로 유방을 도와서 한나라를 태동시킨 대장군 「한신」의 경우는 어떠한가? 그는 항우와 유방의 싸움에서 반드시 이기는 연전연승의 대장군이었다. 또한, 그 당시 주변 상황은 그가 조, 연, 제나라 등을 차례로 격파하자 초나라 '항우'는 '한신'에게 제나라 왕으로서 '천하를 삼분(楚, 漢, 濟)', 삼정지세의 체제로 전쟁을 종식하자는 제안도 있었다. 끝내 한신은 유방과의 '군신의 의(義)'를 중요시하여 천하의 삼분을 반대하고 스스로 군사를 이끌고 항우의 군사를 격파하였다. 하지만 나중에 이에 대한 한고조 유방의 보답은 너무나 비참하고 처절하였다.

마침내 한신은 욕심과 질투가 많은 한나라 황후 「여태후」에 의해 유방 황제도 모르게 「장락전」에 붙잡혀 끌려가 37세의 젊은 나이에 비참하게 토사구팽당하고 말았다.

이러한 점에서 유방의 군사 「장량」은 '자기가 할 수 있는 전성기 때의 일은 다 하였다고 보고, 이제 모든 것을 버리고 초야에 묻혀서 조용히 세상을 살아가고자 결단'을 내린다. 즉, '높은 산의 정상이 있으면 이제는 바로 내리막 길' 밖에 없다는 평범한 진리를 실천하였던 것이다.

이처럼 우리 인생살이가 '어느 구름아래 소나기 맞을 줄 모르는 것처럼' 내일이 어떻게 될 것인지 누구도 확실하게 알 수 없다. 내가 오늘 하루하루 매사 분수를 알고 지내며, 현재 자기 스스로가 구애받지 않고 자유자재로 활동할 수 있는 내 몸, 언제 어디서나 마음대로 생각할 수 있고 판단할 수는 있는 내 마음, 조금 부족하고 아쉬운 점은 있지만 나에게 적지 않은 의·식·주(衣食住)에 대하여 항상 감사하는 마음으로 살아간다면 내일을 볼 수 있는 안목과 지혜가 생길 것이다.

상상나무와 함께 지식을 창출하고 미래를 바꾸어
나가길 원하는 분들의 참신한 원고를 기다립니다.
한 권의 책으로 탄생할 수 있는 기획과 원고가 있
으신 분들은 연락처와 함께 이메일로 보내주세요.

이메일 : ssyc973@daum.net